JN216297

好きなようにしてください

たった一つの「仕事」の原則

楠木建
Kusunoki Ken

ダイヤモンド社

はじめに

自分でも言語化できないほどぼんやりとした方針があるだけで、仕事に関しては個別具体的な目標や計画を持たないようにしています。自分が面白がれるかどうか。乗ってできるかどうか。「機が熟した」かどうか。そうした自然な〝ヴァイブス〟や〝グルーヴ〟、要するに「ノリ」を何よりも大切にしてこの年までやってきました。

この仕事姿勢を私的専門用語で「川の流れに身をまかせ」（昭和の名曲「川の流れのように」と「時の流れに身をまかせ」の合成）と言っているわけですが、僕の一連の仕事の中でも、まさに川の流れに身をまかせまくった挙句にできあがったのがこの本です。

きっかけは、僕の知っているお二人の方からほぼ同時に「面白い人がいるから、会ってみないか」と言われたことでした。川の流れに身をまかせている僕としては、この手の機会はわりと大切です。で、お目にかかったのが、ユーザベースの創業者で共同経営者の梅田優祐さんでした。

その時に梅田さんから聞いた話が、ユーザベースの主力事業「SPEEDA」（企業や産業を分析するための情報プラットフォーム）の戦略でした。梅田さんから聞いたSPEEDAの話は僕の思考のツボにジャストミートの優れた戦略ストーリーでした。

そのときに知ったもう一つのビジネスが、ユーザベースの新規事業「NewsPicks」です。SPEEDAは基本的に法人向けサービスですが、NewsPicksは経済とビジネスの情報に特化したニュースキュレーション・サービス。個人に向けたＢｔｏＣの事業です。

僕は個人的にはインターネットの積極的なユーザーではありません。スマートフォンにしても使いこなすには程遠い状態を意識的にキープしています。それでもネットの商売の競争戦略にはわりと関心があります。

ＮｅｗｓＰｉｃｋｓをご存じない人はちょっとのぞいてみていただきたいのですが、記事に読者からの数多くのコメントがつき、ちょっとした「言論の場」となっています。ＮｅｗｓＰｉｃｋｓのユーザーがどのような人で、どのような使い方をしているのかを知るために、記事についているコメントをわりと丹念に見てみました。自分でもある時期集中して、いろいろな記事にコメントをつけてみました。

そこでわかったのは、ＮｅｗｓＰｉｃｋｓのコアなユーザーは、これまでの僕の仕事のターゲットと相当に違っているということです。僕の書いたものの読者は四〇代以降の商売ど真ん中を支えている世代、典型的には事業経営者が多く、僕としてもそうした人々をターゲットに書いてきました。ところがＮｅｗｓＰｉｃｋｓの読者は年齢も若く、関心事もずいぶん僕とはズレています。

そのうちにＮｅｗｓＰｉｃｋｓ編集長の佐々木紀彦さんから提案がありました。「興味があるなら、ＮｅｗｓＰｉｃｋｓで何か書いてみないか。それにつく読者のコメントに一番特徴が現れるから」

自分の仕事の土俵と芸風からして、僕の書くものはわりと長い文章になりがちです。ＮｅｗｓＰｉｃｋｓはほとんどの読者がスマートフォンを使って読んでいるとのこと。スマートフォン向けのメディアでは、即時即物的な短い文章が好まれます。

こりゃフィットが悪そうだぞ……と思ったのですが、自分の考えがこういう新しいメディアの読者にどのように受け止められるのか、どのような反応が寄せられるのかを知りたくて、わりと長めの文章を何回かに分けて、連載形式で載せていただきました(これに加筆したのが本書にコラムとして収録した「経営学という仕事」です)。

で、予想は見事に的中しました。掲載直後から悪評紛々です。それまでも本を出すたびに、一定数の批判をいただいてはおりましたが(「金返せ！」というメールが平均して週に二通ほど到来します)、ＮｅｗｓＰｉｃｋｓではより一層心のこもった罵詈雑言がバリバリと音を立てて寄せられるのでした。そのごく一例をご紹介しますと、こういう感じです。

「大学の経営学の授業一発目がこれだったら、もう授業出ないよね」「何が言いたいんかわからない非論理的な文章が続く」「ダラダラと前置くのが学者らしい」「このおっさんは典型的なあからさまに胡散臭い教授って感じだな」「最初のほうを読んで、先を読む気が無くなった」「学者って中身のないことを小難しく説明したい人達なんだって改めて思った」「ところで、いったいこれは何の役に立つの？」「タイトル自体が言い訳で、中身も冗長な言い訳。さすがに中身なさすぎ」「正直、著名な教授じゃなかったらまったく注目されないような凡庸な内容ですね」「あまりにも期待と違う内容で笑った」「大学の先生の役割が権威づけなのだとしたら、この文章がわかりにくいことの理由が筋が通って納得できる」「これ、大丈夫かな……中身スッカラカンですが」「具体的に人生にとって何の役に立つのか、一行で表現してほしい」「連載一発目から完全にコケてるやん」「学者って暇人だな」「ちょっと何度読んでも意味が不明なので大学の提出論文なら不可を渡されそう。あ、教授でしたか」「誰か翻訳してくれ」「そもそも三流学者の教えを、真剣に考えちゃいけないよ」「プロ野球でバッターボックスに立ったことが無い人の、打者向けの素振り理論」「醜い」……(以下、数え切れないほどの罵詈雑言を省略)。

最高だったのは、「コメントを見て本文を読まずに済みました。NewsPicksっていいね！」というコメント。これには笑いました。挙句の果てに「容赦ないPickerの皆さんの厳しいスパーリング(?)に粛々と耐えつつ、持論をご主張され続けたその志に敬意を表します」「楠木先生の嫌われる勇気に感服です」といったハゲましのお言葉まで頂戴しました。

これは僕にとって実に面白い経験でした。スマホ・メディアの癖とかそれを見ているユーザー層の趣味嗜好についての理解が深まりました。「ま、世の中そういうものか……」と得心した僕は、書き手としてはNewsPicksとは距離を置こうと思った次第です。

ところが、佐々木編集長の考えは逆でした。僕の思考や志向や嗜好はコアな読者のそれとは確かにズレている。そこがかえって面白い。ズレの面白さが色濃く出る企画として、読者と対話するような連載をしたらどうか、と言うのです。

こうしてNewsPicksでの週一回の連載、「楠木教授のキャリア相談」が始まりました。読者が仕事や仕事生活に関わる「迷い」や「悩み」を短い相談文にして編集部に送り、それを読んだ僕がお答えするという仕立てです。

この際、徹底的に不評の道を極めてみるのも一興だと面白半分に始めてみたのですが、連載を数回やってみると、読者の反応以前に、これはそもそもヒジョーに筋が悪い仕事だということがよどみなく明らかになりました。

言うまでもなく、仕事や仕事生活というものは優れて個人的な問題です。人によって好き嫌い、得手不得手は異なります。一義的によい悪いで片づけられる問題ではありません。くわえて、相談文はごく短い、あっさりとしたものが多い。相談者の人となりや置かれている状況もよくわかりません。

想像の上に推測を重ねなければ回答のしようがないのです。

こんなことは考えてみれば当たり前の話なのですが、実際に連載を始めてみるまで、うかつにも気づきませんでした。そんなことはお構いなしに、編集部からは毎週相談文が送られてきます。これには閉口しました。結局のところ、「好きなようにしてください」としか言いようがないのです。

僕の好きな五七五作家、水野タケシさんの作品にこういう川柳があります。

結局は「がんばろうぜ」になる相談

言い得て妙です。仕事やキャリアに限らず、およそ個人的な人生相談というのはこの川柳の示すところに行き着くというのがものの道理です。僕の連載にしても、〈結局は「好きなようにしてください」になる相談（字余り）〉となるのでありました。

「どうにも気乗りしないので、そろそろ辞めさせてください」と言おうと思っていたところ、旧知の佐藤留美さんが副編集長としてＮｅｗｓＰｉｃｋｓに参加してきました。僕が『週刊東洋経済』で、長期にわたってとある不定期の連載をしていた時にコンビを組んでいた相手が佐藤さんです。不思議な縁を感じました。

で、すぐに佐藤さんが僕の連載の担当になりました。佐藤さんに『この仕事、好きなようにしてください、としか言いようがないんですね。あとは相談相手に関係なく、自分の仕事論を繰り出すだけになっちゃう……』という話をしたところ、意外な答えが返ってきました。「ああ、読者にしてみればそこがいいんですよ。相談に対する回答の中身よりも、『好きなようにしてください』に続く余談の部分、ここで出てくる楠木さんの仕事論がいいんです。この調子で、好きなようにしてください」

この言葉で僕の考え方が変わりました。そうか、仕事と仕事生活についての自分なりの意見や主張ということであれば、言いたいことは山ほどある……。

僕は「書評」という形式に仮託して、「本質を抉りだす思考のセンス」とは何かについて論じる本を書いたことがあります(『戦略読書日記』プレジデント社)。それと同じで、「キャリア相談」という形式に仮託して、僕の仕事論を好きなように展開する場にしよう。この際、その方向で好きなようにやらせてもらおう。ここに至って、ようやく自分で面白く、乗ってできる仕事になってきました。

調子に乗ってやっているうちに回を重ね、一年間、五〇回にわたって勝手気ままな連載がズルズル続きました。それをベースに加筆修正し、ＮｅｗｓＰｉｃｋｓに未収録の章も新たにくわえたのが本書、『好きなようにしてください』です。

タイトル通り、僕自身も好きなようにやらせてもらいました。個人的な好き嫌い全開で、仕事と仕事生活についての考えを好きなように主張しています。

本書にある僕の仕事論は決して一般化できるようなものではありません。客観的に見て「正しい」ものでもありません。というか、明らかに間違っていると言われそうな主張も少なからず混入しています。

僕は自分一人の人生を一回しか経験していません(前世があったかもしれないけど、いまのところ思い出せない)。他人のことは、本当のところはわかりません。僕の仕事論は、当然のことながら、僕自身の仕事の中身や個人的な生まれ育ちや性格や気質や好き嫌いや得手不得手や滑った転んだの成り行きを色濃く反映しています。僕以外の人にはそのまま当てはまりません。

ですから、本書をお読みになる読者の皆さんには、各章の主張のベースにある僕の「バイアス」を知っておいていただいたほうがよいでしょう。別枠のコラムとしてくわえた「経営学という仕事」「仕事の原則（僕のバージョン）」の二つの文章は、自分がどういう仕事をしていて、日々の仕事に対してどういう構えをとっているのかを書いたものです。

これにくわえて、就活生向けの「川の流れのように」、僕と同世代の方々に向けた「チヨときゃりーの類似と相違」、合わせて四本のコラムを突っ込んでみました。

ことほど左様に、川の流れに身をまかせ、流れるままにできあがったこの本、ひとつの相談に答える時に、まだ見ぬ相談者の方を想像しながら書いたのは言うまでもありませんが、それにくわえて、僕はいつも身近な二人の顔を思い浮かべながら考え、書くようにしていました。

一人は最も身近な存在である自分自身です。何とかなるだろうと決め込み、かといって何もせず、世の中をなめきって、徹頭徹尾自己中心的勘違いに明け暮れていた二〇代の自分に向けて（じゃあ、いまのお前は何なんだ？という根源的な問いかけは置いておくとして）、「おいおい、ちょっと待て……」と語りかけたくなることを書きました。

もう一人は、わりと忠実に僕の性格を引き継いでしまった娘です。彼女もまた僕のような滑った転んだをこれからも繰り返す素質にあふれまくっています。格好の仮想ターゲットでした。

時の流れに身をまかせ、馬齢を重ねているうちに、僕はすでにキャリアの第三コーナーを回ってしまいました。自分の仕事生活を振り返って、つくづく感じます。ほとんどのことが思い通りになりませんでした。これからも間違いなくそうだと思います。どうせ思い通りにならないのなら、好きなことを好きなようにするのに若くはなし。

しょせん人間はなるようにしかなりません。第四コーナーを回りきってホームストレートに入った時、そこにどのようなゴールが見えるのか、いまはまだはっきりとはわかりませんが、これからもせいぜい好きなようにしていきたいと思います。

読者の皆さんにおかれましては、本書がご自身の「好きなようにする」を再認識したり、再定義するきっかけになれば幸いです。好きなようにするその先に、充実したキャリアが拓けますように。

『好きなようにしてください』目次

Part 2

Part 4

Part 1

1

行ってこいでチャラ

大企業とスタートアップで迷っています

大学院生（二四歳）

二四歳の大学院生です。現在、大企業とスタートアップのどちらに就職すべきか悩んでいます。つい最近まで、第一志望の日本を代表する大企業に内定をとることができ、そこに就職しようと思っていました。しかし、ある伸び盛りのスタートアップ企業でアルバイトを始めたところ、仕事が面白く、すっかりはまってしまいました。その会社からもぜひ就職しないかと誘われています。

大企業に就職しても、面白い仕事はあると思いますが、希望の部署に配属されないリスクがあります。ただその一方で、最初からスタートアップに入るのは、自分の可能性を狭めるのではないかという不安があります。いまの日本では、大企業からスタートアップに行くことはできても、その逆は難しいので、まずは大企業で修行するのもいいと思っています。私はどちらに就職するのがいいでしょうか？

「環境」の比較は意味がない

どうぞ好きなようにしてください。すなわち、(いまのところ)あなたが好きで気に入っている「伸び盛りのスタートアップ企業」で仕事をするべきです。

これは「悪い意味でいい質問」の典型です。あなたは根本のところで間違っています。それは、自分の仕事を考える時に、「仕事」ではなく「環境」を評価しようとしているということです。仕事の中身やあなたにとっての仕事の意味合いではなく、仕事を取り巻く環境に注目して、ベンチャーと大企業とどちらがいいかを比べている。あなたのいまの考え方は「環境決定論」になっている。ここに非常に単純な勘違いがあります。

仕事を選択しようとしている以上、仕事の内実が基準になるべきです。環境評価、環境比較にはたいした意味はありません。

環境決定論の怪しさは、現実の世の中を生きている人々が日々身をもって証明しています。同じ環境にいるのに生き生きした人とそうではない人がいるのはなぜか。その人の個人としての仕事や生活の内実、すなわち内生的な要因のほうが、環境という外生的な要因よりよっぽど説明能力が高いのは明らかです。

環境評価を内実に優先させてしまうという勘違いを説明する時に僕がよく使うのは、大学受験の合格率に注目した高校選択の例です。ここの高校はすごく東大の合格率が高いとか、あそこの高校は合格率が低いとか、受験シーズンになると「大学合格者数ランキング」を特集記事にする雑誌がいまだにあります。これはただの「環境評価」です。

その学校の東大合格率と、そこであなたがどんな勉強をするかは、直接の関係はありません。もちろん、難関大学の合格者数が多いということは悪いことではありません。きっと優れた受験勉強の環境が整っているのでしょう。それはそれでいい。

僕が問題にしているのは、内実と環境をすり替える愚です。言うまでもないことですが、結果の良し悪しを左右するのは環境ではなく、その人が実際にどういう勉強をしたのか、個人としてどの程度受験勉強の能力があるのかにかかっています。それなのに、進学する高校を選択する時に、よい環境に行くと半ば自動的によい結果が得られる(悪い環境に行くともうそれでよくないことになる)と思い込んでしまう。

そういう人ほど物事がうまくいかなくなった時に弱い。「こんなはずじゃなかった。当てが外れた……」とか「うまくいかないのは自分の環境が劣悪だからだ……」というように、ことの成否を環境のせいにしがちです。いい時も悪い時も理由を環境に求める。これではいい時も悪い時も悪い方向に転がっていきます。

直接経験の重み

あなたは学生ですから、これが最初の就職になります。就職経験のない学生にとって、仕事が面白いかどうかは、「そういう気がしている」だけであることがほとんどです。

「どんな仕事がしたいですか?」と聞かれて、学生が「マーケティングがやりたいです」と答えるのは、パスタ料理を一回も食べたことがない人が、「カルボナーラが好き」と言っているようなものです。茹で加減はアルデンテよりもちょっと固めがいいとか、細めがいいとか、やっぱり僕はショートパスタ、いや私はロングのフィットチーネ、そう言えばブカティーニもイイね!というようなもの。食べたことがないのにわかるわけがない。若者にとっての最初の就職は、いつの時代もそういうものです。

ですから、元も子もない話になりますが、「環境」ではなく「仕事」自体を評価しなさいと言われても、実際のところはどうしようもないわけです。経験の量や質に限界がある若者ほど、環境決定論に流れやすいという成り行きです。これには根本的な解決策はありません。だから、とりあえずは好きなようにするしかないのです。

あなたが素晴らしいのは、すでに伸び盛りのスタートアップで働く機会を得て、しかもそこでの「仕事」を楽しんでいるということです。この事実を大切にしてください。

選択肢の一方は、みずからの直接経験で、明らかに面白いということがわかっている。それに対し、大企業のほうは、面白いかどうかは全然わからない。ただ、大企業に就職したら、何かいいことがある気がする。しかも、大企業で修行するのはキャリアにとっていいのではないか。これはすべて「そういう気がしている」だけです。

ベンチャーと大企業、この二つは少なくともあなたにとってはニュートラルなオプションになっていません。片方は、すでにやってみて面白いとわかっているのですから、一〇〇点ではなくても、八〇点ぐらいはつくわけでしょう。それに対し、もう片方は何点かすらわからない。一方は(少なくとも主観的には)事実です。もう一方の「大企業もよさそうだな」というのはふわふわした推測にすぎません。

い。
選択肢の設定になっていないわけです。結論としては、間違いなくスタートアップを取ったほうがい

もちろん、これは「いまのところ」の解であって、実際にスタートアップに就職してみて、「あ、ちょっと違うな」と思ったら、別のところに行けばいい。まだ二四歳、将来を先回りして考えて躊躇する必要はまったくありません。

そもそも僕は、世の中にある環境のほとんどは「行ってこいでチャラ」だと思っています。環境として、大企業にはいい所と悪い所があるでしょうし、スタートアップにもいい所と悪い所がある。人間の世の中はわりとうまくできているものです。一方的にいい話なんてどこにもない。物事には必ずプラスとマイナスがあります。

「いや、本当にいい所もあるんだよ」と言う人もいます。ま、探しまくればそういう「環境」が世の中のどこかにあるのかもしれません(僕はこの年まで実際にこの目で見たことはありませんが)。しかし、それでも「行ってこいでチャラ」という前提を持って生きているほうがいい。特に若いうちはそのほうが自分の潜在能力を発揮しやすいと僕は思います。余計なことで思い悩まずに、仕事の内実に集中できますから。

幸いにして、この方は、実際にスタートアップでアルバイトをしてみて、仕事が面白くてはまっている。実にラッキーです。どうぞ、思いっきり好きなようにやってください。そのスタートアップでの仕事がそのうち嫌になるかもしれませんが、その時はその時で本格的な相談に乗ろうじゃないのというのが結論です。

一人ができることはたかが知れている

以下は余談です。この相談をみていても思うのですが、やっぱり、若い時は自分が大切なんですね。だから、自分の身にネガティブなことが起きてはいけない、それは全力で回避したいと思う。若さというのはそういうものです。僕もご多分に漏れずにそうでした。

ただ、年を取ると、世の中の九割は思い通りにいかないことがわかってくる。裏を返せば、しょせん一人の人間、そんな完璧を求めなくてもいい、と思えるようになります。

民主主義と資本主義の現代日本（および他の多くの国や地域）では、昔の秦の始皇帝や徳川幕府の将軍のように、一人ですべてを思い通りにできるわけではありません。多少の差こそあれ、みんながまずイコールの土俵に立っているのがいまの時代です。これはよく言えば、平等だとかフェアだとか、誰にも可能性があると言えますし、裏返すと、しょせん一人の人間が社会の中でできることは、たかがしれているということです。あまり自分の人生を重たく考えないほうがいいと思います。

世の中では数限りない人が生きています。一人の人間なんて、浜の真砂の一粒にすぎません。それでも、そうした無数の粒が集まって世の中ができている。そうした一粒一粒がなければ、世の中は成り立たないのもまた事実。それが人と人の世です。

やはり人間は、自分のことが一番好き。僕もそうですが、自己愛は人間の本件です。若い時の自己愛の重みといったら、地球よりも重たい。だから、ちょっと何か言われたり、思い通りにならないことがあると、すごくショックを受けてしまう。ただ、特段努力をしなくても、年をとればショックもどんどん軽くなっていく。

あなたにも「二四歳だったら、自分の人生がひどく大切に思えるでしょう。でも、大丈夫。ホントは全然たいしたことないから」と申し上げたい。ご心配には及びません。一〇年、二〇年と仕事生活を重ねるうちに、自然とそう思えるようになっていきます。普通に生きているだけで、どんどん楽になっていく。ド中年の僕が保証します。

そういうド中年になる日に乞うご期待です。その時を楽しみに、いまは好きなようにしてください。

2 営業は総合芸術

営業成績トップなのに、降格を命じられました

不動産販売会社勤務（三三歳・女性）

大学卒業以来、いまの会社に入社し、不動産のセールスとしてずっと最高査定に近い成績を死守してきました。おかげで三一歳で課長に昇進することができました。私生活も順調で、三二歳の時に結婚。すぐに子どもができて一年間育休を取り今年復帰しました。

私としては、もちろん営業課長として復帰する気満々だったのですが、ふたを開けてみればまさかの降格。課長職も解かれ、三段階もの降格です。

しかも部署は営業推進部です。要は前線には出してもらえず、営業マーケの支援をしていろと言うことです。時短も利用せず、しっかりフルで復帰したのにこの冷遇。

私はもう会社にとって不要な人間なのでしょうか？

「ポンコツ上司」の疑いが濃厚

まったく心配ございません。あなたが「会社にとって不要な人間」だなんて、とんでもない。むしろその逆、あなたこそ会社が必要としている人材です。

まず、重要な事実として、あなたは「不動産のセールスとしてずっと最高査定に近い成績を死守してきた」。これがすべてです。このカードだけで十分。まずは上司に時間をとってもらい、「なぜ営業マーケの支援をしろと言うのか」「三段階の降格になるのか」について膝を突き合わせて説明させましょう。

人事や評価の問題はお互いに「あうんの呼吸で納得」になりがちですが、デリケートな問題だからこそ、上司と部下が一対一で、直接顔を突き合わせて話すべきだと僕は思います。

上司と話し合った結果、いまよりも会社の意図がよくわかり、自分なりに「課長職も解かれ、三段階もの降格」の理由が納得できれば、とりあえず働き続けたほうがいい。ただそこで、まともに話に応じないとか、話を聞いても木で鼻をくくったような対応だったら、即座に転職したほうがいいと思います。

実力のあるあなたであれば、この会社を離れても就職先はいくらでもあるでしょう。何の心配もありません。ただし、いきなり頭にきて辞めるのではなくて、まずはよく説明させるのが先決です。なぜかというと、あなたのこの要求にどう応えるか、それが上司なり会社のリトマス試験として有効だからです。

配置転換や降格は上司（もしくはそのまた上司）の権限に基づく意思決定です。これは遊びではなく仕事の話。上司は自分の決定について説明責任を負うのは自明の理。あなたよりも、むしろ上司のほうが試されている局面です。そのぐらいの強い気持ちでことに臨むべきです。

実際のところはよくわかりませんが、ご相談の文面から推測すると、どうもこの上司は相当にポンコツだという疑いが濃厚です。あなたの実績と能力は周知の事実。にもかかわらず育休明けにこういう処遇をするということは、あなたのような家庭を持って子どもを育てながら仕事をする管理職の女性をうまく扱えないというのが主たる理由なのではないでしょうか。だとすると、あなたの一件でポンコツ上司が馬脚を現したということに他なりません。

もっと言えば、あなたの会社のマネジメントそのものが働く女性にとってポンコツなのかもしれません。あなたからすれば大いに不愉快でしょうが、あなたのキャリアはこれからも長く続きます。三歳というまだ早い時点で、働く女性にとっての会社のポンコツぶりが明らかになったということは、このままズルズルいった先で露呈するよりも、ラッキーだったとも言えます。僕の推測が当たっていれば、この際、これ幸いと転職を考えたほうがよいと思います。

「営業力」は究極の能力

以下は、この相談に触発された余談です。いまの世の中には、「スキル信仰」が横溢しています。先端的なファイナンス理論とか、M&Aに伴う会計や法務の知識とか、グローバルな人事管理のツールとか、プレゼンテーションのスキルとかTOEIC九〇〇点だとか、ついついスキルアップばかりに目がいきがちです。

その理由は、この種の能力が「見せられる・測ることができる」という性格を持っているからです(TOEICの点数がその典型)。ただし、です。あらゆる仕事能力の中で最も強力なのは、広い意味での「営業力」、つまり実際にお客さんに価値を認めさせてお金を支払わせるところまで持っていく力です。

「モノを売る」というのは、いつの時代でも、どんな業界でも、会社にとって最も価値がある力なのです。たとえばコンサルティング業界。「先端的なビジネス・スキル」を持った優秀な人々大集合で、スキルでしのぎを削っているというイメージですが、こうした業界でも一番貴重でものを言うのは、お客をとってきて実際に「売る力」です。結局のところ、コンサルティング・ファームでもトップに上り詰めるのは、その意味での「営業力」のある人です。理由は単純。商売である以上、それこそが最も頼りになる力だからです。

スキルがある人の経歴書には、キラキラした資格や職務経験が並んでいるものです。そういう人であれば、専門的なスキルを駆使して、先進的な人事システムやマーケティング施策を次から次へと提案できるかもしれません。ただし、その提案が経営トップに受け入れられるかどうかはケースバイケースです。

一方で、「私が売ってきますけど、いかがですか」「私が稼いできますよ」という部下に「頼むからやめてくれ！」と言う上司はいません。必ず「ありがたい、一つ頼むよ！」ということになります。この意味で、営業力は「最終的な能力」なのです。

しかも、「売る力」は包括的な能力でもあります。スキルであれば経歴書や点数を見ればある程度わかります。これに対して、営業力はレジュメだけでは測れない総合芸術的な能力です。仕事における総合格闘技、それが営業といってもよいでしょう。

不動産のような商品やサービスそれ自体で差別的な価値が出しにくい業界で、最高査定に近い営業成績をあげてきたあなたは、総合格闘技のミルコ・クロコップのような存在のはず(↑ちょっとたとえが古いかな?)。会社にとって貴重な戦力であることは間違いありません。ポンコツ上司が四の五の言うようであれば、ワンパンでKOです。

間違っても「私にはスキルが足りない。より市場価値のつく女になろう」などと余計なスキルアップに励んだりしないでください。これまで実際に残してきたものを売る実績、それがあなたにとって唯一にして最強のカードです。子どもがいようがいまいが、競争の中でガンガン売ってくる。それこそが理想の必殺仕事人です。

自信を持って、どうぞ好きなようにしてください。

3

暇な奴ほど責めてくる

仕事で成功しても、女として負けですか？

システム会社勤務（三六歳・女性）

大学卒業以来、いくつかのコンサル会社を経て現在のシステムインテグレーター（ＳＩｅｒ）に転職。先日、シニアマネージャーに昇進しました。裁量は増え、社内やクライアントへの発言力も増し、部下の育成にも注力し充実した毎日です。年収は一〇〇〇万円超。欲しいものはだいたい買えますし、満足しています。毎晩残業続きですが……。

でも、何がつらいかというと、母をはじめとする周囲の女性が私の生き方、働き方をあまり評価してくれない、認めてくれないことです。母は、「そんなに働いて……あなた、最近顔が険しくなった」「結婚するならいまがラストチャンスよ」などと言って脅してきますし、子どもを産み専業主婦になった妹は「子ども、いいよ～」が口癖です。子どもどころか旦那もいない私を明らかに見下しています。

最近増えた、時短勤務のワーキングマザーの同僚なども「仕事に集中できてうらやましい」なんて言いながらも、哀れみの視線を投げかけてきます。男性は仕事で成功すると、別に独身でもうらやましがられるのに、女性は全然うらやましがられないどころか、かえって見下されるのはなぜでしょうか？
また、こうした「家庭第一」の価値観の持ち主からの静かな攻撃をかわす方法などはありませんでしょうか？

「特殊読書」の悦び

ちょっと回り道から入ります。極私的な趣味の話ですが、僕は「イヤな気分」になることが嫌いではありません。むしろ、わりとスキ。いや、時と場合によっては大スキといっても過言ではありません。

たとえば読書。本には面白いものとつまらないものがあります。当然、面白いものは読みたいし、つまらないものなら読みたくない。ところが、僕にとってはそれとは別に「イヤなもの」というカテゴリーがあって、それは結構読みたい。私的専門用語で「特殊読書」と言っています。

たとえば、石原慎太郎の『わが人生の時の人々』。良し悪しでなく個人的な好き嫌いなのではありますが、僕にとっては最悪の意味で最高です。俺様系自慢話のオンパレード。実にイイ感じでイヤな気分になれます。ちょっとイヤな気分に浸りたい時など、繰り返し読むのに最適な一冊として僕の本棚の特殊読書コーナーに鎮座しています。

いまは好むと好まざるとにかかわらずインターネットでいろいろなニュースや記事に触れるわけで

すが、時々すごくイヤな気分になる記事と出くわすことがあります。これがわりと嬉しい。

この捻じ曲がったヘンな感情はどういうことなのかな、と自分でも時々不思議になるのですが、ある人から「イヤになるというのは、どこかにひっかかりがあるからだよ。自分の興味関心の奥底に触れる何かがあるから、読んでいて面白いんじゃないの」と言われたことがあります。

なるほど、と思いました。イヤな気分になるということは、どこかで自分に深く関わっている。まったく何も関心がなく、自分と考え方が違うだけなら、イヤになる以前に、ただの「つまらないもの」としてスルーされるという成り行きです。

石原慎太郎の著作にしても、回想録やご自身の主張が書かれたものはいつ読んでも心の底からイヤなのですが、若い頃に書かれた小説はわりと、というかかなり、というかありていに言って大スキなんですね、これが。『太陽の季節』や『狂った果実』『殺人教室』といった文学系のものもイイのですが、エンターテイメント長編の『夜を探せ』とか『青春とはなんだ』、ミッド昭和の香りがぷんぷんするこの系統の作品は、実に面白くてスカッとする小説でして、中学生の頃はトリップに次ぐトリップの勢いで読んでいました。そう考えると、「自分の中の石原慎太郎」というものが確かにあるわけで、ちょっと寒い気持ちがするのがまたオツなものです。

どちらが本物のあなたなのか

それと似た話で、あなたも本件についてアンビバレントな気持ちを持っているのではないでしょうか。相談の前半部を読むと、仕事が充実していて周りがぐだらぐだら言っても気にならなそうに見える。それなのに、後半部を見ると、「見下されている」とか、余計なことを考えてしまっている。

もし前半の自分が本物であって、仕事ができる自分に誇りを持っているのであれば、外野の声は単純にスルーすればいい。しかし、一方で「女として負けている」「攻撃をかわしたくなる」と思う弱い自分もいるのであれば、どちらが本物の自分なのか、一度自問自答してみるといいと思います。ま、どちらも本当の自分ということなのかもしれませんが。

もしあなたが、いまのシニアマネージャーの仕事に邁進する生活に若干の疑問を持っていて、子どもや家庭のことを心の奥底で考えているのだとしたら、外野からの「攻撃」をかわす方法はありません。「攻撃」をかわそうとすると、かえって自分の本心に自分で蓋をすることになってしまいます。

もしかしたら、あなたは自分のごく個人的な気分なり感情の問題を、無意識のうちに男女の問題にすり替えているのかもしれません。男女というのは、世の中にある普遍にして最強の二分法なので、すぐ持ち出したくなります。

しかし、本当に男女の違いに起因する問題なのか、ここは一つ冷静に考えてみるべきだと思います。たとえば、「男は仕事で成功すると独身でもうらやましがられるのに、女はうらやましがられない」と言いますが、本当にそうでしょうか。独身だろうと既婚だろうと、男だろうと女だろうと、成功して羨望される人とそうでもない人がいるだけだというのが本当のところのように思います。その人の人となりや「成功」の中身によるところがずっと大きいはず。

二分法の落とし穴

「男女」「既婚・独身」、こうした二分法は単純かつ手っ取り早いので、自分を当てはめて考えがちですが、人間はあくまでもナマモノ。二分法に押し込めるには無理があります。

その最たるものが「勝ち負け」です。調子がいい時もあれば悪い時もある。「対抗する」とか「かわす」というふうにあまり考えず、たとえば、「結婚もありかな」「この辺でちょいと男遊びでもしてみようかな」というふうに気楽に考えてみてはいかがでしょうか。いずれにせよ、あまり「仕事では勝ち」とか「女としては負け」とか、勝ち負けというフレームで考えないほうがいいと思います。現実には、ほとんどが程度問題です。

話は若干逸れますが、僕の大キライな言葉に「勝ち組・負け組」というのがあります。この言葉が戦後混乱期のブラジル移民の不幸な歴史から出てきたことをご存じの方も多いと思いますが(知らないよ、と言う人は人間社会の深い部分に触れる話なので、各自調べてみてください)、それは置いておくとして、何でもかんでも表面的な基準で「勝ち」と「負け」に分類する、きわめて底の浅い話だと思います。だいたい、勝つにしても負けるにしても「組」にするのが何とも下品。組にならずに一人で勝ったり負けたりしてろ！と言いたい気分になります。

話を戻します。そもそも、仕事生活にしても女としての人生にしても、勝ちか負けかなんていまの段階では白黒つけられません。「死ぬ時にはじめてわかる」と言う人もいますが、死ぬ時にいたってもまだわからないものなのではないかと僕は思っています。要するに、自分で「勝ち」と思えばそれでもう勝っているわけで、逆に自分で負けと思えばその時点で負けているわけです。「勝つと思うな、思えば負けよ」という言葉もあります（あれ？　これは全然関係ないか……）。いずれにせよ、人生の勝ち負けなんて九〇％は「気のせい」だというのが僕の見解です。

手前勝手な推測で断言してしまいますが、あなたは単にむしゃくしゃしているだけのような気がします。哀れみの視線とか、見下されるとか、逆にうらやましがられるとか、そういう外野の目や声が気になるのは、基本的に何か調子が悪い時です。調子がいい時は、そういう声が気にならないし、人に対しても余計なことを言いません。

攻撃してくるのは暇な連中

ご参考までに、僕の好きな話を一つ紹介します。サントリーホールディングスの社長の新浪剛史さんから聞いた話です。よく知られているように、新浪さんは強烈なパーソナリティの持ち主です。ローソンの時から僕は仕事のお手伝いをしている関係で新浪さんを存じ上げているのですが、絵に描いたようなタフな経営者。豪腕で押しが強い。かと思うと、実に細かいところまで手が回る。例によって古いたとえ話ですが、立てばミルコ・クロコップばりのパンチ力、寝技ではヒクソン・グレイシーばりの絞め技、といった具合で、立ってよし、寝てよしの総合格闘家のような経営者です（この辺、ニュアンスが伝わるかな？）。

そういう人ですから、三菱商事時代の若い頃は「あいつは生意気だ」と、周囲から責められたりいじめられたりする。ある時に新浪さんは、それまでを振り返って自分を責めてきた人をリストアップしてみたそうです。すると、いじめてくる人にもいろんなタイプがあることに気づいた。

昔は責めてきたのに、いまは何もしなくなった人。昔はそうでもなかったのに、いまは何かにつけて攻撃してくる人。いまも昔も責めてくる人。いまも昔も責めてこない人──。これが何で決まるのかと考えてみた結論、これが面白いんですね。要するに「攻撃してくるのは暇な連中」。自分にやるべき仕事があって、それに没頭している人は人のことをいちいち気にしてあぁだのこうだの言ってこない。責めてくるのはその人にたいしてやることがなく、暇だからだ、というわけです。これに気づいた新浪さんは「外野の声は一切気にしなくていい」と割り切ったそうです。

ミッド昭和の名作映画に黒澤明監督の『悪い奴ほどよく眠る』というのがありましたが、「暇な奴ほど責めてくる」（そう言えばハナ肇主演の快作に『馬鹿が戦車でやって来る』というのもありました。それにしてもこれ、秀逸なタイトルですね）。外野の余計な声が気になる時は、この言葉を思い出してください。暇な奴ほど責めてくる、馬鹿が戦車でやって来ているだけの話です。「自分がうまくいっていないから、鬱憤晴らしでたまたま私を責めてくるのね。余計なお世話よ……」とスルーするに限ります。

あとは好きなようにしてください。

4
「派閥」はたかが知れている

どうすれば男性の派閥に入れますか?

銀行勤務(三九歳・女性)

銀行勤務のアラフォーです。総合職で入行し、法人営業を担当。現在課長職を務めています。先日、上司とのキャリア面談があり「今後どうしたい?」と聞かれました。

正直、私は部長を目指す気でいます。しかし、女性が部長以上を目指そうとすると、わが行では、役員をヘッドにした派閥に入ることが不可欠で、彼らの推薦なしでは部長職以上につけないそうです。

でも、女性が派閥入りした実績はほぼないそうです。いったい、どのようにすれば、派閥という究極のメンズクラブの門戸を叩けるのでしょうか? また、男社会へのなじみ方についても教えてください。

本当に「派閥」はあるのか

好きなようにしてください。派閥に入りたければ入ればいいし、入りたくなければ入らなければいい。ご相談の文面を見ていると、どうもあなたは「役員をヘッドにした派閥」に入りたくなさそうです。無理して「究極のメンズクラブの門戸」を叩かなくてもいいのではないでしょうか。

あなたにおすすめしたい妙案があります。キャリア面談をした上司のところに行って、「正直、私は部長を目指す気でいるのですが、当行では、女性が部長以上を目指そうとすると、役員をヘッドにした派閥に入ることが不可欠で、彼らの推薦なしでは部長職以上にはつけないのですか？」とストレートに聞いてみてください。

上司は、「何言っているんだ。そんなことあるわけないじゃないか」と言うはずです。ここで万が一「その通り。で、キミはどこの派閥に入るの？　何だったら俺の派閥、どうよ？」とか言ってきたらそれはそれで面白い展開なのですが、まずそういうことはないでしょう。名刺に「○○銀行××支店支店長　山田一郎（鈴木派）」とか楷書ではっきりと書いてあればそれはそれで面白いのですが、実際はそういうこともない。

少なくとも建前としては「派閥」は存在しないことになっている。で、実質的にもこの方が頭の中で考えているほど、派閥に入るか入らないかが出世に影響するとは思えません。あなたの表現はすべて「部長職以上にはつけないそうです」「女性が派閥入りした実績はほぼないそうです」という伝聞です。

そうした「雰囲気」があるとしても、役員をヘッドにした派閥に入ることが欠かせない、というのが本当かどうか再考してみたほうがよいと思います。

あなたの銀行ではないかもしれませんが、あなたに代わって僕が簡単な調査をしてみました。とあるメガバンクの知り合いの執行役員に「銀行ではやっぱり派閥に入ってないと部長以上にはなれないらしいですねえ……」と尋ねたところ、「えー、それは大変。俺はどこの派閥に入っているんだろう。急いで調べなきゃ！（笑）」ということでした。別のメガバンクの旧知の専務執行役員に「あなたぐらい偉くなると、きっとご自分の派閥があるんでしょうねえ……」と聞いたところ、「もちろんあるよ、俺の派閥。いまのところ俺しかメンバーいないけど……」とのことでした。

「派閥」とは、外部に対して何らかの影響力を行使することを目的として、共通の利害の下に形成される人間の集団を意味しています。銀行だろうが、スタートアップだろうが、日本だろうが、アメリカだろうが、人間社会であれば、「仲良しグループ」というものは必ず存在します。僕の知る限りでは、アメリカでは、もちろん業界や会社にもよりますが、日本よりも上司の人事権の裁量が大きく直接的なので、派閥みたいなものができやすい面もあります。

そのような人間社会ですから、特定の派閥（「仲良しグループ」という程度の意味での）に入っておいて、そこで意識的に結束を高めておく（正確には、脳内で「結束している気分になる」）と、何かといいこと、便利なこともあるでしょう。

しかし、それは逆に仲良しグループの外部にいる人々を無意味に遠ざけることにもなります。しかも、自分が身を寄せている派閥の親玉がしくじってしまうと、自分にも負の影響が及んでくる。派閥に自分を強く同化して、何か特別のベネフィットを享受しているような気になっているほど、その実抱え込んでいるコストやリスクもまた大きくなります。結局のところ、行ってこいでチャラ。派閥で笑う人は派閥に泣かされるという成り行きです。

政治との比較で考える

僕はずっと基本的に一人でやる仕事をしていまして、組織だった仕事の経験がありません。ですから、派閥といっても読んだり聞いたりでしか知らないのですが、派閥内の結束や他の派閥との抗争などなど、その渦中にいる人にとって派閥活動というのはのめり込むものらしいですね。

その極端な例が政党政治における派閥です。たとえば、戦後の日本の自民党政権における派閥抗争の歴史。他人事として見ている限りはきわめて面白いドラマです。本当の派閥というのがどういうものかを知りたければ、戸川猪佐武『小説吉田学校』、伊藤昌哉『自民党戦国史』、もう少し近いところでは田﨑史郎『竹下派　死闘の七十日』といった派閥間の権力闘争を描いた本を読んでみることをおすすめします。

昭和四〇年代の佐藤栄作内閣から田中角栄内閣に権力が移行するところなど、映画化しても十分に客を呼べるような面白さ(そのうち誰かやってくれないかな……)。ま、それにしても派閥政治の本場中の本場、権力闘争の甲子園とも言える中国共産党の派閥抗争と比べると、子どもが公園の砂場で遊んでいるに等しいマイルドなものでしょう。いずれにせよ、政治の世界を垣間見ると、派閥というのがいかに人間の本性に根ざしたものであるかがイヤというほどわかります。

人間の組織である以上、どんな会社にも派閥めいたものはある。大銀行だといかにも派閥がありそうですが、政治の世界の本当の派閥とは比較にならないほどライト級だと思います。

政治とビジネスの違いを考えて見ましょう。政治の世界で派閥が重みを増すのは、政治活動の本質が権力闘争そのものだからです。いろいろときれいごとは並べられますが、政治（家）の一義的な目的が権力の獲得にあることは古今東西変わらない真実です。

それと比べると、ビジネスには「儲ける」というわりと客観的な目的があります。派閥がどうあろうと、商売がうまくいかないと会社としてはどうしようもありません。商売なり経済の世界は（短期的にはヘンなこともありますが）、政治の世界と比べるとずっと合理的に動いているものです。本格的に無能な人物が重要なポストに引き上げられたりすると肝心の商売にとって実害が大きいので、「派閥の結束」とかいっても実際はたかが知れている。

もう一つ、銀行もそうでしょうが、ビジネスの世界には「毎日やたらに忙しい」という特徴があります。

ちょっとマニアックな話になりますが、佐藤栄作が生前に綴っていた日記が出版されています（『佐藤榮作日記』）。「人事の佐藤」といわれたように、佐藤栄作は自民党の派閥政治の権化のような政治家でした。彼が自由党幹事長に就任する直前の一九五二年から、首相就任と長期政権を経て、七四年のノーベル平和賞受賞までをカバーする長大な日記です。佐藤栄作という人は実に筆まめで、毎日日記をつけていました。

本として内容は面白くありません。というか、これ以上ないほどつまらない本です。そこがものすごく面白い。日々の行動と出来事の淡々とした記述が延々と続きます。やっていることはゴルフ、派閥の会合、来客との面談、夜は料亭。その繰り返し。要するに、ひたすら権力闘争、利害関係者との調整に明け暮れているわけです。なぜこういう政治家生活だったかというと、その最大の理由の一つは、当時高度成長期の追い風の中で、五五年体制下の絶対与党の政治家が本質的にヒマだったということにあるというのが僕の見解です。

経済成長の中で放っておいても税収はどんどん伸びていく。政治の一義的な役割は希少資源の配分についての意思決定です。いまの政治状況と違って、とりわけ内政については当時の政治家は政治決断を下す実質的な必要性がほとんどなかった。だから、政治家は思いっきり内向きの派閥活動にのめりこんでいられたわけです。

いまの自民党(だけでなく野党)にも派閥はありますが、当時と比べるとほとんど存在感はありません。それもそのはず、これだけの財政赤字を抱え、税収が伸びない中で、かつてとは比較にならないほど政治家が「資源配分についての意思決定」という本来の仕事に迫られているからです。

話をまとめると、わりと合理的な目標なり基準を持って、しかもみんなが毎日忙しく実質的な仕事をしているビジネスの組織では、派閥といっても底が浅いということです。派閥があるかのような雰囲気は漂っているかもしれませんが、「脳内派閥」というか思い込みの産物だと思います。「究極のメンズクラブ」というと何やら重々しい世界が広がっているように聞こえますが、中に入ってみると、ギランギランしたイアン・ギランのような(?)オッサンが毎日稼ぎを求めて忙しく走り回っているだけ、というのが実態ではないでしょうか。

にもかかわらず、「派閥に入らなきゃ……」とか思いこんでしまうと、思考と行動が空回りしてしまいます。「女性が派閥入りした実績はほぼないそうです」というのも、あまりにバカバカしくて、これまでの女性行員は誰も「派閥入り」なんて考えなかったからではないでしょうか。

あなたが身をもって証明している

そもそも、当のあなた自身が三九歳にして課長に昇進している。この事実をまず認識するべきです。メンズクラブに入っていないのに、なぜ銀行に総合職で入行して、法人営業を担当して、三九歳で課長にまでなれたのか。それはあなたの能力が認められたからに違いありません。

もし本当に「女性が部長以上を目指そうとすると、役員をヘッドにした派閥に入ることが不可欠で、彼らの推薦なしでは部長職以上にはつけない」というようなヘンな会社だったら、あなたは課長になれなかったはずです。

「私は部長を目指す気でいます」とのことですが、それは、今後もいい仕事を続け、成果を出すことにかかっています。派閥に入っているかどうかを、自分の成功失敗を説明する要因にしないほうがいい。

もう一つの「男社会への馴染み方について教えてください」という質問ですが、銀行のような歴史的にも相対的にも「男社会」の組織で、十数年にわたって第一線でやってきているのですから、もう十分に馴染んでいるはずです。少なくとも僕よりは男社会に馴染んでいることは間違いない。僕が男社会への馴染み方を教えてもらいたいぐらいです。

仕事における男女の差はない

ひどくうがった見方をすると、あなたは将来あるかもしれない挫折に対する保険として、無意識のうちに、この「メンズクラブ」「派閥問題」というのを頭の中に置いているのではないでしょうか。うまくいかなかった時に、「やっぱり私は女だから」「派閥に入っていないから」「男社会に馴染んでないから」といった、自己合理化のカードを（無意識にでしょうが）持とうとしているのではないでしょうか。

だとしたら、それは非常に不健康です。

歴史を振り返れば、過去に女性はとんでもない非合理な扱いを受けてきたことは間違いありません。女性活用が叫ばれる今日でも、不幸にしていまだに女性差別は残っているところがあるのは事実です。

ただし、です。個人が自分のキャリアをつくっていく時に、男女の問題が、自分の成功や失敗に強い因果関係を持っていると考えてしまうと、ロクなことがないと僕は考えています。少なくとも、との成否を男女の問題で説明しないというスタンスを取っていたほうが、結果的にいい仕事をしやすいのではないでしょうか。

こういうことを言うといつも叱られるのですが、あえて誤解を恐れずに言うと、「私が昇進できないのは社会にガラスの天井があるからだ」「女性がもっと活躍できる社会にしなければダメだ」などと言う女性には、パッとしない人が多い気がします。

女性として不当な差別を受けながら、道を開いてきた六〇代以上のフロンティア世代は別ですが、少なくとも、雇用機会均等法以降のジェネレーションについては、ガンガン働いている人ほど、「あんまり男女って関係ないんじゃないの」と言う人が多い。

特殊な一部の職種を別にすれば、仕事においては男女の差、特に能力の差はまったくないというのが僕の考えです。当然ですけど。男であっても女であっても、仕事がデキルのとデキナイのがいるだけだと思っています。当たり前ですけど。その分布は男女ともに変わらないはずです。

だとしたら、もっと女性が社会に進出してビジネスで活躍すべきだというのはその通りです。歴史的な経緯があるので時間がかかるでしょうが、このところ話題の女性の管理職比率にしても、長期的には五〇:五〇になるのが自然だと思います。

派閥なんか気にせずに、これからもいい仕事をして成果を出し、戦力として頼りにされる人になってください。銀行での女性管理職のモデルになっていただきたいと思います。

で、部長になった暁には、「うちは役員の派閥に入っていないと昇進できないんですよね……」とか言っている後輩の女性行員に、「そんなことありません。私を見なさい。どこの派閥にも入らずに、こうして部長をやっているじゃないの!」と言ってあげましょう。後輩はシビれるはずです。

5

プロへの道の起点は自己宣言

ジャーナリストになりたいのですが、勇気がありません

外資系保険会社勤務（三〇歳・男性）

現在、外資系の保険会社で働く、三〇歳の男です。リスク管理の仕事を担当しています。仕事自体は、さほどハードではなく、給料もそこそこいいという状況です。ただ、あまり仕事にやりがいを感じず、このままキャリアを歩むことに迷っています。

アメリカの大学院で、国際政治を専攻したこともあり、世界情勢などに興味があり、国際機関でも働きました。ただ、行政の仕事があまり肌に合いませんでした。日本に帰ってきて、まず食うために保険会社に入ったのですが、小さい頃からなりたかったジャーナリストの仕事を諦めきれません。

インタビューや調査により物事を深く調べて、ものを書くことが大好きで、私の好奇心を満たせる職業はジャーナリストではないかと思っています。毎日、新聞五紙を読み、雑誌や本もヒマがあれば読むほどの活字好きです。

ただ、いまの年齢からジャーナリストになることに不安があります。兄が、ジャーナリストをしているのですが、業界の将来の暗い話ばかり聞かされて、ジャーナリストはやめたほうがいい、と言われます。

また、結婚したばかりで、妻にあまり心配をかけたくないという思いもあります。妻が外資系金融機関で働いているため、生活面では心配ないのですが、あまり妻に負担を[illegible]気が進みません。このままやりがいの感じない仕事を続けて老いていくことに、恐怖を感じます。[illegible]聞かせてもらえれば幸いです。

本当の脅威は戦争と疾病だけ

好きなようにしてください。リスク管理の仕事をしているせいか、あなたはご自身のリスクを管理しすぎです。いますぐにジャーナリストになるべきだと思います。

「食うためにこの外資系の保険会社に入った」ということですが、率直に言って食欲旺盛すぎです。そんなにたくさん食わなくたっていいでしょう。しかも、あなたには奥さまがいらっしゃる。さらに恵まれていることに、奥さまは外資系金融機関勤務。もう最強です。誰が何と言おうと、絶対に食えます。

僕は基本的にこう考えています。戦争がなくて体が健康であれば大丈夫。少なくとも食うことはできます。戦争が起きたり、体を壊したりしてしまうと、これはもうどうしようもありません。相談者の方は健康そうですし、日本であれば当面は戦争もない。

話は逸れますが、先日、日本もいよいよ開戦、戦争をするということになりました。もちろん僕の夢の中の話です。

僕は年も年なので、徴兵されませんでした。しかし、前線で戦わないにしても戦時下生活に突入するわけです。四の五の言っても仕方ありません。腹をくくった僕は本土決戦に備えていろいろと準備をするのですが、何しろ初めての経験です。慣れないことばかりでひどく疲れます。一家に一丁、ピストルを支給されたりします。なぜか西部劇に出てくるような銀色の装飾のついた六連発のリボルバーでした。

戦時下の生活の何が嫌かって、夜になると街が真っ暗なんですね。薄暗い家の中でじっとしていると気分が鬱々としてきます。おなかが減ったので何か食べようと思ったのですが、コンビニももちろん開いていません(なにぶん戦時下です。近所のセブン-イレブンは「セブン-セブン」という名前に変わっていて、朝七時から夜七時までしか開いていません)。仕方がないのであり合わせの材料でピラフでも作っるか、と台所に立ちました。その時に「平和な時に好きでよく食べたあのレストランの食べることはできないのか……」という思いが忽然《こつぜん》とわき上がってきて、ものすなりました。

そこで目が覚めました。時刻は明け方の五時。平和な日本に暮らしている幸せを全身でかみ締めつつ、もう一度寝たことは言うまでもありません。平和のありがたさが身にしみました。

話を戻しますと、あなたは食いすぎかつリスク管理しすぎなだ

戦争ジャーナリストとしてIS

に突撃取材しようというのであれば別ですが、普通のジャーナリストになるのに何も「勇気」など必要ありません。本当に食えるだけでいいのであれば、即時ジャーナリストを目指すべきです。

「自己宣言的職業」の気楽さ

そもそもジャーナリストという仕事は「自己宣言的職業」の最たるものです。「私はジャーナリストです」と宣言すれば、その日からジャーナリスト。資格審査を受けたり、関係省庁に届け出る必要はありません。保険会社に在籍したままでもいい。いますぐジャーナリスト宣言をすればいいだけです。

宣言したら、まずは会社に迷惑をかけない程度に仕事をしつつ、ジャーナリストとして記事を書きまくってみる。自己宣言的職業は、結局アウトプットがすべてです。人に見せるブツがないと話にならない。ですから、しばらくは保険会社で働きつつガンガン自分で書いてみたらいい。その時に自分で仕事の質を評価する必要はまったくありません。仕事である以上、人があなたのアウトプットをしっかり評価してくれますから。

ジャーナリストのお兄さまから、業界の将来の暗い話ばかり聞かされているとのことですが、おそらくお兄さまは雑誌とか新聞とかの「オールドメディア」を拠点に仕事をしているのではないかと想像します。

その一方で、インターネット上の新しいメディアがたくさん生まれてきています。スマートフォンが普及してからは特にそうですが、メディアの数自体は急増しています。人手不足もいいところ。しかも、この業界は自己宣言的職業であるために、ジャーナリストといっても玉石混交です。業界とつき合いのある僕が言うので信用していただきたいのですが、本当に仕事ができる優秀な人は実に少ない。これが人手不足に拍車をかけています。価値あるものを書ければ、仕事はいくらでもあるはず。いまの外資系の保険会社並みの稼ぎにはならないにせよ、十分食えます。

僕の仕事も「自己宣言もの」です。大学院に進んだ時、誰も認めていないのに勝手に研究者だと自己宣言したのが始まりです。当時の僕は食うことに関してはまったく心配していませんでした。「健康で平和であれば何とかなる」の原則を信じていました。それにくわえて妻も会社で働いていました（外資系金融機関ではありませんでしたが）。

僕は学生結婚をしたのですが、結婚した時は「大黒柱、確保！」という感じがしました。自己宣言直後だったので、妻からは「しばらくは面倒をみてやる。好きなようにしろ。ただし、自分の決めた道なんだから、途中でガタガタ言うなよ！」とだけ言われました。僕は一言「ラジャー！」と答えた次第です。

これは極端な例にしても、「妻に負担をかける」のをあまり気にする必要はないと思います。むしろ頼りがいがある妻がいることを最大限に活用すべきです。働きながらものを書いてもいいし、しばらくは主夫業をやりながらものを書いてもいい。奥さまも忙しいと思うので、子どもができたら、相談者が子育てをしてもいい。僕も一時期、仕事を最低限のレベルで流しつつ、主夫業に力を入れていました。

不満を持ちながらやりがいのない仕事を続けるのは最悪です。即座に奥さまに了解をとりつけて、自己宣言する。で、バンバン書いてみて、ありとあらゆるメディアに持ち込む。需要をひきつける才能がなければ仕事にはなりませんが、幸いにして、ものを書く仕事は才能の有無がわりと短期間ではっきりとわかります。三年間やってみてどこに持ち込んでも受け入れられなかったら、それはもう本当にダメなので、自己宣言を撤回すればいいだけの話です。

もちろん失敗する確率はあります。しかし、仮に失敗したとしても、一回チャレンジをすればスカッとするはずです。少なくとも「このまま老いていくことに恐怖を感じる」という状態からは解放されるでしょう。

どうか体だけには気をつけてください。そしてこの平和が続くよう、ともに祈りましょう。

6

具体と抽象の脳内往復運動

インドでプログラミングを学べば、自由人になれますか？

人材系ベンチャー勤務（二八歳・女性）

四〇名規模の人材系ベンチャー企業勤務中の二八歳の女子です。インドに行ってプログラミングをゼロから学ぼうか、いまの仕事を続けようか悩んでいて、相談させていただきました。

新卒時は日系大企業に入りましたが組織の都合が優先される価値観になじめず、三年で辞め、いまの職場に転職し、ちょうど一年経ったところです。

現職に不満はないのですが、いまのままの延長線上では、場所に縛られずにどこでも働ける自由人になりたい、という自分の理想が実現されそうにないです（国境を越えて使えるスキルが身につきません）。

プログラミング自体は初心者で、自分に向いているかどうかわかりませんが、右記の自分の理想を実現するために、ベストな手段かなぁと考え、学んでみようと思いました。

ただ、いまの職場のメンバーがみんな大好きで、会社がこれからっていう時に辞めることが、すごく申し訳なく感じ、後ろ髪が引かれます。

楠木先生だったら、こういう場合どんなふうに判断されますか？ ご意見いただけたら嬉しいです。

なぜ「インドでプログラミング」なのか？

この不思議なご相談に対しては、好きなようにしてください、としか答えようがありません。

情報が限られているので、この相談に答えるのはほとんどシャーロック・ホームズの推理のようになってしまうのですが、まずあなたに聞いてみたいのは、「インドに行ってプログラミング」という明確にして唐突な考えがどこから出てきたのか、ということです。

一つはっきりしているのは、あなたはこれまでわりと自分の好き嫌いに忠実に職業を選んできているということ。最初は日系の大企業に勤めてみたけれども、自分には合わず三年で辞めて人材系ベンチャーに移っている。ここまでは、自分の経験と好みに裏打ちされた選択で非常にイイ感じです。

以前の職場は不満があって辞めています。しかし、「現職に不満はない」ということですから、今回はちょっと違う。あなたにとって今回のケースはこれまでにない意思決定の局面だろうと思います。前回のようにマイナスとプラスの選択肢であれば選択は容易でしたが、今回はプラスとプラスの比較だから難しい。

それにしても、なぜ「インドに行ってプログラミング」なのか。おそらく、インドは「自由」のイメージがあるという程度の感覚的な話なのだと推測します。「新興国で活気がある」というのも要素の一つかもしれません。もしかして、インドは「プログラミングの本場」ということになっているのかも。

いずれにせよ、プログラミングは初心者ということですので、これまでの経験でプログラミングという仕事が好きだとか技能を極めたいわけではなさそうです。プログラミングという専門職的な仕事に、どこでも働ける「自由人」の匂いがするのかもしれません。

僕はあなたでないのでこんなことを言っても意味がないかもしれませんが、僕だったらこの局面ではインドには行きません。自由人になりたいというご自信の願望が確かなものであったとしても、「インドでプログラミング」がそのコンセプトを具体化したものなのかが疑わしいからです。

「具体と具体のマッチング」の限界

あなたのものの考え方は、僕に言わせればわりといい線をいっていると思います。ちょっと寄り道になりますが、あなたへの回答の前提になる僕の考えをお話しさせてください。

僕はいまでは大学院生しか教えていませんが、十数年前までは学部生(大学一年生から四年生)も教えていました。就職活動を始めようというゼミの学生に対して、僕はひたすら「好きなようにしてください」と指導(?)していたわけですが、「どういう仕事がしたいの?」と聞くと、すぐに出てくるのはわりと具体的な話です。「メーカーよりも金融に行きたい」とか「金融よりも商社がいい」とか「商社とか金融とかそういうのよりも、形あるものをつくっているメーカーがいい」。

これは業種を切り口とした希望ですが、それ以外にも、勤務地(「自分の生まれ育った町が好きなので、京都の会社がいい」とか、規模(「大きな会社よりも、小さなベンチャーで活躍したい」)とか、年収(「日本の会社は給料が安いから、若いころからガンガン稼げる外資系の金融機関に行きたい」)というように、基準のありようは人によってさまざまです。

さらに具体的に「その業界ナンバーワンの消費財の会社に行ってマーケティングの仕事をしたい」「外資系の投資銀行に行って投資業務につきたい」「いや、商社に行って事業投資の仕事をしてみたいな。三菱商事より三井物産のほうが私に向いている気がする……」と言う人もいます。

中には「やっぱり製造業の会社。産業財よりも消費財。僕はバイクが好きなのでバイクのメーカーがいいですね。でもホンダとかヤマハはどうもピンとこなくて、やっぱカワサキですね。男ならカワサキでしょ。でもこのところカワサキのバイクも昔のよさがなくなっていると思うんですよ。かつてのようなエッジの効いたバイクを世の中に出すべきですね、カワサキは。ということで、川崎重工業に就職して、バイク事業の商品企画の仕事をやりたいですね。もう、それしかありません!」というように、やたらと具体的なところまで絞っている学生もいます。

要するにいずれもその人の好き嫌いなのですが、問題はこうしたアプローチが「具体×具体のマッチング」になっているということです。こちらが具体的なスペックを羅列して好みの仕事を認識する。一方の就職先の仕事についてもさまざまな具体的スペックに注目する。で、両者のスペックを突き合わせて、それが重なるところに就職のターゲットを置く。

スペックは具体的で目に見えますし、比較が容易なので、はじめて就職する学生がとりあえずこういう成り行きで就職に臨むのは自然な話ではあります。しかし、具体的なスペックに基づいたキャリア選択はスカッとしているように見えて、その実、少なくとも三つの深刻な限界があります。

第一の限界は、具体的なスペックが本当のところその人にとって何を意味するか、これは依然として自分の好き嫌いのツボに照らし合わせてみないとわからないということです。

たとえば年収。これは一番あからさまに具体的で比較可能なスペックです。ほとんどの人が年収の高い仕事に惹かれます。そりゃまあ、給料は高いに越したことはない。しかしそれ以上に、「なぜより多くの給料が欲しいのか」、裏側にある自分のツボを知るほうがもっと大切です。それはすなわち、「自分と自分の生活にとって本当のところ『お金』はどういう意味を持っているのか」に対する答えを出すということです。仕事に対する価値観というか「キャリア・コンセプト」がこちら側になければ、こうした問いには答えられません。

自分にとって収入は何を意味するのか。「初年度四〇〇万円」という金額が同じであっても、その人のキャリア・コンセプトによって、出てくる答えは千差万別です。

給料という超具体的なスペックを比較して、A社とB社それぞれの仕事の年収に五〇万円の差があったとします。この五〇万円という金額が自分にとってどれだけの意味を持つのか。これはその人のキャリア・コンセプトとの兼ね合いでしか答えられない問題です。価値観に根差した仕事への構えができていないと、それが具体的で客観的なスペックなだけに、安易に目先の給料が高いほうに流れ、結果的に肝心の好き嫌いが台無しになるおそれがあります。

これと関連した第二の問題として、キャリアを具体的なスペックのマッチングとしてとらえてしまうと、自分がやるべき仕事についての「総合的な判断」が阻害されるということがあります。

就職や転職は、言うまでもなくやたらに総合的で包括的な意思決定です。一つの仕事や就職先を特徴づけるスペックには、大きなところでは報酬や職種や勤務地や勤務時間、小さなところでは社員食京都の会社がいい」）とか、規模（「大きな会社よりも、小さなベンチャーで活躍したい」）とか、年収（「日本の会社は給料が安いから、若いころからガンガン稼げる外資系の金融機関に行きたい」）というように、基準のありようは人によってさまざまです。

さらに具体的に「その業界ナンバーワンの消費財の会社に行ってマーケティングの仕事をしたい」「外資系の投資銀行に行って投資業務につきたい」「いや、商社に行って事業投資の仕事をしてみたいな。三菱商事より三井物産のほうが私に向いている気がする……」と言う人もいます。

中には「やっぱり製造業の会社。産業財よりも消費財。僕はバイクが好きなのでバイクのメーカーがいいですね。でもホンダとかヤマハはどうもピンとこなくて、やっぱカワサキですね。男ならカワサキでしょ。でもこのところカワサキのバイクも昔のよさがなくなっていると思うんですよ。かつてのようなエッジの効いたバイクを世の中に出すべきですね、カワサキは。ということで、川崎重工業に就職して、バイク事業の商品企画の仕事をやりたいですね。もう、それしかありません！」というように、やたらと具体的なところまで絞っている学生もいます。

要するにいずれもその人の好き嫌いなのですが、問題はこうしたアプローチが「具体×具体のマッチング」になっているということです。こちらが具体的なスペックを羅列して好みの仕事を認識する。一方の就職先の仕事についてもさまざまな具体的スペックに注目する。で、両者のスペックを突き合わせて、それが重なるところに就職のターゲットを置く。

スペックは具体的で目に見えますし、比較が容易なので、はじめて就職する学生がとりあえずこういう成り行きで就職に臨むのは自然な話ではあります。しかし、具体的なスペックに基づいたキャリア選択はスカッとしているように見えて、その実、少なくとも三つの深刻な限界があります。

第一の限界は、具体的なスペックが本当のところその人にとって何を意味するか、これは依然として自分の好き嫌いのツボに照らし合わせてみないとわからないということです。

たとえば年収。これは一番あからさまに具体的で比較可能なスペックです。ほとんどの人が年収の高い仕事に惹かれます。そりゃまあ、給料は高いに越したことはない。しかしそれ以上に、「なぜより多くの給料が欲しいのか」、裏側にある自分のツボを知るほうがもっと大切です。それはすなわち、「自分と自分の生活にとって本当のところ『お金』はどういう意味を持っているのか」に対する答えを出すということです。仕事に対する価値観というか「キャリア・コンセプト」がこちら側になければ、こうした問いには答えられません。

自分にとって収入は何を意味するのか。「初年度四〇〇万円」という金額が同じであっても、その人のキャリア・コンセプトによって、出てくる答えは千差万別です。

給料という超具体的なスペックを比較して、A社とB社それぞれの仕事の年収に五〇万円の差があったとします。この五〇万円という金額が自分にとってどれだけの意味を持つのか。これはその人のキャリア・コンセプトとの兼ね合いでしか答えられない問題です。価値観に根差した仕事への構えができていないと、それが具体的で客観的なスペックなだけに、安易に目先の給料が高いほうに流れ、結果的に肝心の好き嫌いが台無しになるおそれがあります。

これと関連した第二の問題として、キャリアを具体的なスペックのマッチングとしてとらえてしまうと、自分がやるべき仕事についての「総合的な判断」が阻害されるということがあります。

就職や転職は、言うまでもなくやたらに総合的で包括的な意思決定です。一つの仕事や就職先を特徴づけるスペックには、大きなところでは報酬や職種や勤務地や勤務時間、小さなところでは社員食に突撃取材しようというのであれば別ですが、普通のジャーナリストになるのに何も「勇気」など必要ありません。本当に食えるだけでいいのであれば、即時ジャーナリストを目指すべきです。

「自己宣言的職業」の気楽さ

そもそもジャーナリストという仕事は「自己宣言的職業」の最たるものです。『私はジャーナリストです」と宣言すれば、その日からジャーナリスト。資格審査を受けたり、関係省庁に届け出る必要はありません。保険会社に在籍したままでもいい。いますぐジャーナリスト宣言をすればいいだけです。宣言したら、まずは会社に迷惑をかけない程度に仕事をしつつ、ジャーナリストとして記事を書きまくってみる。自己宣言的職業は、結局アウトプットがすべてです。人に見せるブツがないと話にならない。ですから、しばらくは保険会社で働きつつガンガン自分で書いてみたらいい。その時に自分で仕事の質を評価する必要はまったくありません。仕事である以上、人があなたのアウトプットをしっかり評価してくれますから。

ジャーナリストのお兄さまから、業界の将来の暗い話ばかり聞かされているとのことですが、おそらくお兄さまは雑誌とか新聞とかの「オールドメディア」を拠点に仕事をしているのではないかと想像します。

その一方で、インターネット上の新しいメディアがたくさん生まれてきています。スマートフォンが普及してからは特にそうですが、メディアの数自体は急増しています。人手不足もいいところ。しかも、この業界は自己宣言的職業であるために、ジャーナリストといっても玉石混交です。業界とっき合いのある僕が言うので信用していただきたいのですが、本当に仕事ができる優秀な人は実に少ない。これが人手不足に拍車をかけています。価値あるものを書ければ、仕事はいくらでもあるはず。いまの外資系の保険会社並みの稼ぎにはならないにせよ、十分食えます。

僕の仕事も「自己宣言もの」です。大学院に進んだ時、誰も認めていないのに勝手に研究者だと自己宣言したのが始まりです。当時の僕は食うことに関してはまったく心配していませんでした。「健康で平和であれば何とかなる」の原則を信じていました。それにくわえて妻も会社で働いていました(外資系金融機関ではありませんでしたが)。

僕は学生結婚をしたのですが、結婚した時は「大黒柱、確保!」という感じがしました。自己宣言直後だったので、妻からは「しばらくは面倒をみてやる。好きなようにしろ。ただし、自分の決めた道なんだから、途中でガタガタ言うなよ!」とだけ言われました。僕は一言「ラジャー!」と答えた次第です。

これは極端な例にしても、「妻に負担をかける」のをあまり気にする必要はないと思います。むしろ頼りがいがある妻がいることを最大限に活用すべきです。働きながらものを書いてもいいし、しばらくは主夫業をやりながらものを書いてもいい。奥さまも忙しいと思うので、子どもができたら、相談者が子育てをしてもいい。僕も一時期、仕事を最低限のレベルで流しつつ、主夫業に力を入れていました。

不満を持ちながらやりがいのない仕事を続けるのは最悪です。即座に奥さまに了解をとりつけて、自己宣言する。で、バンバン書いてみて、ありとあらゆるメディアに持ち込む。需要をひきつける才能がなければ仕事にはなりませんが、幸いにして、ものを書く仕事は才能の有無がわりと短期間ではただ、いまの年齢からジャーナリストになることに不安があります。兄が、ジャーナリストをしているのですが、業界の将来の暗い話ばかり聞かされて、ジャーナリストはやめたほうがいい、と言われます。

また、結婚したばかりで、妻にあまり心配をかけたくないという思いもあります。妻が外資系金融機関で働いているため、生活面では心配ないのですが、あまり妻に負担をかけるのも気が進みません。このままやりがいの感じない仕事を続けて老いていくことに、恐怖を感じます。先生の意見を聞かせてもらえれば幸いです。

本当の脅威は戦争と疾病だけ

好きなようにしてください。リスク管理の仕事をしているせいか、あなたはご自身のリスクを管理しすぎです。いますぐにジャーナリストになるべきだと思います。

「食うためにこの外資系の保険会社に入った」ということですが、率直に言って食欲旺盛すぎです。そんなにたくさん食わなくたっていいでしょう。しかも、あなたには奥さまがいらっしゃる。さらに恵まれていることに、奥さまは外資系金融機関勤務。もう最強です。誰が何と言おうと、絶対に食えます。

僕は基本的にこう考えています。戦争がなくて体が健康であれば大丈夫。少なくとも食うことはできます。戦争が起きたり、体を壊したりしてしまうと、これはもうどうしようもありません。相談者の方は健康そうですし、日本であれば当面は戦争もない。

話は逸れますが、先日、日本もいよいよ開戦、戦争をするということになりました。もちろん僕の夢の中の話です。

僕は年も年なので、徴兵されませんでした。しかし、前線で戦わないにしても戦時下生活に突入するわけです。四の五の言ってても仕方ありません。腹をくくった僕は本土決戦に備えていろいろと準備をするのですが、何しろ初めての経験です。慣れないことばかりでひどく疲れます。一家に一丁、ピストルを支給されたりします。なぜか西部劇に出てくるような銀色の装飾のついた六連発のリボルバーでした。

戦時下の生活の何が嫌かって、夜になると街が真っ暗なんですね。薄暗い家の中でじっとしていると気分が鬱々としてきます。おなかが減ったので何か食べようと思ったのですが、コンビニももちろん開いていません(なにぶん戦時下です。近所のセブン-イレブンは「セブン-セブン」という名前に変わっていて、朝七時から夜七時までしか開いていません)。仕方がないのであり合わせの材料でピラフでも作って食べるか、と台所に立ちました。その時に「平和な時に好きでよく食べたあのレストランのピラフももう食べることはできないのか……」という思いが忽然《こつぜん》とわき上がってきて、ものすごく悲しい気持ちになりました。

そこで目が覚めました。時刻は明け方の五時。平和な日本に暮らしている幸せを全身でかみ締めつつ、もう一度寝たことは言うまでもありません。平和のありがたさが身にしみました。

話を戻しますと、あなたは食いすぎかつリスク管理しすぎなだけ。戦争ジャーナリストとしてＩＳ

堂はあるのか、メニューにカツカレーはあるのかないのか、トイレはウォシュレットかどうかに至るまで、ちょっと考えただけでも数百種類のスペックがあります。

数多くのスペックごとの評価を足し合わせた合計値や、加重平均で取ったスコアでは、ある就職先が自分にとってどれだけいいかという判断はできません。さまざまなスペックの間には、これまた数限りない相互作用があります。何よりも、無理にスペックに落とし込むと、先述のように、給料や業種や職種という「強いスペック」が優先し、肝心要のキャリア・コンセプトが劣後するものです。その結果、ちょっと時間をおいて振り返ってみると、自分でも意味不明なほど頓珍漢な判断をしてしまいます。就職や転職のような総合的で包括的な意思決定は、総合的で包括的な基準でなされるべきです。それは一人ひとりのキャリア・コンセプトに他なりません。

持続性と柔軟性

第三の問題として、具体的なスペックに基づくキャリア選択は空間的な柔軟性と時間的な持続性の点で難があります。仕事の具体的な中身はこちらと相手(会社や顧客や市場)との相互選択で決まるので、当然のことながら、はじめからすべてが自分の思い通りになるわけではありません。

前に出した「カワサキのバイクの商品企画」の人の例で言えば、彼の希望は具体的で自分の内発的な好き嫌いに根差していますから一見いいように思えるのですが、この希望は川崎重工業という会社に採用されなければ、その時点でアウトです。希望通り川崎重工業に就職したとしても、配属がバイクではなく産業用ロボットの事業部門で、職種にしても商品企画ではなく塗装用ロボットの新規顧客開拓の営業、ということになるかもしれません。自分で練り上げたキャリア・コンセプトがないと、具体的なレベルで思い通りにならなかった時に、そこで話が終わってしまいます。

思い通りに川崎重工業のバイクの商品開発の仕事についたとします。それでも実際に仕事を始めてみると、当初の予想や想定は大外れで、仕事がどうにも面白くないということは十分にありえる。しかし、やりたいことが具体的なスペックでしか意識されてなければ、そこから先の展望が開けません。「こんなはずじゃなかった……」と愚痴ばかり。そのうち「やっぱりホンダに転職しようかな……」（で、ホンダでも同じ愚痴を繰り返す）。ひたすら具体の地平の横滑りに終始することになります。

時間的な持続性についても、具体的なスペックに対するキャリア・コンセプトの優位には変わりありません。川崎重工業のバイクの商品開発の仕事が実際に面白く、大いにやりがいがあったとします。

だとしても、彼は未来永劫その仕事を続けられるとは限りません。川崎重工業の方にとっては縁起でもない話なので、あくまでも仮定の話として聞いていただきたいのですが、いずれ川崎重工業がバイクの事業を断念して撤退するかもしれない。そうなってしまえば、彼のキャリアはそこで終止符を打たれてしまいます。具体的なスペックを満たすためには、他のバイクメーカーに転職して同じ仕事を続けるしかない。その場合でも、彼が愛した「カワサキ」ブランドはなくなってしまいます。

具体的なスペックは「生もの」です。日持ちが悪い。ある時にその業界や会社の景気がよくてボーナスが多くても、数年後には話がまるで変わっているというようなことは普通にあります。

「好きなタイプの女の子」の例で考えるともっとわかりやすい。「なんでこの人とつき合っているかっていうと、僕は長い黒髪の子がタイプなんですよ」という人、これはいかにも脆弱です。その女の子がそのうちにロングヘアーに飽きて、髪を切る（ついでに茶色に染める）可能性はわりと高い。「長い黒髪」という具体的なスペックをよりどころにしていると、その時点でもうイヤになっちゃう（ま、そこまで即物的な人は現実にはあまりいないでしょうが）。

これがもし「何でこの人とつき合っているかっていうと、僕とは考えが違う面もあるんですけど、彼女の物事の考え方、特に人間関係に対する前提が僕は妙に好きなんですよ」という価値観に根差したものだとしたら、彼女が髪を切ろうと伸ばそうと染めようと、それがあなたの髪型の好みと多少違っていたとしても（七色染めのモヒカン刈りはさすがにキツいかもしれませんが）、わりと長期的に好きでいられるでしょう。

要するに実際にやってみなければ本当のところはわからないし、思っても見なかったことが続出するのが仕事だということです。どうせ事前には完全にわからないのであれば、具体的な詳細にこだわるよりもキャリア・コンセプトをよりどころにするほうが理にかなっています。

目の前の選択肢に飛びつく前にやるべきこと

あなたが直面しているのは、「インドか日本か」「プログラミングか営業か」「天丼かカツ丼か」という具体的なスペックではなく、もっと本質的な問題です。

「場所に縛られずどこでも働ける自由人」というコンセプトを起点にキャリアを考えている。その意味では、あなたの悩みはとても筋がいい。いきなり「ベンチャーか大企業か」というような具体的なオプションを対置してそれぞれの損得を比較考量するといったよくある話と比べると、よりコンセプチュアルで、やるべき仕事の本質をついている。

そういうコンセプトが見えてきたこと自体は非常にいいのですが、コンセプトだけでは現実の仕事にはなりません。コンセプトを具体的なレベルに下ろす必要があります。その結果として出てきた解が「インドでプログラミング」かと言えば、コンセプトの具体化に成功しているとは言えなさそうです。「場所に縛られない自由人」というコンセプトに紐づく仕事は、ごく具体的なレベルで言えば、少なく見積もってもあと五八〇種類ぐらいあると思います。

あなたにおすすめしたいのは、この際じっくりと腰を据えて、「具体と抽象の往復運動」を脳内でしつこくやってみることです。これこそが、職業の選択のみならずあらゆる仕事にとって決定的に重要な能力だというのが僕の見解です。

まずは上位に「場所に縛られない自由人」をコンセプトとして置いておく。そのうえで、「だとしたら、こういう仕事があるかな」「こういう地域がいいかな」とコンセプトを具体的なレベルへと具象化していく。

具体的なオプションが出てきても、すぐにどれかを選ぼうとしてはいけません。まずはそれらをじっくり眺めてみる。それぞれのオプションの共通点とか相違点が見えてくるはずです。そうすると、とりあえず上位に置いた「場所に縛られない自由人」が本当のところ何を意味しているのか、自分のコンセプトに対する理解も深まるはずです。これが、具体から抽象へと上へ移動する思考の動きです。その結果、「場所に縛られない自由人」というコンセプトはさらに洗練され、自分にとってより大切なものが見えてくるかもしれません。

このような具体と抽象の往復運動を集中してやるのは、非常にいい知的訓練になります。しかも自分の仕事というきわめて当事者意識の持てる話なので、真剣に取り組むことができます。

とりあえず一人で山にこもる

プログラミングというのは、専門的な技能なので、場所に縛られずにどこでも仕事をできる感じがするかもしれません。ところが一方で、いきなり「プログラミング」という機能で自分の仕事を定義してしまうと、その職種に縛られてしまう。プログラミングというフラッグを持って労働市場に出ていくわけですから、「プログラミングができる人」に対するニーズがある場合にしか、ピックされないわけです。

あなたがこだわる「自由」の中身が、国や地域なのか、会社なのか、職種なのか、もうちょっとしっかり考えてみる必要があります。そうしないと、インドがいいのか、パキスタンがいいのか、ネパールがいいのかわかりません。職種としても、プログラミングがいいのか、コンサルティングがいいのか、プランニングがいいのかわかりません。〝ing〟がつく職業に限っても、具体のレベルではずいぶんたくさんあります。意外と、「高崎あたりで飛び込み営業」というのがベストの解だったりするかもしれません。

いまの状態では、「場所に縛られない自由人」という語句をキーにインターネットでググってみて、とりあえず最初に出てきたページが「インドに行ってプログラミング」だったというようなものです。とりあえずの具体的な解に縛られすぎです。

もとより完全な自由選択などそもそもありえません。自分のコンセプトを持つということにしても、一面では自分を縛るということです。

ですが、コンセプトの縛りは、具体的な職種の縛りに比べて、発展性がある。それが前述した具体と抽象の往復運動です。これはいくら徹底的にインターネットを検索しても見つかりません。自分のアタマだけでやるしかない。だからこそ、この時点でのコンセプトを大切にし、それを柔軟に具体化していくという脳内作業が大切になります。

抽象的なことばかり言っていても仕方がないので、この辺で具体的なアクションをおすすめしましょう。数日間休みを取って一人で山にこもるというのはいかがでしょうか。あらゆる情報から遮断された状況に身を置けば、頼りになるのは自分のアタマだけです。具体と抽象の往復運動に心おきなく集中できるでしょう。

嫌いなことをしないでください

以下はこのご相談にかぶせた余談です。

キャリア・コンセプトが大切だといっても、いきなり抽象レベルで自分の好き嫌いのツボを同定しようとするのは禁物です。そもそもそんなことはよほどの哲人でない限り不可能です。まずは日常生活で肌で感じることができる、具体的な好き嫌いの断片を寄せ集めることから始めるべきです。具体から抽象「化」する。この順番が大切です。

あなたに限らず、「自由なのが好き」という人は多い。「自由だけはホント勘弁してくれ」という人はあまりいません。しかし、いきなり「自由」という抽象概念を持ち出しても何の役にも立ちません。好き嫌いについてのさまざまな具体的経験を実生活で重ねていく中で、「自分にとって大切な『仕事の自由』というのは、要するにこういうことだな」という抽象化が進み、キャリア・コンセプトが見えてくる。そうしてつかんだキャリア・コンセプトだからこそ、今度は逆にそこから具体的な選択肢が引き出せるし、特定の仕事について自分の向き不向きを評価する基準としても使える。要するに、具体ベタベタではダメだし、抽象だけでも絵空事。だから、「具体から引き上げた抽象をその都度直面する具体に下ろしていく」という、具体と抽象の往復運動が脳内基本動作として大切なのです。

この辺は人それぞれなのかもしれませんが、自分自身の経験を振り返ると、具体と抽象の往復運動の起点となる具体的断片としては、「好きなこと」よりも「嫌いなこと」のほうが有効だというのが僕の見解です。特に、若い人ほど、自分のネガティブな感情や経験を意識することが、キャリア・コンセプトをつかむのに役立つと僕は考えています。

「やりたいことを思いっきりやりなさい。キミの好きなことは何だ? キミは何がやりたいのかね?」と若者に問いまくるオジサン(&オバサン)がいます。僕を含めたフツーの人々にとっては、自分が本当にやりたいことなんて、具体的にはもちろん、抽象レベルでもそう簡単にわからないというのが本当のところだと思います。それでも、自分が嫌いなこと、イヤなことについては、経験の幅や量が限られている若い人であっても、わりと確信をもって認識できるのではないでしょうか。

好きなことというのは嫌いなことのすぐ裏側にあるものなのです。もっといえば、「好き」と「嫌い」は同じコインの両面をどちらから見るかの違いでしかありません。この本では、繰り返し「好きなようにしてください」と言い続けていますが、それは「嫌いなことをしないでください」ということと同義です。

自分の好き嫌いに嘘をつくことはできません。「嫌いなことをしないでください」がなぜ大切なのかというと、自分をだまして好きでもないことをしていると、そのうちに何が本当に好きなのかが自分でもわからなくなってくるからです。これが一番怖い。

「自分の土俵」の輪郭を描く

具体と抽象の往復運動を脳内で繰り返してキャリア・コンセプトを研ぎ澄ませたとしても、最終的にはごく具体のレベルで意思決定をしなければなりません。結局のところ、いまのあなたがそうであるように、自分の手持ちの具体的なオプションの中からやるべき仕事を選ぶしかありません。

これはもう直観に基づく判断としか言いようがありません。しかし、そこで一番ものを言う判断基準というか直観の源泉がみずからのキャリア・コンセプトなのです。「こういう仕事は自分に向いている。これだったら水を得た魚状態になれそうだ」と「こういう仕事は自分にとっては筋が悪い。向いていないからやめておこう」などと、勘が働くようになる。

「勘がいい人」というのが確かにいるものでして、そういう人は例外なく自分の好き嫌いのツボについての深い自覚を持っている。キャリア・コンセプトに軸足を定めておけば、自分がいままでやってきたことと一見ぜんぜん違う仕事のオファーがきた時も、「あっ、それはけっこう自分のツボにはまっている」と感じたりします。自分が自然とのってできる仕事が直観的に取捨選択できるようになる。スペックの詳細がよいの悪いのと余計なことも考えなくて済む。生きるのが楽になります。

何よりも、そういう人は決断が早く速い。ひょんなことから目の前に出てくるチャンスを機敏にしっかりとつかみ取ることができます。勘が働かない人は、せっかくのチャンスをスルーしてしまったり、四の五の思い悩んでいるうちにチャンスをつかみ損ねてしまうものです。

ここでいうキャリア・コンセプトがもたらす直観は、就職や転職といったわりと大きなイベントのみならず、日常の仕事にとってもきわめて有用です。時間や資源は限られています。すべてを全力でできるわけではありません。どのような優先順位で仕事をするか。何をやって何をやらないか。その仕事を受けるべきかどうか。毎日の仕事でも、それこそ呼吸をするように、無数の判断をしているわけです。自分の好き嫌いを深いレベルで知っている人ほど、無意識のうちに優れた判断ができます。要するに「自分の土俵」がわかっている、ということです。土俵の輪郭がはっきりしている。これは仕事ができる人に共通の特徴だと思います。

自分の土俵の輪郭を描くのがキャリア・コンセプトです。いついかなる時でもみずからのキャリア・コンセプトを意識していることが大切です。キャリア・コンセプトの錬成には終わりがありません。僕にしても、この年になっても「自分は本当のところ何が好きで何が嫌いなのか」を自問自答する日々です。

キャリアとは自分のキャリア・コンセプトを絶え間なく練り上げていくプロセスだともいえます。数多くの成功や失敗、滑った転んだを重ねながら、その都度自分の心の奥底にある好き嫌いを見据え、自分だけのキャリア・コンセプトを研ぎ澄ませていく。そこにこそ仕事生活の醍醐味があると思います。

7

若さの特権

大手企業とアフリカ、どちらを選ぶべきですか？

琉球大学学生

就職活動を終え、大手企業から内定をいただくことができました。地方の学生が大手企業に就職すれば、当然キャリアアップにはつながると思います。しかし、私自身、将来は海外でチャレンジし、ビジネスで成功を収めたいと考えています。そのため、アフリカでビジネスを展開していらっしゃる方の元で、働かせてもらうか、あるいは海外の大学院に進むといった選択肢もあります。

大学の先生や、社会人の先輩などに相談すると、ビジネスや組織について学べるし、まずは日本で働いてみてもいいんじゃないかと言われます。現在、選択肢が多すぎて、進路に悩んでいます。取捨選択をするうえで、重要なことを教えていただきたいです。また、成熟市場の日本で働くメリット、デメリットについても教えていただきたいです。

どうぞよろしくお願いします。

ここまできたらどれでもいい

好きなようにしてください。ここまできたらどれも同じです。どれを選んでもあなたにとって十分意味があるでしょう。裏を返せば、どれを選んでも確実に問題や不満な点が出てくるということです。

言葉尻をとらえるようですが、まず確認しておきたいことがあります。あなたにとって「キャリアアップ」とは何でしょうか。「アップ」というぐらいですから、何かの次元の上で「よりよくなる」ことを意味しているのでしょう。文面を読む限りでは、「海外でチャレンジする」という軸でキャリアアップを考えている。一方で、その目標に対し、大手企業で働くことが手段として意味があるのかを悩んでいる。

このような現状の整理に基づいて申し上げますと、もし大手企業で働くことに意味があるといまの時点で確信が持てれば問題はありません。どうせ将来のことは不確かです。「絶対に意味がある」とは言えなくても、直観的な「確信」があるだけでいい。もっと言えば、意味があると思い込めればそれで十分です。その場合、内定を提示された大手に行けばいい。

ただ、ここで申し上げている意味での「確信」が持てなければ、途中に無意味なステップを踏む必要はありません。アフリカでビジネスを展開している方の元で働かせてもらうほうが、あなたの言う「キャリアアップ」につながると思います。余談ですが、僕はアフリカで育ちました。アジアやアメリカ、ヨーロッパとはわりと違うので、アフリカを経験するのも面白いかもしれません。

あなたに逆に問いたいのは、「海外でチャレンジしてビジネスで成功する」ということが、どれだけ自分自身にとって切実なのか、ということです。それが本当に切実なものであれば、アフリカでもどこの国でもよいので、迷わず突撃すればいいと思います。

当たり前のことですが、手段の有効性はその目的との兼ね合いでしか評価できません。大手企業で「ビジネスの組織」について学ぶとします。大企業の管理職として大きなビジネスを動かしたい、というのが当座の目的であれば問題ないのですが、「海外でチャレンジする」ための手段としては直接的にはさほど有効ではないでしょう。

「現在、選択肢が多すぎて進路に悩んでいる」と言いますが、相談を見る限りは、選択肢は三つしか挙げられていません。つまり、この方はその他にもありえる四八〇〇ぐらいの選択肢をすでに捨てているわけです。

たとえば、「高崎で飛び込み営業をやる」「宇都宮で大道芸人をやる」という選択肢、これはきれいさっぱり捨象されている。三つに絞れている時点で十分に取捨選択ができているということです。

実は、人間はほとんどのことを無意識のうちに捨てて生きているのです。すでに三つに選択肢を絞れていれば、すべて自分にとって何か意味があるはず。ということは、基本的にどれでもいいのです。いまできることは、最後の念押しとして、本当に海外でチャレンジすることが、自分にとって深刻で切実な問題かどうかをよく考えてみることぐらいです。あとは勝手にしてください。

比較考量が時間的奥行きを殺す

例によって、この相談を無理やり一般化して余談を続けます。人間は仕事を評価する時にいろいろな尺度を並べます。給料なのか、名声なのか、仕事の面白さなのか、もしくは、親から喜ばれたり、友達から「すごい」と思われることなのか。

こうした尺度を並べてみると、見えるものと見えないものが混在しています。給料は少なくとも一年目の金額が見える。ところが仕事それ自体の面白さというのは、比較可能な物差しではそもそも測れないものです。ジョブセキュリティにしても、いまの時点では何となく評価できたとしても、将来どうなるかはまるでわかりません。

若い人が考える「名声」(=すごい、と思われること)などというものは、どうしようもなく表層的で刹那的なもので、三年も経ったら何の意味もなくなっています。もうちょっと時間的な奥行きを持って考えたほうがいい。仕事の面白みは、徐々にしかわからないものです。

選択に直面した人がとりがちな行動に、性質が違う尺度を横に並べて、自分にとっての重みづけをして、「このオプションは七・五点だけど、これは六・八点で、こっちは九・二点なので、加重平均するとこの選択肢が一番スコアが高いのでこれを取ろう」という比較考量があります。

しかし、キャリアに関する意思決定に限って言えば、こんなやり方は、まったく意味がないというのが僕の見解です。人間はいますぐに見えるものに引っ張られるのが本性なので、このやり方だと給料がよくて周りがすごいと思ってくれる選択肢を選んでしまう。キャリアとは、本来非常に時間的に奥行きのある問題です。にもかかわらず、比較考量にこだわると、時間的な奥行きが殺されてしまいます。

あなたには「海外でチャレンジする」という、いい意味でも悪い意味でも、漠然とした価値基準があります。せっかくなので、このモチベーションを大切にしたほうがいいと思います。

大手企業の「名声」（ホントはそんなものにたいした意味はない）や「給料」（ホントは先のことはわからない）と比較してしまうと、それらがやたらと可視的な尺度だけに、大手企業に引きずられている可能性は十分あります。そうした見える物差しは、割り引いて考えたほうがいいでしょう。

若者の強みは「サンクコストが小さい」こと

いずれにせよ、あなたにとっては最初の就職です。「一回目の就職はお気楽に」と申し上げたい。「まだ若いのでやり直しが利く」という面もありますが、それよりも大きいのは、若い時ほど抱えるサンクコストが小さいということです。

たとえば、僕と同い年の五一歳で、いままで三〇年お蕎麦屋さんをやってきた人であれば、お蕎麦屋さんを辞めにくい理由がある。それは「もう五〇代で将来の時間が限られている」ことよりも、「三〇年間お蕎麦屋さんとして培ってきたものが無になる」ことのほうが大きい。やり直しは不可能ではないですが、「大変だな」という気持ちが大きくなるのは自然な話です。

若さの本質は、「これから先が長くある」「柔軟性がある」ではありません。「まだ何もない」ということなのです。

8 人間の本性は変わらない

信頼していた部下から、不満をぶちまけられました

通信会社勤務（四三歳・男性）

四〇代前半の営業部長です。部内で最も業績に貢献してくれていて、私が個人的にも信頼している部下から突然、「評価されていない気がする。このままでは仕事のモチベーションがもたない」と言われました。

実はこのところ業績が落ちており、他の部下が重要顧客ともめたりメンタルで休職したりと、トラブル続きで、手のかからない部下の負担が増しているのに目配りが足りていなかったのは事実です。

彼は社内での出世にはあまり関心がないと自分でも言っていたので、ここ数年ポジションも据え置きです。ただ、不満を言われたからといって、すぐに昇進させることもできないので困っています。目の前の問題が落ち着いたら彼の処遇についても考えたいとは思っていたのですが……。

いま、彼のモチベーションが下がると部全体の成績にも影響が出ますし、異動されたり転職されたた

りしたら私の立場がありません。どのように対応すればいいでしょうか？

「評価」は上司の仕事のど真ん中

ご相談の文面では、部下の方の言動について「評価されてない気がする」といった曖昧な記述が目立ちます。ここに根本的なボタンのかけ違いがあると思います。

そもそも評価というのは、もっとストレートで具体的ではっきりしたものです。おそらく部下の方にしてみれば、評価されているのかされていないのか以前に、会社や上司であるあなたが、そもそも本来の部下評価という仕事をきっちりやっているのかどうかに疑問や不信を抱いているのではないでしょうか。

一番大切なのは、部下の評価という仕事と正面から向き合うということ。きちんと評価して、それを今後のその人への期待を含めて率直に部下に伝える。そのうえで、その評価に対する反応をじっくり聞くということです。お互いに言いたいことを言いあったうえで、「次はここを目指していきましょう」と握る、ということです。上司にとっては大変にキツい仕事ですが、ここは手数と時間を惜しんではいけません。

部下の評価は上司の仕事の中核です。部下を評価できての上司。評価なくして育成なし、です。しかし、相談文から察するに、あなたはその仕事のど真ん中のところがないがしろになっているのではないでしょうか。

部下に不満を言われたからといってすぐに昇進させることができないのは当たり前です。そんなことをしていたら、みんなを好きなだけ昇進させないと全員のモチベーションが保てなくなってしまいます。まずあなたがやるべきは、長い時間軸で見た時に、「こういうことを達成したら、こういう昇進の可能性がある」ということを、きちんと評価項目の中に入れることです。

「部下に異動されたり転職されたりしたら私の立場がありません」とおっしゃっていますが、むしろ、一度立場がなくなるぐらい痛い目にあって、やっぱり「評価は管理職の仕事のど真ん中だよな」と思い知ってみる必要がありそうです。

上司はつらいよ

そもそも、人を評価するというのは、多くの人にとっては愉快なことではありません。きちんと双方向的なコミュニケーションを重ねたうえで、相互の納得で着地できるような評価というのは、ものすごくコストがかかります。「人を評価する」というのは、経営コストのうち最大のものの一つです。おそらくあなたがそうであるように、愉快でもなくコストがかかることは、したくなくなるのが人情。それでいまのような状況に陥っているのでしょう。

ただし、です。愉快でなく手数がかかる、多くの人がしたくない仕事だからこそ、部長やマネージャーというポジションがあるのです。ここで問題を先送りしてしまっては、あなたは部長としてこの先おぼつかないと考えたほうがいい。

それぐらい、マネージャーというのは大変な仕事です。僕自身は、そういうキビしい世界はまったく向いていないと、若い頃にいくつかの出来事で痛感しました。で、いまのような基本的に一人でできる気楽な仕事をしているわけです。これは各人の性分に根ざした選択の問題です。

あなたの場合は、ちゃんと部長まで昇進していますので、マネージャーに向いていないわけではもちろんありません。今回の一件は、マネージャーという仕事を自分自身で再定義し、リーダーとしてさらに熟達するいい機会だと前向きにとらえるべきです。

上司は部下を評価することによって周囲から評価されている。このことを忘れないでください。

年功序列はコスト極小で、超オープン

ここから先は余談です。あなたのご相談にあるような人事評価に関連する話はどこの企業にもあります。なぜなら、これまでの日本の会社の多くは、人事評価に十分に時間とコストを投入してこなかったからです。

時間的な奥行きを持って考えてみましょう。戦後の高度成長期の日本では、年功序列という評価の仕組みには大変な強みがありました。経営のコストがとにかく低いという意味で、効率がよかったのです。年功序列は日本発の「マネジメントのイノベーション」といってもよいかもしれません。

年功序列は透明かつ客観的で低コストの管理手法です。少なくともある一定の管理者としての階層に到達するまでは、「何年入社か」を聞けば、その人の給料がだいたいわかる。働く側にとっては、将来の予測もしやすくなる。もし、このやり方でみんなが納得して働けるのであれば、非常に合理的な

経営手法だと思います。

実際、高度成長期という特殊な状況の下では、このやり方がわりとうまく機能しました。しかし、高度成長という条件を失ってしまえば話は別です。年功序列と終身雇用、この二つは自然とペアで語られますが、論理的に考えてみれば食い合わせがよろしくない。無理筋の組み合わせといってもよいでしょう。

もし終身雇用を保証するのであれば、よりコストをかけて評価しないといけません。あなたの雇用は保証しますが、その代わりに評価はしっかりやる。ポストは限られているのだから、そのポテンシャルも含めて能力のある人が昇進する。仕事の貢献に合わせて報酬を差別化する。当たり前の話です。長期雇用を保証する一方で、全員に気前よく右肩上がりのポストや給料を与えていたら、会社は破綻します。

反対に、一部の外資系企業にみられるように、やたらに労働流動性が高い前提で人を評価する場合は、手間暇をかけた評価よりも、人の出入りでコントロールしたほうがいい。相互に納得できる評価に到達するまでのコストは、あらゆる経営コストの中でも最大のものです。コストをかけていくときりがないので、ダメだったらその時点であっさりとクビを切るという手法です。外資系の証券会社などは、どちらかというとそういうやり方です。

「外資系証券は、実力主義だ、評価がすごくしっかりしている」とよく言われますが、話半分に聞いたほうがいい。多くの場合、直近のアチーブメントしか見ていない。初めに目標のようなものを定めて、インセンティブを与える。達成したら厚遇し、達成できなかったら辞めてもらう。手っ取り早い「出し入れ管理」です。

外資系証券のように流動性の高い分野であれば、労働市場の流動性が経営のコストを吸収してくれます。つまり、評価という機能を、組織の中のマネジメントから、外部の労働市場にシフトさせることができる。市場にある程度まで人の評価をまかせてしまうということです。一方、労働の流動性の低い組織であれば、それだけ評価を大切にしていく必要があります。評価コストを内部化しないといけません。

戦前の日本企業の「三つの経営問題」

日本(の大企業)では一時的に、年功序列と終身雇用というわりと無理な組み合わせが成り立っていましたが、それも高度成長期のほんの三〇年、四〇年の底の浅い話です。「日本の文化」というほど深遠な話ではない。それは戦前の日本を見ればよくわかります。当時の企業社会を知るための面白い題材が、『中央公論』の経営問題特集号です。

戦前は、『中央公論』がいまで言う『日本経済新聞』のようなビジネスジャーナリズムの中心にありました。その『中央公論』が、戦前の昭和初期に経営問題を特集しています。当時の日本にも、当然のことながら多くのビジネスに関する論客がいて、「日本の経営の問題は何か」について座談会をおこなっています。その中で、アメリカとの比較を中心にして、三つの問題点が挙げられています。これがとにかく面白い。

第一に、金融資本が強すぎる。経済がすべてファイナンスのロジックで動きすぎるという問題です。当時の日本は、三井や三菱など財閥を中心とする経済であり、その財閥の頂点に金融がありました。

そのため、金融資本が強い影響力を持っていたのです。

第二に、労働市場の流動性が高すぎる。当時の日本は人口の大半が農業に従事していましたが、「ビジネスパーソン」はというと、ちょっと給料が悪いと、みんなすぐ会社を辞めてしまう。いまどこが稼げるのかなと言ってフラフラしているというわけです。

第三に、したがって従業員の組織に対するロイヤルティが低い。これに対してアメリカは、当時はフォードなどの企業が、大規模企業の経営と組織を完成させた時でした。つまり、事実上の終身雇用で経営する。だから、従業員は会社に対して帰属意識を持つことができ、組織に対するロイヤルティも高い。

しかも短期的なロジックで経営するのではなく、長期の技能や技術の蓄積が可能になる。日本が短期志向の金融資本主義であるのに対して、アメリカはより長期志向の産業資本主義である。したがって、日本もこれからはより近代化、高度化して、アメリカみたいにならないとダメだ、と言うのが座談会の主張です。

なぜ当時のアメリカがそうした長期安定的な雇用システムだったのでしょうか。理由は単純です。当時はアメリカが戦後の日本のようなとんでもない高度成長期にあったからです。大恐慌の時期は別にして、第一次世界大戦以降のアメリカは世界の工場であると同時に最大の消費国として、経済は急速に成長していました。

僕は、いわゆる文化論、たとえば「日本は農耕民族で、アメリカは狩猟民族なんだ」という議論はあまり信用しません。むしろ、ほとんど眉唾ものだと思っています。時間的な奥行きを持って見ると、多かれ少なかれそのときの経済合理性で経営のシステムが形成されているというのが本当のところだと思います。

特定の経営システムが有効性を発揮するのは、せいぜい一〇〇年スパンの話です。それに対して、民族の精神みたいなものは、数百年から一〇〇〇年のスパンで考えなければなりません。ケタが違います。

戦後の終身雇用と年功序列の組み合わせは、コストを極小化して全員で足並みをそろえて成長の波に乗るという意味で、ベリーベストの選択だったと僕は思います。だからこそ、それが一気に広まったわけです。それがあたかも弥生時代から連綿と続いているような、日本の文化のように思われてしまった。とんでもない誤解です。

時代はいつもゆっくりと変わります。高度成長期が終わって早数十年。当然、時代の変化に適応して、日本でも新しい経営システムができあがってくるわけです。日本も確実にそうなっているし、これからもそうなっていくと思います。ただし、アメリカと同じようになるかというと、おそらくそんなことはないでしょう。

遠いものほどよく見える

一口にアメリカといっても、実際は業種によってさまざまです。たとえば、製造業と金融業では大きく違います。「ウォールストリートの証券会社のような短期的な成果主義バリバリのところで働くのはごめんだよ」と言っている人はアメリカにもいっぱいいる。むしろそういう人のほうがずっと多い。そういう人はミネソタの家具メーカーで働いていたりするわけです。世の中そういうものです。

古今東西、人間の本性は変わらない。経済や業界や企業、それぞれの状況や環境に適応して、まあまあ合理性のあるシステムを採用しないと、ビジネスはうまくいかない。だから、あまり文化論を持ち出して考えないほうがいい。

そもそも、アメリカ企業といっても、その中身は千差万別です。最近おすすめしているのは、東洋経済新報社から出版されている『米国会社四季報』です。これは『会社四季報』のアメリカ上場企業版で、ナスダックの上場企業から何から何まで、アメリカ企業の情報が日本語で記されています。

この本を眺めていると、九割の会社は普通の日本人が知らない会社です。それはアメリカ人が日本の『会社四季報』を見て、多くの日本の会社を知らないのと同じです。

アメリカというのは、国内の市場が世界一大きいだけに、企業活動に関してはわりとドメスティックな国です。ガラパゴス企業の王国がアメリカといってもよい。アメリカの中だけで商売をやっているので普通の日本人が知らない会社が山ほどあります。『米国会社四季報』をめくっていると一〇ページに一回ぐらいグーグルやGEや3Mといった有名企業が出てきますが、それ以外はほとんど知らない会社。好業績企業もあれば、パッとしない企業もある。それは日本と同じです。

要するに、「近いものは悪く見えやすく、遠いものほどよく見えやすい」ということです。「日本はダメだ、変わらないといけない」という考えが、日本の「意識が高く」「進歩的な」人々の間では強いと思います。そういう人に、「ところで、アメリカですごく調子が悪い会社を知っている?」「シリコンバレーの最悪の経営の会社を知っている?」と聞いて、いくつも名前を出せる人はほとんどいないでしょう。

逆に、日本から遠く離れた普通のアメリカ人は、「やっぱりトヨタはすごい」「日本はテクノロジー

の国だ」と言っているわけです。近いものほど粗が目立ち、遠いものほどきれいに見える。これが人間の本性だと思います。特にビジネスに関わるメディアの論説には、それが色濃く出ています。

人間に対する洞察

結局ビジネスというのは、ＢｔｏＢだろうがＢｔｏＣだろうが、人間が人間に対してやっていることです。ビジネスで一番大切なものを一つだけ挙げろと言われれば、私は「人間に対する洞察」と答えます。これは、「コミュニケーションスキル」といった浅薄な話ではありません。

劇作家としても小説家としても成功したサマセット・モーム（一八七四〜一九六五）は人間についての独自の深い洞察で知られています。まさに「人間洞察大魔王」といった観のある人物です。そのモームが六四歳の時に著した回想録的随筆集『サミング・アップ』（これは本物の名著なのでご関心の向きはぜひ一読をおすすめします）の中でこう言っています。

「私のしてきたのは、ただ多くの作家が目を閉ざしているような人間の性質のいくつかを、際立たせただけのことである。人間を観察して私が最も感銘を受けたのは、首尾一貫性の欠如していることである。首尾一貫している人など私は一度も見たことがない。同じ人間の中にとうてい相容れないような諸性質が共存していて、それにも拘わらず、それらがもっともらしい調和を生み出している事実に、私はいつも驚いてきた」

ビジネスの世界は変化が激しい。だから、いつもバタバタしている。それだけに「変わらない本性」に目が向きにくくなります。人間の本性というのは、簡単には割り切れない、矛盾した多面的な、文字にするとわりと長くなってしまうようなものです。ですから文字が短く、画面が狭いスマホになると、失われるものが多い。スマホはとても便利ですが、弱点を意識しておいたほうがいい。

僕は「本性主義」の立場に立って物事を考えるようにしています。本性主義は、人と人の世の中の変わらない部分に目を向けます。変わっていく世の中で、変わらないものを見抜く。そこに洞察の本領があります。変わらないものが思考に軸足を与えてくれます。軸足を持たず、変化を追いかけているだけだと目が回って、結局有効なアクションをとれなくなってしまいます。

変わらぬ思考の軸足を持つために一番有効なアプローチは、時間的な奥行きを持って考えることです。歴史を知れば、いかに人間が一〇〇年や二〇〇〇年では変わらない生き物か、その本性がまざまざと見えてくるはずです。

9

好きなようにさせてください

子どもを海外の大学に行かせるべきですか？

外資系金融機関勤務（四二歳・男性）

外資系の金融機関に勤めている者です。私は先生にキャリアというより、子どもの教育相談をお願いしたいと思っております。高校一年生の息子がいるのですが、日本の大学に行くか、海外の大学に行くかを話し合っています。海外のトップ大学を狙うのであれば、いまから準備をしておかないと間に合わなくなってしまうからです。

息子の成績は良好で、このまま日本にいてもトップクラスの大学に行ける可能性は高いのですが、日本の大学に行ってもたいした能力がつくとは思えません。貴重な四年間の浪費になるのではないかと心配しています。また英語力という点でも、英語を学ぶには早いに越したことはないと思っています。

私も日系と外資系の金融機関で働いてきましたが、特に外資では実力はもちろんですが、英語力でとても大きな差がついてしまいます。上司と円滑にコミュニケーションするには、英語力がモノをい

います。私自身、日本育ちで英語にはとても苦労しただけに、息子に同じ思いはさせたくありません。息子としても、海外の大学には興味を持っているようです。息子の背中を押してでも、海外の大学に行かせたほうがいいでしょうか。それとも、放任して息子の意志にまかせたほうがいいでしょうか？

「よい大学」の基準

好きなようにしてください。

率直に言ってずいぶん浅い話だと思います。そもそもあなたは子どもの教育というのをどう考えているのでしょうか。

ご自身の子どもにとって「これがよい大学」「これが悪い大学」という基準をあなたは持っている。その基準に照らしあわせて、日本のトップクラスの大学に行くのか、それとも、海外の大学に行くのか、という選択で悩んでいる。僕に言わせれば、日本か海外かという選択以前に、あなたが考える「よい大学、よい教育」の基準についての理解がわりとユルい。だから、相談にあるような堂々巡りに陥ってしまう。この程度のユルい悩みであれば、「どっちに行ってもいい」というのが僕の回答です。

日本でも海外でも、この方が言っている意味での「トップクラスの大学」と、そうでもない大学があり、一応「序列」めいたものが昔からあります。あっさり言えば「入る（もしくは卒業する）のが難しいほどよい大学」、これが「序列」を形成している基準でしょう。あなただけではありません。その基準に照らし合わせて、少しでも「よい大学」に子どもを入れたいと思う親がたくさんいる。

「入るのが難しい」ということはその大学の何らかの質を確かに反映しているわけで、「よい大学」なり「よい教育」を判断する一つの基準ではあります。しかし、他にも山ほど重要な基準があるのもまた事実。ところが、いざ自分の子どもの教育となると、他のすべてが吹き飛んで、よさの基準が「難易度」に収斂《しゅうれん》してしまう。

「なぜ？」の先にあるもの

なぜこういうことになるのでしょうか。

ずいぶん前の話ですが、僕はある予備校にお声がけいただいて、あなたのように子どもの教育や勉強に関心を持っている親御さんたちと対話する機会を得ました。その時の経験です。

「皆さん、ずいぶんと教育熱心ですが、よっぽどお子さんによい大学に行ってほしいと願っていらっしゃるのですね」と言うと、異口同音に「その通り！」という答え。で、「どこでもご希望の大学にお子さんを入れられるということになったとしたら、どの大学に子どもを入れたいですか？」と聞きました。これは二〇年前の話です。当時はほとんどの人にとって海外の大学がオプションに入っていなかったこともあって、ほとんどの人が「やっぱり、東大ですね」と答えました。

「なるほど。では、なぜ東大がよい大学だと思うんですか？」と続けて尋ねると、「やっぱり東大だと、そのあとよい仕事が手に入ると思う」「就職に有利だ」という答え。で、さらに「よい会社とかよい仕事とは、具体的には何ですか」と聞くと、当時だと、大蔵省などの官庁や三菱銀行などの都市銀行や三井物産のような大手商社という答えが返ってくる。

「じゃあ、なぜ大蔵省や都市銀行がよい就職先だと思うのですか」と質問を重ねると、「簡単には就けない人気の仕事だから」「社会から評価される」、もっと率直に「給料がいい」「親として気分がいい」と答える人もいました。

こういうふうに、「なぜなぜ攻撃」で問い詰めていくと、最後に出てくるのは「要するに、うちの子に幸せになってもらいたいんだよ！」。

最後の結論は完全に正しい。ただし、そこに至るまでの過程が全部間違っていると思います。よい大学の向こうによい仕事があり、その向こうによい給料があり、その向こうに「豊かな生活」や世の中の人からの「いいなあ」という羨望があり、その先に幸せがある――要するに物事を考える順番が間違っている。

「自分にとっての幸せとは何か」ということを何よりも先に考える。これが真っ当な順番です。この問いに対する答えは、言うまでもなく子どもによってまるで違います。幸せになるためには、こんな仕事や生活がしたくて、こんな仕事をするには、こういう大学がいいのではないか。この真っ当な順番で物事を考えられるようにと子どもを導いてあげる。折に触れて子どもに「自分の幸せとは何か」を自分の頭で考える機会を与える。親にできることはそれぐらいしかありません。

ポイントは、仮に「自分にとっての幸せとは何か」を起点に考えたとしても、そんなの高校一年生でわかるわけがない、ということです。そんな答えがちょっと考えたぐらいではすぐには出ないことを子ども自身が知る。ここに最大の意義がある。

大学進学は、この人生を通じて自問自答に明け暮れる大問題に取りかかるきっかけを与えてくれるものです。この意味において、というか、この意味においてのみ「どこの大学に行くべきか」という問いは重要なのだと思います。

子どもは別人格

「英語の能力はどうすれば身につくか」「上司との円滑なコミュニケーションのスキルを得るためにはどこに行けばいいのか」。これは手段と目的が完全に逆転した話です。まかり間違っても、そんなつまらない理由で息子さんが進学先を選ぶと思えません。

「私自身、日本育ちで英語にはとても苦労しただけに、息子に同じ思いはさせたくありません」とのことですが、これはあなたの勝手な思い込みというか、大きなお世話です。

あなたに限らず、なぜ世の親がこうした類の思い込みを持って子どもの進路にあれこれと口を出したくなるのか。その理由は単純で、自分の一人の、一回きりしか生きたことがない人生をそのまま子どもにも当てはめて考えるからです。

「日本の大学に行ってもたいした能力がつくとは思えません。貴重な四年間の浪費になるのではないかと心配」とのことですが、これはあなたが大学でたいした能力を身につけられなかった、いまから振り返ってみると貴重な四年間を浪費した、というだけの話なのではないでしょうか。

「上司と円滑にコミュニケーションするには、英語力がモノをいいます」「私自身、日本育ちで英語にはとても苦労した」。これにしても、「日系と外資系の金融機関で働いてき」たという、あなたについての話です。お子さんには関係ありません。

英語の問題一つとっても、外資系の金融機関に勤めているというあなた自身の限られた経験を手前勝手に一般化するからそう思うだけです。だから、子どもに何としても英語を学ばせたい、これからは英語が必須！という強迫観念じみたものにとらわれてしまう。

「息子に同じ思いはさせたくありません」と言いますが、心配する必要はまったくありません。息子さんはあなたとは「同じ思い」をするわけがありません。子どもは独立した人格であり、親とは違った人生を歩んでいくのです。

考えてみれば、親は大人としてこれまでも自分の人生でそれなりに山谷を経ていまに至っているはず。ところが、こと自分の子どものこととなると、自分自身が子どもに戻ったかのような幼児性を全開にする。人の性《さが》と言ってしまえばそれまでですが、子どもに対する構えは大人としての真価が問われるところであります。あなたはもっと大人として、人生の先輩として、息子さんに接するべきです。

自分のこれまでの経験はひとまず横において、まずは自問自答してみることをおすすめします。「息子の背中を押してでも、海外の大学に行かせたほうがいいでしょうか」というようなことがなぜ気になるのか。一応の答えが出てきたら、さらにその奥にある「なぜ」を自問してみる。最低五回は繰り返してみてください。おそらく二回目か三回目で、自分でもばからしくなるほどのユルい「根拠」しかないことがわかります。そのうちに、そういうばかなことは考えなくなるでしょう。

親としての理想の姿

「海外の○○大学」とか「日本の××大学」とか、具体的な選択肢について親があれこれと口を出すべきではないと僕は思います。息子さんにとって自分の人生はリアルな問題です。相談者の表面的な考えよりも、息子さんの直感的な興味のほうがよっぽど信用するに足ります。

「放任して子どもの意志にまかせるべきか」というのですが、放任という言葉を使うこと自体が僭越だと思います。高校生にもなれば、これは子ども自身が考えるべき問題で、親が肩代わりすることはできません。いまから、しかも当事者でもない親が勝手に「子どもの幸せ」を仮定してしまうと、とことん底の浅い話になってしまいます。

現時点で子どもが海外の大学に興味を持っているということですが、これにしてもたいして深い話じゃないと思います。僕もそうでしたけど、子どもなんて、何となくいいなと思う直感で興味や選好を形成するものです。子どもに自分の頭で考えさせ、それを子どもに自分の言葉で言わせることが大切です。子どもが自分の人生に向き合い、おぼろげながらでも自分にとっての幸せを考えるようになったらしめたもの。経済的な制約はもちろんあるでしょうが、その範囲でぜひとも好きなようにさせてあげてください。

最後に、僕の仕事の同僚というか先輩で、経営史学者の米倉誠一郎さんから聞いた話をお伝えしたいと思います。

僕が言うのもちょっとアレですが、米倉さんはどう考えても学校での勉強がよくできたタイプではなさそうです。高校入試は頑張って東大を目指す人が多い都立戸山高校に進学しましたが、学力試験をしたら一五〇〇人中一四九九番。「まあ、ビリじゃないからいいかな」と思っていたら、先生に「バカ、一五〇〇番目は病気で途中退場だ」と言われたそうです。

先輩をつかまえてこういうことを言うのも失礼ですが、そんな米倉さんでも、紆余曲折はあったでしょうが、その後ハーバード大学の歴史学の博士号をとって、いまでは（わりと独自のスタイルの）経営史学者として活躍しています。

米倉さんには幼稚園中退の実績があり、小学校の時も授業中じっと座っていられない子どもだったそうです。で、小学校の時の家庭訪問で担任に、「こんな調子では中学にあがれないだろう」と脅しをかけられた。先生が帰って、パタンとドアが閉まったその瞬間、お母さまは米倉さんに一言だけ言ったそうです。「あんたの先生はバカだね」

この親にしてこの子あり。これこそ親としての理想の姿だと僕は思います。

10

華麗な誤解と悲惨な理解

財閥系からベンチャーへの転職に、妻が大反対しています

財閥系企業勤務(三〇代・男性)

丸の内の財閥系企業で営業をしている三〇代です。先生に相談したいのは、スタートアップに転職すべきかどうかです。

半年ほど前、あるIT系のスタートアップの社長と知り合い、そのビジョンと先進性に感銘を受けました。その後も、その会社のことが頭を離れず、面接を受け合格し、「ぜひ来てほしい」と先方から言われています。いろんな知り合いや業界のプロに話を聞いても、その会社の評判は上々でした。

ただ、結婚したばかりの妻が転職に反対で、妻の両親も反対しています。妻としては、いまの財閥系企業に勤めている私だから結婚した面も少なからずあると思いますので、結婚後にすぐ転職というのは許せないのだと思います。

いまの企業に大きな不満があるわけではないのですが、古い企業だけに、年功序列色が強く、安定

はしていますが、仕事でワクワクすることはめったにありません。そして、会社の名前で仕事ができるだけに、自分個人としての価値が高まっているように感じられません。

妻の希望と、安定と、社会的なステータスを加味すると、やはりいまの企業に残ったほうがいいのでしょうか。先生のご意見を伺えれば幸いです。

トレードオフになっていない

好きなようにしてください。ご相談を読むと、あなたはトレードオフの選択に迫られているように思い込んでいるフシがありますが、実際はそうでもないと思います。

現時点でのあなたの「脳内トレードオフ」はこういうことになっているのだと思います。一方の「スタートアップへの転職」。仕事が面白そうで、かつ、社長もよさそう。ビジョンや先進性にもピンとくる。しかも、周囲の人々の評判もよろしい。しかし、その反面でスタートアップなので当然ながら将来は不確実。「丸の内の財閥系企業」の安定性は望むべくもない。社会的なステータスも下がる。

純粋に仕事として考えた場合、あなたの二つの選択肢はほとんどトレードオフになっていません。社会的なステータスというのは、あくまでも他人がどう思っているかという話。毎日「丸の内の財閥系に勤めているオレ、どうよ?」と聞いて回っているわけじゃあるまいし、そんなことよりも当人の満足のほうが何倍も大切です。

すなわち、「仕事の選択」としては結論はすでに出ている。ご自身の仕事への満足という意味では、明らかにIT系のスタートアップに行ったほうがいい。そちらのほうが、精神的にも健康で仕事が面白い。ご自身ではっきりと自覚している通りです。これだけなら、悩み以前の問題です。

ボトムラインは離婚

しかし、もう一つ上位のレベルでは悩みが残ります。あなた自身の「やりたい仕事」と奥さまがあなたに「やってほしい仕事」が大きく食い違っている。つまり、仕事を取るか妻を取るか、ここに本当のトレードオフがあるわけです。

もちろん相談者としては両方とも取りたいところなので、まずは全力で奥さまを説得する。これが当面の重要業務になります。さて、どうやって説得すべきか。

まずは、奥さまに一番ストレートな質問をぶつけてみるという正攻法で臨むのがよいと思います。「何で僕と結婚したの？」「財閥系の企業に勤めているから僕と結婚したの？」「もし僕がIT系のスタートアップに行っちゃうと、それはもう結婚相手としてよろしくないということ？」と率直に聞いてみるといい。

もし間髪を入れずに奥さまが「いやその通り。私は、丸の内の財閥系企業にいるあなただから結婚したの。それを失ったらもう私にとって、あなたはあなたでないので、結婚していたくありません」と答えたとしましょう。この場合、僕は離婚をおすすめします。

仕事をするのはあなたであって、奥さまではありません。当然ですけど。奥さまが結婚している相手はあなたであって、あなたの会社ではありません。当たり前ですけど。あなたの好みが優先されてしかるべき。こんな当たり前のことがまるで通じない人であれば、これから先のことを考えても、奥さまとの生活は前途多難のような気がします。

たまたま今回は転職に関してコンフリクトが起きていますが、この手の人と結婚生活を送っていると、人生の節目節目で必ずまた似たような衝突が起きて、その都度「じゃあ何で結婚したんだ?」という話になります。

問題は早く起きたほうがいい

これは僕の確信ですが、何事も悪いことは早く起きたほうがいい。卑近な例で申しますと、僕のハゲは三〇代に完成されていました。もちろんハゲはできたら避けたい「問題」に決まっています。ただ、僕の場合かなり早いタイミングで、しかも第二次世界大戦初期のナチスドイツのフランス侵攻のような電光石火の電撃戦でハゲが襲来したので、かえってすんなりと受け入れることができました。起きたことは仕方がない。ない袖と頭髪は振れない。ダメなものはダメ、ハゲなものはハゲ。

僕はハゲ頭と二〇年近く連れ添ってきました。「髪は長い友達」と言いますが、「ハゲも長い友達」。いまの僕の年ぐらいでハゲ始める人をみていると、悪あがきする人がわりと多い。悪いことが遅れてくると、それだけ受け入れにくくなります。

話を戻しますと、奥さまの反応が右記の通りであれば、本件に限らず、あなたはそもそも結婚相手をしくじっていると思います。離婚をボトムラインにおいて交渉に臨むべきだと思います。

だとしても、もちろん奥さまは即答せずに「うーん……」と悩むでしょう。この場合、十分に説得の余地があります。切り口はいくらでもあります。一つは、いまの丸の内の会社が本当に安定しているのかを二人で考えてみる。

相談者の方が勤める企業名がわからないので、客観的には診断できませんが、財閥系の企業だから安定しているとは必ずしも言えない時代です。実績は山ほどある。財閥系の企業で安心していたのに、いつのまにかとんでもないことになってしまったと言う人も世の中にはいっぱいいます。高度成長期でもあるまいし、会社勤めをしている以上、安定はありえないはずです。

仮に、しばらくは会社が安定しているとしても、奥さまは会社ではなくてこの方と結婚しているわけで、「こんなところにいつまでもいて、俺の人生これでいいのかな」と思っている夫と結婚生活を送るというのは、家庭の精神的な状況として安定しているどころかきわめて不安定です。

ですから、「安定なんてそもそもありえないんだよ。いまのほうが仕事をして精神的には不安定だ。IT系のスタートアップに移ったほうが幸せになれると思う」と奥さまに話して、その理由をとくとくと説明する。あなたの側にいくらでも言いたいことはあるはず。

たとえば、「いまの会社は年功序列色が強いので、自分でやりたい仕事ができない」とか「自分の価値が高まっているとは思えない」とか「いま、営業やっているんだけれども、結局会社の名前に頼っているので、自分の力が試せない。だからワクワクしない。新しい会社で幸せになるために努力する。だから挑戦する僕をバックアップしてほしい」とか、手を変え品を変え説得してみてください。

手を尽くして説得しても、「いや、やっぱり私にそれは受け入れられません」と奥さまが言うのであれば、それはもう離婚カードを切る時です。

結婚生活に重要な三つのこと

問題を根本からリフレームして、これは実は仕事の選択の問題ではない！と割り切ってしまうのも、もちろんアリです。仕事がどうであろうと、奥さまがとにかく好きスキで、この人と一緒に生きていけないのだったら、生きていてもしょうがない、そう心から思えるのであれば、奥さまを説得するのではなく、この際逆に自分自身の説得に舵を切りましょう。

「丸の内での財閥企業で働いている僕を好きになってくれた人が、僕はどうしても好きなんだ」と割り切って、いまの会社にしばらくはいることです。仕事がワクワクしなくてもいいじゃないですか。妻でワクワクすればいい。

ただし、それでも仕事をせずに暮らすわけにはいきません。あなたの起きている時間の少なくとも半分ぐらいは、これから長いこと仕事に費やされる。遅かれ早かれ、この種の問題が結婚生活の中で繰り返し出てくることは間違いありません。

人間は勢いで結婚するものです。お互い見つめ合っている期間なんていうのはほんのわずか。あなたのご家庭はまだ新婚、これからの人生はまだまだ長い。むしろ大切なのは、この先の長い間、お互いを見つめるのではなくて、同じ方向を見ていくということです。今回のような、お互いの生き方のすりあわせは今後もずっと続いていくことでしょう。

その一発目として、今回の選択に正面から向き合うのは、「お互いにどういう人生を生きたいのか」「われわれの幸せはどこにあるのか」を話し合ういい機会ではないでしょうか。

話の締めくくりに、結婚に関する名言を二つ紹介しましょう。一つ目は、「結婚は華麗なる誤解で始まり、悲惨なる理解で終わる」。誰の言葉かは忘れましたけれども、なるほどうまいことを言う。

相談者の夫婦は、現時点ではまだ「華麗なる誤解」状態にある。このまま互いの気持ちを曖昧にして、なあなあでやっていると最後は悲惨なる理解で終わることになります。華麗なる理解は望むべくもないにしても、お互いに建設的な理解を育むための、初期の段階で到来した絶好のチャンスだと思って、奥さまに正面から向き合うべきだと思います。

もう一つは、僕自身のバージョンです。「結婚に重要なことは三つしかない。第一に我慢、第二に忍耐、第三に耐え忍ぶ心」

この相談に限らず、結婚生活というのは、違った人間が一緒に長いこと生きていくという、考えてみれば非常に不自然なことです。このような選択にあたって、奥さんを一生懸命説得したり、ああだこうだなだめたりすかしたりするのは、大変だと思うかもしれません。そうした時は僕の言う「結婚生活に大切な三つのこと」をぜひ思い出してください。

column 1
経営学という仕事

この本をお読みいただいている読者の多くは、商売を実践している実務家（もしくはこれから商売の世界に入ろうと思っている人）だと思います。皆さんのような実務家に対してお話をする機会を、僕はこれまでに数多く経験してきました。

そうした時に、いつも私は思います。実務家の頭によぎるのは、こういうことなのではないでしょうか。

「おまえに何ができる？ 偉そうなことを言うな！」

僕はこういう実務家の気持ちがよくわかります。戦略論という、なまじっか「実践的」な分野で学者稼業をしていると、経営を実践している人々とのインターフェースをどうとるべきなのか、僕としても考えさせられることがしばしばです。

ＮｅｗｓＰｉｃｋｓでの僕の短いコメントがきっかけで、堀江貴文さんから「実際に経営したことがないおまえに何がわかるんだ」という趣旨の批判を受けたことがあります。たまたま堀江さんが著名人だったので世の中的には「軽炎上」となりました（当事者になってわかったのですが、インターネットの世界では、当事者よりも周囲が煽りに煽ることによって「炎上」となるのでした）。

この種の批判は、何も堀江さんがはじめてではありません。この仕事を始めて以来二〇年以上にわたって、こうした批判を僕は間断なく浴び続けてきました。皆さんいろいろな比喩を使って力をこめた批判をしてくださいます。最近の傑作には「おまえが経営を云々するのは、女を抱いたことがないやつが恋愛指南をするようなものだ！」というのがありました。うまいこと言いますね。

皆さんは、それぞれの実践世界で、何らかの「解くべき課題」に直面していることでしょう。そして、それは普通ちょっとやそっとで解決がつく問題ではないでしょう。しかも課題の中身は一人ひとり違います。いま、一〇〇人の実務家がいれば、そこには一〇〇通りの、それぞれに異なった「解くべき課題」があるはずです。

一方の僕はというと、ビジネスの現場での本当の「実務経験」はありません。もっとも、いくつかの会社で社外取締役や監査役を一時期務めましたし、いまでも会社や経営者に対するアドバイザーの仕事は続けています。しかし、それにしてもしょせんは実務の「擬似経験」にすぎません。

学生の頃から、自分がビジネスの方面に進むとまずいことになるだろうという確信が僕にはありました。子どもの頃から、競争となるとどうにもダメなのです。厳しい競争や利害関係にできるだけ巻き込まれず、自由気ままに好きなことだけして生きていきたい。これが若い頃の僕の将来についての漠然としたビジョン(?)でした。

できることなら歌舞音曲の方面(一番の理想はシンガー)でユルユルとやっていきたかったのですが、それもままならず、流れ流れて行き着いた先がいまの学者という仕事です。皮肉なことに、「ビジネス」スクールで「競争」戦略を教えているのですが、それでも利益を追求するビジネスではないことには変わりありません。大学はＮＰＯ(非営利組織)であります。

商売は理屈と気合が二対八

「机上の空論」という言葉があります。この言葉の意味するところを、私は次のように理解しています。

ビジネスの成功を事後的に論理化しようとしても、理屈で説明できるのはせいぜい二割程度でしょう。伊藤忠商事の経営をしていた丹羽宇一郎さんは「経営は論理と気合だ」と言います。理屈で説明できないものの総称を「気合」とすれば、現実の戦略の成功は理屈二割、気合八割といったところでしょう。あっさり言って、現実のビジネスの成功失敗の八割方は「理屈では説明できないこと」で決まっている。

「理屈では説明できないこと」とは何でしょうか。まず思いつくのが「幸運」。これはどう考えてもビジネスの成功を大きく左右する要因です。しかし、理屈ではとうてい割り切れません。「野性の勘」、これもまたやたらに大切です。ビジネスは多かれ少なかれ「けもの道」です。その道の経験を積んだ人しかわからない嗅覚がものを言います。右か左かどちらに行くべきか、判断を迫られた時に野性の勘で右を選び、三年経って振り返ってみたら、あの時のとっさの判断が効いていた、というようなことはしばしばです。これもまた理屈では十分に説明できません。

野性の勘なり嗅覚は、さまざまな実務の局面で有効な判断基準のようなもの、「こういう時はこうするものだ」というフォームのようなものです。自分のけもの道を「走りながら考える」ことによって、実務家は判断基準なりフォームを構築していきます。みずからの一連の行動が貴重な実験です。

自分（や日常的に観察できる周囲の人々）の行動の一つひとつが判断基準の有効性を検証するためのサンプルになります。けもの道を日々走り、走りながら考える中でフォームが練り上げられ、これが野性の勘を研ぎ澄ませるわけです。

実務家であっても、完全に個別の具体的な現実にべったり張りついて、本当の意味での「直感」で場当たり的に判断し、行動しているかというと、そんなことはありません。

優れた実務家は、必ずといっていいほど何らかのフォームを持ち、それを野性の勘の源泉として大切にしているはずです。学者の言う「理論」ではありませんが、その人に固有の思考や判断の基準があるのです。

実務家にとって本当に有用なのは、結局のところ一人ひとりがそれぞれの仕事の経験の中で練り上げていくフォームであり、研ぎ澄まされた嗅覚のほうです。学者の考える理屈は、実務家の野性の勘に遠く及びません。だったら、理屈なんて考えないで、さっさとけもの道を突っ走ったほうがいい。「学者の理屈は机上の空論」と揶揄される成り行きです。

理屈じゃないから、理屈が大切

商売は理屈と気合が二対八。その通りだと思います。しかし、それでもなお、僕は学者と実務家がやり取りすることには固有の意義があると思っています。

八割は理屈では説明がつかないにしても、ビジネスのもろもろのうち二割は、やはり何らかの理屈で動いているわけです。だとすると、「理屈じゃないから、理屈が大切」という逆説が浮かび上がってきます。

私も実務家の方々と議論している時に、「まぁ、理屈としてはそうですが、現実は理屈じゃないので……」と言われることが少なくありません。しかし、私の経験からすれば、その手の声に迫力がある人とない人がいます。面白いのは、「現実は理屈じゃない」という声に迫力を感じる実務家に限って、総じて理屈っぽく、論理的だということです。

なぜか。何が理屈かをきちんとわかっていない人には、「理屈じゃない」ものが本当のところ何なのかもわからないからです。理屈がわかって、はじめて運や勘といった「理屈でないもの」の正体がつかめる。「いやー、ビジネスなんて理屈じゃないよね」ということで、のっけからけもの道を爆走しているだけでは、肝心の野性の勘も育たない。なぜかと言えば、そういう人はそもそも「野生の勘」が何かということをわかっていないからです。

野性の嗅覚が成功の八割にしても、二割の理屈を突き詰めている人は、本当のところ何が「理屈じゃない」のか、野性の嗅覚の意味合いを深いレベルで理解しています。「ここから先は理屈ではなくて気合だ」というふうに気合の輪郭がはっきり見えています。だからますます「気合」が入り、「野性の勘」に磨きがかかる。「理屈じゃないから、理屈が大切」なのです。

「無意味」なビジネス書

ここでいう理屈、堅くいうと「論理」、これは何を意味しているのでしょうか。経営や戦略という文脈では、論理とは「無意味」と「嘘」の間にあるものとして理解できます。

経営とか戦略といった方面にご関心がある方々でしたら、書店や図書館でいわゆる「ビジネス書」を手に取ってご覧になることも少なくないと思います。ビジネス書の棚のところに行くと、ありとあらゆる分野についての本が所狭しと並んでいます。

こういう本を書いている僕が言うのもちょっとアレですが、私見では、そのうちの半分くらいは、ほとんど無意味なのではないかと思うのです。

タイトルは伏せておきますが、ある本を例にとって説明しましょう。その本は、次の三つの主張を手を替え品を替え繰り返すという内容になっています。第一に、日本経済はもはや成熟している。第二に、だからイノベーションで付加価値をつくることが大切である。第三に、差別化の武器としてはブランドが重要である。

僕も著者の主張に基本的に賛成です。しかし、こうした話はほとんどまったく無意味だと思います。なぜかと言えば、この三つはいずれも自明のことだからです。「ブランドが大切だ」と言っても、それは誰しもが普段から思っていることですから、「そうだよね……」と納得するだけでおしまいです。

この手の自明の主張はいまに始まった話ではありません。一七世紀の東インド会社の人々も、「イノベーションが大切だ」とか「ブランド力をつけましょう」と言っていたのではないでしょうか（さすがに「日本経済は成熟している」とは言っていなかったでしょうけど）。誰にとっても自明の話は耳に心地よく響くのですが、意味がないことには変わりありません。

一方で、いきなり「嘘」の世界を展開する本も少なくありません。たとえば「こうやったらブランド力が向上する!」というような「法則」を主張する類の本です。

法則とは、再現可能な一般性の高い因果関係を意味しています。自然科学であれば、たとえば「この材料を使うとこの温度でも高温超電導が可能になる」という一般法則は成立します。そうした自然現象の法則を求め、自然現象を記述する法則を定立しようとするのが科学の基本スタンスです。

結論を先にいうと、その種の法則は、幸か不幸か(たぶん「幸」のほうだと思いますが)、戦略論からは出てきません。経営や戦略は「科学」ではありません(というのが僕のスタンスです。ただし、あくまでも「科学」というスタンスで研究している経営学者ももちろんたくさんいます)。

小売業界でとてもうまくいった施策を鉄鋼業界にそのまま持ち込んでも、うまくいくとは限りません。かえって変なことになるかもしれません。同じ業界であったとしても、ある会社でうまくいったやり方であっても、他の会社ではまったく効果がない、ということはごく普通にある話です。

法則はないけれども、論理はある

先ほどの「理屈二割の気合八割」の話に戻れば、もしそんな普遍の法則があったら、成功要因の一〇割を理屈で説明できてしまいます。本当に一般性の高い法則があれば、その法則を取り入れて、それに従ってやっていればうまくいくのですから、経営などそもそも必要なくなります。「こうやったら業績が上がる」という法則は、大変に魅力的に聞こえるのですが、こと経営に限って言えば、そうした主張はどこまでいっても嘘なのです。

一橋大学の沼上幹さんは「どうすれば成功するのか教えてほしい」という実務家の問いに対して、次のような説得的な答えを提出しています。

この問いに対して経営学者に用意されている答え方が一通りしかないということはもはや明らかであろう。すなわち、「法則はないけれども、論理はある」という答え以外に、社会科学の一分野としての経営学は用意できるものがないのである。

無意味と嘘の間に位置するのが論理です。経営や戦略を相手にしている以上、法則定立は不可能です。しかし、それでも論理はある、「論理化」は可能だという主張です。僕が書いた『ストーリーとしての競争戦略』も「法則はないけれども、論理はある」という立場に立って、優れた戦略の論理と条件を明らかにすることを目的としています。

その論理というのは、「イノベーションが大切だよね！」というほど元も子もない話ではありません。もう少し考えてみたほうがいい何か、しかもそれは実務の「けもの道」を走っているだけでは、なかなか見えない何かなのです。

戦略の論理化は実務家にとって重要な意味を持っています。ここでは三つの理由を強調しておきます。

第一に、けもの道で身につく嗅覚は決定的に大切なのですが、その一方で、限界もあります。それは、日々けもの道を走っていると、視野が狭くなり、視界が固定するという問題です。走りながら考えている人は、どうしても視界が狭くなります。日常の理論はひとたび自分の視界の中に入ると非常によくものを見せてくれます。しかし、見える範囲は限られてきます。運転中によそ見をしていると危険だからです。この傾向は高速で走っている人ほど顕著です。

厳しくなる競争の中で、人々はますます速く走ることを強いられています。高速道路を走っている状態を想像してみてください。速く走れば走るほど、どうしても視点も固定してきます。ものがよく見え、的確な判断と行動ができるという野性の嗅覚の強みは、「走りながら考える」ということ自体にあるので、視野と視界の問題はすぐには解決のつかないジレンマです。

そこで、視点を転換し、視界を広げるために、他のさまざまな業界や企業や経営者に学ぶ必要が出てきます。しかし、それはそう簡単ではありません。ここに論理が大切になる第二の理由があります。

戦略はサイエンスというよりもアートに近い。優れた経営者は「アーティスト」です。その会社のその事業の文脈に埋め込まれた特殊解として戦略を構想します。それが優れた戦略であるほど、文脈にどっぷりと埋め込まれています。

経営者が経験に即して語る戦略論は迫力に満ちていますが、ユーザーがその知見をみずからの状況に当てはめるのは困難です。いったん論理化して汎用的な知識に変換しておけば、(具体化能力のある)実務家は、その論理を異なった文脈に利用できるわけです。反対に、論理化のプロセスがなければ、知見の利用範囲がきわめて狭くなってしまいます。

第三に、ありがたいことに論理はそう簡単には変わりません。目前の現象は日々変化します。

だからこそ「変わらない何か」としての論理が大切になるのです。

昔の新聞をめくってみれば明らかなのですが、この数十年間、新聞紙上で「激動期」でなかった時はついぞありません。いまも新聞紙上では「いまこそ激動期！」「これまでのやり方は通用しない」というまったく同じような主張が躍っています。要するに、新聞はいつの時代も「いまこそ激動期！」です。「これまでのやり方は通用しない」と何十年間も毎日毎日言い続けているわけです。

仕事の基準

これはどういうことでしょうか。激動期が何十年間も毎日続くというのは、論理的に言ってありえません。要するに、「変わっているけど変わっていない」というのが本当のところなのです。為替レートや株価は定義からして毎日変わる現象です。新しい市場や技術が生まれては消えていきます。そういう意味では現象が「激動」する時もあるでしょう。

しかし、現象の背後にある論理はそう簡単には変わりません。日々動いていく現象を追いかけることに終始してしまえば、目が回るだけです。目を回してしまえば、有効なアクションも打てません。そういう人には腰の据わった戦略はつくれないのです。

実際に考え、決定し、行動するのはあくまでも実務家です。本当の答えは一人ひとりの中にしかありません。しかし、新しい視界や視点を獲得すれば、背中を一押しされるようにアクションは自然と生まれるものです。この意味で「論理ほど実践的なものはない」と僕は確信しています。

逆に言えば、新しい実践へのきっかけを提供できない論理は、少なくとも実務家にとっては価値がありません。実践にべったりの処方箋は、ある特定の実務家にとって、特定の状況のもとでは有用でしょう。しかし実践は、どこまでいっても一人ひとりに個別の問題です。そうだとしたら、いわゆる「実践的なビジネス書」というものは実はひどく窮屈な話なのです。

即効性のある処方箋も、優れた戦略の「法則」もありません。しかし、優れた戦略の「論理」は確かにあるのです。普段から走りながら何となく考えていることであっても、一度立ち止まって頭の中から出してみて、じっくりと論理化してみれば、どうすればいいのか気づくことがあるはずです。

当たり前の話ですが、学者はこの意味での論理を考えるのに適した立ち位置にいます。というか、そこにしか学者の仕事の意味はないと思います。実践世界のけもの道を全力で走っているわけではない。ですが、その分、個別の文脈に縛られることなく考えることができる。しかも、数多くの「けもの」を観察し、考察することができる。何よりも、業績に責任を負って毎日忙しくしている経営者に比べて、たっぷりと考える時間があります(ありていに言って、ヒマ)。

ちょっと下品な物言いになりますが、はじめのほうでご紹介した「女を抱いたことがないやつの恋愛指南」という比喩にかぶせて言えば、こういうことです。確かに女は抱いたことがない。しかし、女を抱いている人を、相当な人数について、じっくり見させてもらう。それが僕の仕事です。女を抱いている当人は、そっちの方面に集中しているので、余計なことを考える余裕はありません。その渦中では自分を客観視するのも難しい。そんなことをしていたら、相手に集中できません。女からも愛想をつかされてしまいます。

やたらと女を抱いてきた海千山千のツワモノの意見やアドバイス、これが役に立つことも多くあります。しかし、そのツワモノが自分とわりと違ったタイプや好みの場合は（たとえば、ツワモノが「色気満々の成熟した気の強い女性が好みの肉食オヤジ」であるのに対して、自分は「可愛くて従順な癒し系の女性が好みの草食系オニイサン」）、ツワモノのアドバイスを真に受けるととんでもないことになるおそれがあります。

「処方箋」でも「法則」でもない、ここでお話しした意味での「論理」をじっくり考えて、実務家の人々に提供する。ここに仕事の本領があると僕は心得ています。僕の考えを受けてくれた人の視点が転換したり、視界が拡張するようなことが起きれば、それは僕の仕事にとって大いなる成功です。

このことを唯一絶対の基準にして、僕は経営学という仕事をしています。

Part 2

11

「夢」は「欲」ではない

「プロ経営者」にどうすれば最短距離でなれますか？

大学生（二二歳・男性）

都内の大学に通う二二歳です。ずばり先生にお聞きしたいのは、経営者になるためには、どのようなキャリアパスを歩むのが一番、成功の確率が高いか、です。

これまで、井深大、本田宗一郎といった日本の起業家や、ジョブズ、ザッカーバーグ、ベゾスといった世界の起業家の本を読みあさり、彼らのような経営者になりたいと強く思うようになりました。まだいまは、「特にこれをしたい」という事業領域はないのですが、とにかく経営者になりたいと思っています。

経営者に至る道はさまざまだと思いますし、そもそも才能がないとダメだとは思います。そして、私に才能があるかはわかりません。私のように、経営者になりたいけれど、何をしたいかまだ固まっていない人間は、どんな企業や分野から、ビジネスマンとしての修行を始めるのがいいのでしょうか？

趣味と仕事

愚問をいただき、ありがとうございます。しばらくは好きなようにしていてください。そのうちにこういうヘンなことを考えなくなるのでご安心ください。

こういう質問をお受けすると、人間の性《さが》を痛感します。人間というのは実に虫がいい考え方をするものです。とにかく手っ取り早く、最小のコストで成功する「法則」や「方程式」を求める。若い人ほどそういう傾向が強いように思います。あなたに限らず、若いうちは多くの人がこうした安直な解を求めるものです。

ハゲ頭の説教として聞いていただきたいのですが、率直に言ってあなたは「怠け者」です。当然の話ですが、仕事の中身が経営者であるかどうかにかかわらず、「最適なキャリアパス」など世の中には金輪際存在しません。ましてや経営者という仕事はそんな事前に「成功の確率」をはじき出せるようなものではありません。

井深大さんとか、本田宗一郎さんとか、ジョブズさんとか、ザッカーバーグさんとか、ベゾスさんとか、いろんな人の本を読んで経営者になりたいと強く思う。とても健全な志です。ただし、なぜ経営者になりたいと思っているのか、そこをあなたに聞いてみたい。

「自分の(経営者になりたいという)欲求を満たしたいから」。おそらく、現時点ではこれ以上の答えをあなたは持ち合わせていないと思います。経営者になりたいという欲望が先行し、それを満たしたいと考えている。それはただの欲です。夢や目標ではありません。

欲と夢は異なる。このことをまず知るべきです。経営者になる以前の問題として、社会で真っ当な仕事をするためにぜひとも知っておくべきことだと僕は思います。

井深さんや本田さんやジョブズさんが、何ゆえ人々を惹きつけ、偉大な経営者になれたのか。理由は単純です。経営者としていい仕事をして成果を出したからです。

「いい仕事をする」とはどういうことか。これにしても、答えは実に単純です。自分以外の誰かの役に立ったということです。大きな仕事を成し遂げたということは、すなわち自分以外の誰かに対して、大きな価値をつくったということです。

欲と夢との違いは、趣味と仕事の違いに重ねて考えるとわかりやすい。趣味と仕事は違います。趣味は自分に向けてやることです。趣味の場合、自分が楽しければそれでいい。

僕の趣味は音楽です。家でしばしば歌ったり演奏したり踊ったりしています。でも誰の役にも立っていません。自分で楽しがっているだけです。これが「趣味」です。

自分のバンドでもライブをやるのですが、こちらとしてはいろんな人に聴いてもらいたい。だから、友人知人に告知する。これがありていに言ってわりと迷惑な話。わざわざ休みの日にライブハウス（具体的に言えば、渋谷のＴＡＫＥ ＯＦＦ ７）まで時間と交通費を使ってお越しいただかなければならない。チケットもお買い求めいただかなければならない。どうぞライブに来てくださいね、とお願いしても、そんな奇特な人はほとんどいません。当然ですけど。

趣味でやっているアマチュアバンドの利点を最大限追求した結果、Ｂｌｕｅｄｏｇｓ（バンドの名前）のコンセプトは「やってるほうが一方的に気持ちよくなるバンド」。本来はライブにお越しいただく方々に対して、受益者であるわれわれが対価というかお礼をお支払いしなくてはいけないところです。ですから、われわれバンドのメンバーは、僕たちをイイ気分にさせていただけるオーディエンスの方々を「犠牲者」とお呼びしています。

バンドに限らず、僕は人前で歌ったりするのもわりと好きな体質なので、以前、とある銀座のクラブに「ここでちょっとだけ歌わせてくれない?」とお願いしたのですが、「歌うんだったら金払え」と一蹴されました。これが趣味の限界です。自分のためにやる以上、自分でお金を払ってやる。趣味というのはそういうものです。

プロは逆です。そこには自分以外に受益者がいる。その人が何らかの価値を感じて、仕事の対価としてお金を払ってくれる。これがプロの仕事です。仕事は他人のためにやるもの。自分以外のためにやるものだというのは、このような意味です。

あなたが「経営者になりたい」と言っているのは、「宝くじが当たったらいいなあ」「有名女優とデートしたいなあ」というようなものです。ごく私的な欲にすぎません。自分の欲を満たすためのひたすら自分を向いた思考と行動でありまして、僕が趣味として家でギターを弾いて歌っているのと同じです。寝言は寝て言え、夢は寝て見ろ、という話です。

仕事の目的

このところ多くの若者が尊敬する人物として注目されているイーロン・マスクさん。この人もまた「経営者とは何か」について考えるのによい例だと思います。この方にしても、自分のゴールを「起業家」とか「経営者」として定義していたわけではないはずです。

ペイパルの頃から、いやもっと前からでしょうが、「こういうサービスがあると世の中便利だよね」「これで世の中の問題を解決したい」という強烈な思いが先にあり、それを実現するために結果としてとった手段が起業であり経営だったわけです。それは欲ではなくて、本当の意味での夢です。

個人的な好き嫌いで言えば、僕は「夢」という言葉はふわふわしていてあまり好きではありません。夢と言った瞬間にかなり欲のほうに寄ってきてしまうのが人情です。だから、もっとストレートに「仕事の目的」と言ったほうがいいと思います。

経営者は、そういう仕事の目的・目標があって、それを実現するために経営をしているわけです。経営者になること、起業家になること、自分が成功すること、この手の自分を向きまくった欲では仕事の目的にはなりえません。

投資の世界における神様の観もあるウォーレン・バフェットさん。この人はいちいちイイことを言います。彼の名言に「リスクというのは自分が、それをリスクだとわかっていない状態を言う」があります。それと同じで、仕事ができない人は、そもそも「仕事とは何か」がわかっていない。最初の最初でつまずいている。

ここまでお読みいただいて、あなたは相当にムカっときていると思います。「何を言っているんだ、このハゲおやじ」「お前みたいな経営もしたことないやつが何を言うんだ」と思うかもしれません。

僕は経営者ではありませんが、それでも自分以外の誰かの役に立ちたいと思って、いまの仕事をしているわけです。僕だけではありません。世の中で仕事をしている人は皆、「自分以外の誰かの役に立つ」、この一点で世の中と何とか折り合いをつけ、仕事を仕事として成立させているのです。

あなたに偉そうなことを言っている僕自身も、いまの仕事を始めた二〇代後半の頃は、ご多分に漏れず自分を向いた趣味を仕事と勘違いしていました。最初のうちは「自由に好きなことができてイイ仕事だなあ、よーし、認められる論文を書くぞ！」という調子でした。お恥ずかしい話ですが、研究者として評価されたいとばかり考えていました。欲が何馬身も先行しまくりやがっていたわけです。

こんな動機で仕事を趣味とはき違えていたら、世の中に許されるわけがありません。二、三年で仕事の現実を思い知らされました。僕が仕事をしている業界の同業者を見ても、本当に優れた仕事をして認められている人は、みんな最初のところで自分以外の誰かのためになろうと思って仕事をしている。僕にしても、ある時にこの当たり前の原理原則に遅ればせながら気づかされたのです。「ああ、そうか。これって仕事じゃないな。どうやったら自分以外の誰かの役に少しでも立てるんだろう」と思うようになった。そこからだんだん仕事になっていくわけです。

厳しいことを申し上げましたが、心配する必要はまったくありません。世の中に出ればすぐに「仕事というのは自分のためではなくて、人のためにやるものだ」ということがイヤでもイヤというほどわかります。

仕事の本質を考えれば、「どのようなキャリアパスを歩むのが一番成功の確率が高いか」と問うこと自体が、趣味を仕事と勘違いした間違いだということが、あと二年半くらいで全身で実感できると思います。楽しみにしていてください。そこから仕事をする人としての成長が始まるのです。その結果として、経営者になるという道が拓かれるかもしれません。しかし、まずは「仕事」について正しい認識を持つことが先決です。

「プロ経営者」とは何か

以下は余談です。最近、「プロ経営者」という言葉をよく耳にするようになりました。これにしても、「プロ」という言葉の意味合いがわりと誤解されているように思います。多くの人が、「一つの会社だけではなくて、どこに行っても通用する」というような意味でこの言葉を使っているのではないでしょうか。

「プロ経営者」の条件とは何か。それは「成果を出すこと」です。これこそがプロの経営者の定義です。「プロ経営者」として注目を集めている特定少数の人たちは、皆結果を残してきた人たちです。

たとえば、サントリーの新浪剛史さん。タイムマシンに乗って、三菱商事の砂糖の部門で仕事をしている二五歳当時の新浪さんに会って「将来、プロ経営者になりたいんですか」と聞いたとします。「何言っているの？　何それ？」と不思議な顔をすると思います。

大事なのは物事の順番です。まずは、その時に自分が与えられた仕事で結果を出す。それがみんなのためになり、頼りにされるようになる。この「頼りにされる」というのが仕事の非常に重要な基準です。この繰り返しで実績を積み重ねた結果、「こいつは仕事ができるなあ、頼りになるなあ」と期待され信頼されて、より大きなチャンスが与えられていくわけです。

新浪さんも、三菱商事の砂糖部門の担当者として頼りになる仕事をしたのち、三菱商事の事業会社の経営で成果を出し、「この人はできるな」ということでローソンの社長になりました。ローソンでもさまざまな成果を重ね、それが認められてサントリーから声がかかって社長になりました。

その都度、新浪さんは成果を出そうと思って全力で仕事をしてきて、その結果として、世の中で言う「プロ経営者」になったわけです。目的はあくまでも「成果を出す」。間違っても「プロ経営者になる」ではなかったはずです。

現代と幼児性

あなたのような勘違いは、「若さ」、キツい言葉を使えば「幼児性」の典型的な表れです。大人として持っているべき基本的な認識に欠けている。

若者はいつの時代も大差ないとは思いますが、僕の手前勝手な推測では、一〇〇年前と比べて幼児性の強い人が増えているのが現代の特徴だと思います。日本だけではなく、豊かな先進国ではだいたいそうなのではないでしょうか。

これにはさまざまな理由があるでしょう。一つには、寿命が伸びたこと。昔は「人生五〇年」と言われていましたが、時間軸が長くなると、人間の生き方もそれだけユルくなる。僕も直接会って話したわけではありませんが、いろいろな本を読んでみると、明治時代の若者の思考や行動はずいぶんと老成していました。

もう一つには、何だかんだ言って平和で豊かな社会だということ。日々の生活で厳しい試練に直面する機会が減っている。やっぱり人間は厳しい局面に置かれれば置かれるほど、幼児性が除去されて、早く大人になるのだと思います。

僕も含めていまの五〇代以下の日本人は、戦争も本格的な飢餓も経験していない。「うちは貧しかった」「これからの生活が不安だ」と言っても、現在のルワンダや一〇〇年前の日本の貧しさとはレベルが違う。幼児性を払拭するためにも、まずは自分の体一つで世の中に出て、仕事のリアリティを全身で感じることが大切です。

はじめからできあがっている立派な人は別にして、あなたのような勘違いはキャリアの初期で誰もがくぐり抜ける道です。二二歳の若者が間違って入るトンネルの入り口のところにいるといってもよい。これから始まるキャリアの長い道のり、成功までの「最短距離」はありえません。

かといって、「人生に回り道なし」もまた真実。「いまはこういうとんちんかんなことを考えていても、どうせ二年半くらいで気づかされます。その時に「ああ、欲と夢って違うんだなあ」「仕事は趣味じゃないんだなあ」とわかってもらえればそれで十分です。で、「ああ、そう言えば、二年半前にハゲがあんなことを言っていたなあ。それってこういうことなのか」と思い出していただければ幸いです。

12

「機が熟した」時が動く時

いますぐ起業すべきか、一年修行すべきか？

ＩＴ会社勤務（二〇代前半・女性）

はじめまして。私は、都内のＩＴ会社に今年の四月から入社して働いているものです。

大学生の頃から起業して自分で事業をやりたいという思いがありました。そこで、大学四年の最後に何度かチームでチャレンジしましたがうまく行かず、そのまま内定していた会社に就職しました。

しかし、入社後も起業して自分でやっていきたいという思いを諦めきれませんでした。上司に相談した際には、「うちの会社で経験を積んだのちに起業したらどうか？」と言われました。

入社した会社は、キャッシュリッチで、同期はじめ他にライバルがとても少なく、出世するには最適です。会社でもう少し働きながら経験を積んだほうがよいか、年間だけ働き、自分で起業するかどちらがよいでしょうか？

ぜひアドバイスをいただけると幸いです。よろしくお願いいたします。

「一年間」の意味

好きなようにしてください。

僕のところに寄せられる相談の典型ですね。この手のご相談ばかり次から次へと受けていると、世の中には、「いい会社」（いわゆる一つの安定した大企業）に勤めていて、ずっとそこにいるべきか、それとも起業すべきかを考えている人ばかりのような気がしてくるほどです。

あなたが設定しているキャリアのゴールはいたってシンプルです。「幸せになりたい」、もうそれだけ。結局、人間みんな同じようなもので、要するに幸せになれればそれでいい。幸せになる手段として、所得が多いとか、出世するとか、働きがいとか、挑戦するとか、成長するとかしないとか、人の性格や好みによってさまざまな違いが出てくるわけです。

いまのあなたの会社は「キャッシュリッチ」だそうですから、所得も安定しているでしょうし、「出世するには最適」。そうした一つの幸せと、自分で起業してやりたいことをするという、これまた、あまたあるうちの一つの幸せとの間であなたは悩んでいるわけです。

要するに「好きなほうを選んで、好きなようにしてください」というのがいつもの答えになるのですが、好みで言えばあなたは明らかに後者のほうがお好きなようです。でも、すぐには踏み切れない。

そこで、この問題を解決するため、「もう少し働きながら経験を積んだほうがいいのか」と、時間軸を入れて考えようとしています。起業するのか、しないのかというトレードオフを、時間軸を置くことによって解決しようとしている。

悩んでいる人の思考には往々にして時間的奥行きがない。時間軸さえ入れれば自然と解決する問題を、いまここですぐに解決しようとするからトレードオフを抱えてしまう。キャリアというのはそもそも時間的な奥行きがある問題です。その点、あなたの思考は筋がよい。

あとはあなたの好きなようにしていただきたいのですが、僕の好みで言えば、すぐに起業したほうがいいのではないかという気がします。というのも、「一年間だけ」と時間を区切っている。ここにあなたの本心がよく表れていると思います。

一年間働いたところで蓄積できる経験など、たかが知れています。そんなことはあなたもとうに承知のはず。にもかかわらず、一年という時間を区切るのは、将来必要な経験を蓄積するというよりも、単に自分を納得させるためだけというのが僕の印象です。

幸せになるのはあくまでも自分。自分のことは自分が一番よくわかっている。もし経験の蓄積を目的にいまの会社で働くのであれば、それは一年などと期限を設定せずに、「ああ、これでいけるな」と自然と直感的に思えるようになるまで待てばいい。それが「機が熟す」ということです。

起業に先行した経験の蓄積を優先するにしても、いまの会社が本当に起業のための経験を蓄積するのにベストな場であるとは限らない。経験を積むのに一番ふさわしい場所はどこなのか、もっと広く考えてみたほうがいい。

いまの会社は、「キャッシュリッチで」「ライバルが少なくて」「出世するのに最適」だからいいとあなたは言います。しかし、これは起業のための経験蓄積と全然関係ありません。むしろ、起業に向かう気持ちを殺す方向に作用すると思います。

時間的な奥行きを持って考えることは正しい。しかし、一年という短い期間を設定した「キャリアプランニング」には少々自己欺瞞《ぎまん》の匂いがする。これにしても好き嫌いの問題ですが、「夢に日付を入れろ」などと言っている人を僕はあまり信用しないようにしています。

人間は生モノです。無理に期限を設定するのは、かえってうまくいかないと僕は思います。僕があなたにアドバイスできること、それは「自分のインナーボイスに耳を傾けろ」です。内なる声、心の声ですね。もし素直に心の声に耳を傾けてみて、「いますぐ起業するのはちょっとまずいな」という声が聞こえてきたら、それは起業するべきではない。機が熟したかどうかは、心の声が教えてくれます。

内なる声は勝手に聞こえてくる

自分の中の「機が熟した感」、これがキャリアについての意思決定にとってとても大切だというのが僕の見解です。

機が熟すとは、どういうことか。たとえば僕の仕事でいうと、考えることが仕事の中核ですから、ずっとあることについて考えている。傍からは遊んでいるか休んでいるようにしか見えないけれど、考えるのが仕事なので仕方ない。考えがまとまると、それを書いたり話したりしてアウトプットするわけです。

僕の仕事にとって、主要なプロダクトは本です。どういう本をどういうタイミングで出すか。それについて、僕は一切計画を持ちません。ただ、機が熟すのを待つ。機が熟すと、自然と書くべきテーマが決まってくる。頭も動くし、手も動く。

いったん動き出すと、わりと早く完成まで持っていけます。仕上がりについても不安はなくなる。「ずっと考えてきたこのことについて、世の中に出すのはいまだ」と思えるようになる。これが僕の言う「機が熟した感」です。

自然にそう思えるようになるまでは、本を出さない。やろうとすれば書くことはできるし、本には仕立てられるのですが、無理やりそうしたところで、ロクな本にならない気がする。自分が乗って書いていないのだから、読むほうも乗ってくれないに違いない。

このインナーボイスが便利なのは、別に経験を積まなくとも、耳をすませばいますぐに聞けるものだからです。いつでもどこでも頼りになります。自分の声が聞こえず、周りの意見に振り回されてしまうという人もいるでしょう。そういう人は、聞こうと思うからかえって聞けないのです。内なる声は、勝手に聞こえてくるものです。

普段生活している時も、道を歩いている時も、耳もとでガンガン怒鳴られているかのように、「さあ起業しろ、いま起業しろ」という声が聞こえる。話しかけてくる。これはもう機が熟しているわけで、起業すべきです。勝手な想像ですが、あなたはこの状態に近いのではないでしょうか。

「起業しようかな」と思っても、「いや、ちょっと待てよ」とか、「大丈夫か、本当に？」という声が聞こえてくる時は、まだ全然機が熟していない。気が熟すまで待つべきです。もしかしたら、そのうちに起業などすっかり忘れてしまって、いまの仕事が楽しくて何の問題もなし、ということになるかもしれません。

要するに、幸せになれればそれでいいのです。気楽に考えて、内なる声に忠実に、好きなようにしてください。

13

嫉妬の源泉を考える

大企業同期一番の出世男、「男の嫉妬」に困っています

大企業勤務（四〇歳・男性）

はじめまして。老舗の大企業で働く四〇歳です。私は、男の嫉妬について楠木先生に聞きたいと思い、メールをいたしました。私は同期の中では最速で出世しており、仕事もプライベートも充実しています。妻が専業主婦で、子ども二人を育ててくれるため、安心して仕事に集中できています。

ただし先日、同期の友人に「お前は、多くの人間から嫉妬を買っている。もっと発言に気をつけて、周りの人にもっと配慮しないと、どこかでつまずくぞ」と忠告されました。

私自身は、誰かの悪口などはまったく言わない性格なのですが、仕事ではプロに徹したいため、改善点があれば、年齢にかかわらずズバズバ言うところがあります。言いたいことを我慢するほうが、政治的には賢いかもしれませんが、遠慮していては、一流の仕事はできないと思っているからです。

そんな生意気なところ、そして、仕事もプライベートも充実しているところに嫉妬が集まっているの

かもしれません。

仕事上、言いたいことがあっても、時には相手を立てるために、だんまりを決め込んだほうがいいのでしょうか。男の嫉妬と出世というテーマで、先生に話を伺えればと思います。

「特殊読書」で学んだこと

考えてみると、「男の嫉妬」という言い方がいまだに残っているのが面白いですね。歴史的には「嫉妬はもともと女のもので、男の嫉妬は特殊形」という共通認識があったので、そういう言い方をしていたのかもしれません。実際のところ嫉妬には男も女もあまり関係ないと思います。ほとんどの人間に標準装備されている感情でしょう。

嫉妬。それは人間の心の動きの中で、間違いなく最も醜く、かつ非生産的なものです。人に嫉妬という感情がなければ、どんなに世の中は平和なことでありましょうか。

言うまでもなく、嫉妬は人間の本性でありまして、これはもうどうしようもない。なければどんなにいいだろうと思うけれど、絶対になくすことはできません。

話は逸れますが、僕は、人間の嫌な面を見たり知ったりするのがあまり嫌いではありません。というか、わりと好き。すごく嫌な本を、「うわ、こんな嫌なことを言っているよ……。もう最悪！でも、そこが最高！」と楽しんで読む。前にもお話ししましたが、「特殊読書」です。

僕の特殊読書の王道が石原慎太郎さんの自伝系自己主張モノだということはすでにお話ししました。自己陶酔バリバリの自慢話がもう最高で、いつ読んでも確実にイヤな気分になれる。ちょっとこの辺でイヤな気分になりたいな……、という時にすぐ読めるように、いつも本棚の定位置にキープしてあります。

別に石原慎太郎という人の右寄りの政治思想や信条がことさらに嫌いなわけではないのです。たとえば思想家のスーザン・ソンタグさん。この人の思想や信条は石原慎太郎とは真逆で、はっきりとリベラルというか左翼だと思いますが、彼女の自叙伝『私は生まれなおしている』を読むと、心の底からイヤな気持ちになれます。

大江健三郎さんもソンタグさんと同じようにリベラル系の論客です。この人が小説家として大変な才能だったということは、そっちの方面の読書量がたいしたことない僕にもよくわかるほどですが、小説は別にして、大江健三郎のエッセイのスタイルがとにかくイヤなんですね(僕の個人的な好みにすぎないのですが)。

で、その大江健三郎をいっとき全身全霊をかけて批判していたのがジャーナリストの本多勝一さん。この人も僕にとっては特殊読書界の重鎮でありまして、昔から愛用しています。実にイイ感じでイヤな感じなんですね、これが。慎太郎を先発に、スーザンが中継ぎ、ワンポイントで健三郎を挟んで、抑えが勝一。これが僕の特殊読書における鉄壁の勝利の方程式です(何に勝利するのか、よくわかりませんが)。

なぜわざわざ嫌な思いをするために本を読まなければいけないのかと思うでしょうが、自分にとって嫌なことほど人間の本質についての理解が深まる、ここに特殊読書の醍醐味があります。「ああ、こういうのが心の底からイヤ……」という経験をするほど、人間の本質がわかるし、自分がわかる。特殊読書、おすすめです。

……という話をしていたら、ある人から「特殊読書を超えて、イヤな感じの人と生身で接する『特殊交際』はどうよ？」と提案をいただきました。僕もかつてはアリかな？と思って試してみたのですが、さすがにキツすぎました。おすすめできません、読書ぐらいがちょうどいい。直接会わなくてもその人に「会える」のが読書のイイところです。

「比較可能性」と「有能感」

話を戻しますと、特殊読書の愉悦の一つが嫉妬がらみの話です。嫉妬は特殊読書の永遠のテーマ。特殊読書を重ねるうちに嫉妬に関する本をかなり広範に読み込みました。その結果わかったのは、嫉妬が生まれる条件には二つあるということです。

一つは「比較可能性」です。あなたは「最速で出世」している。昇進までにかかった時間、これは周囲の人にとって比較可能な特徴の最たるものです。それから、奥さまが専業主婦、子どもが二人いる、という状態も比較可能。この比較可能性の高さが他者の嫉妬に火をつける。

比較可能というのは、対象が自分の関心や考慮の範囲に入っているということです。自分も知らない国で生活しているような外国人や歴史上の偉大な人物など、時空間で遠く離れた人に嫉妬する人はほとんどいません。シーザーや始皇帝やフリードリヒ大王や織田信長や聖徳太子や中大兄皇子に嫉妬して歯軋りしているような人はまずいないはずです（いたとしても地球上に数人のマニア限定）。そもそも自分との比較の対象になりえないからです。

あなたの状況が自分と比較可能でなければ、周囲の人々は別に嫉妬しません。だとしたら、嫉妬する人と自分を違うカテゴリーに入れてしまえば、嫉妬はなくなる。比較可能性という条件が崩れたとたん、人間は不思議と嫉妬をしなくなるものです。

もう一つの嫉妬が生まれる条件は、嫉妬する側の自己に対する有能感です。つまり、「俺はこんなにデキるのになぜ……」という思いが嫉妬を生む。自分が有能感を持っていない分野に関しては、人間は嫉妬しない。

僕の例で言えば「あいつの髪型、格好いいな」なんて一切嫉妬しません。ない袖は振れない。髪がなければ手の施しようがありません。全然嫉妬しない（余談ですが、僕の知り合いに桝内さんというヘアスタイリストがいます。彼女はたいそう腕利きだというので、「もし俺がお店に行ったら、どういうふうにしてくれる？」と聞いてみたところ、言下に「手の施しようがない。髪の毛生やしてから来て！」と一蹴されました）。

まとめると、嫉妬をする側が同じカテゴリーに入れて比較をしている時、そして自分はその方面でなかなかにデキると思っている（誤解している）時に、嫉妬は発生する。これが僕なりに理解している嫉妬のメカニズムについての僕の理解です。

こう考えてみると、この相談者の四〇歳男性は、やたらと嫉妬されやすい状況にあることがわかるでしょう。まず老舗の大企業で働いているということ。まわりの連中には、第二の条件である「俺はデキる」という自信を持っている人が多い。過去に、勉強ができるとか、頑張りがきくとか、ありがちな基準で評価された経験が多い人たちがそろっている。周りの人がこの質問者に嫉妬するのは、人間の本能からして当然です。

とりうる戦略は、「僕はあなたたちとは違うので……」という別カテゴリーに自分を持っていって、その違いをなるべく多くの人にわからせていくことです。この方法は嫉妬を多少なりとも軽減すると思います。

ではどういう別カテゴリーが考えられるか。たとえば「年齢にかかわらずズバズバ言う」タイプだということからして、「俺はもう、この会社ではメインストリームじゃないからさ」というような「傍流感」を漂わせるというのはいかがでしょうか。「あいつは俺とは全然違うカテゴリーだ」とみんなに思ってもらえると、この大企業の有能感あふれる人々の嫉妬も、「あいつはちょっと違うからね……」ということで軽減されるかもしれない。

そもそもあなたは自分自身があまり嫉妬する側に回ったことがないのかもしれませんね。だから嫉妬されることが気になるし、嫉妬への対処もうまくないのかもしれません。まずは自分で嫉妬という負の感情に包まれまくりやがってみるというのも一興です。

手始めに奥さまに浮気でもしてもらうというのはいかがでしょうか。身をもって嫉妬を経験して、「やっぱり人間と嫉妬は切っても切り離せない関係なんだ」と嫉妬についての諦観を持てば、自分に向けられた嫉妬を制御していくのも上手になることでしょう。

14

意識を高めるその前に

リスクをとらず、成長しないまま中年に突入するのが怖い

広告代理店勤務(三〇代半ば・男性)

広告代理店に勤務する三〇代半ばの人間です。入社以来、一貫して営業の仕事をしています。会社は大手で安定しており、仕事内容も、大きな不満はありません。給料面でも他業界で働く同世代に比べれば、恵まれています。

ただ、不満がないのが不満といいますか、毎日、同じような日々が続くだけで、自分が成長している気がしません。数年ごとに担当するクライアントは変わりますが、内容は似たり寄ったりで単なる調整役です。しかも、クライアント企業が年々、保守的になってきており、大胆なマーケティングを打つこともありません。

とにかく、社内で話を通すことばかり、失敗しないことばかり考える人が増えているのです。とはいえ、われわれはあくまで代理店ですので、クライアントに偉そうに「リスクをとれ」と言うことはで

きません。

このまま、リスクをとらないクライアントに尽くすよりも、みずからプレイヤーになって、事業会社に移って、マーケティングを実践する立場に変わったほうがいいのではないかと思い始めています。

しかも、テレビ広告はいまこそ好調ですが、中期的には傾き、代理店ビジネスも曲がり角を迎えると思っています。いま五〇代なら逃げ切れるでしょうが、われわれの世代は、そこまで楽観的になれません。

このまま悩みながら働き続けるのは精神衛生上もよくないと思っています。真剣に転職を考えて、動き始めたほうがいいでしょうか?

NewsPicksの(コメントの)読みすぎ

好きなようにしてください。あなたの症状は、一言で言えば「NewsPicksの読みすぎ」です(お断り:「はじめに」に書いたように、この本はNewsPicksでの連載を加筆修正したものです。NewsPicksでは配信された記事に次々に読者のコメントがつきます。そこでは経済やビジネスに対して関心や問題意識が高い人々が、わりと「威勢のいい」「進歩的で」「前向き」の自説や感想をコメントしています)。

「不満がないのが不満」と言うだけに、そもそもやたらと漠然としたご相談です。「自分が成長している気がしない」というからには、あなたには成長意欲がある。しかし、いまのところのそれは、将来に対する「漠然とした不安」という程度の話です。僕くらいの年齢になってしまうと、たいていのことは、「それがどうした」「ま、いいか」という二つの言葉が車輪の両輪でがっちりかみ合って、日々平穏に過ごせるようになりますが、あなたの年齢だと、仕事生活はまだ先が長い。将来について漠然と不安になったり心配になるのは当たり前です。

いずれにせよ、あなたの相談は、自分の中から湧き上がってくる本質的な問題意識によるものではないと思います。推測するに、あなたはＮｅｗｓＰｉｃｋｓの読者によるコメントを熱心に読んでいるのではないでしょうか。そこには、「起業」「挑戦」「成長」「イノベーション」などの文言があふれています。それはそれでいいのですが、僕がすすめたいのは、そういう人と自分を比較するのをやめることです。

あなたはいまの広告の営業の仕事が好きでやっている。仕事自体には大きな不満がない。もう何の問題もございません。それでいて「このままこういう仕事をやっていていいのかな」と自分に懐疑的というか批判的になっている。これは自分の日々のリアルな仕事とＮｅｗｓＰｉｃｋｓのコミュニティの論調とを、意味もなく比較するのでそういう気分になるだけです。ご心配には及びません。

ＮｅｗｓＰｉｃｋｓの読者だって、「起業！」「イノベーション！」「イーロン・マスク最高！」とか、とりあえず言っているだけの人がほとんどのはず。実際に起業している人でも、自分の仕事を粛々とやる日々を過ごしているわけです。

僕の身近な人なのでよくわかるのですが、ＮｅｗｓＰｉｃｋｓで人気の佐山展生さん（インテグラルという投資会社の経営者兼一橋大学大学院教授）にしても、一見すると「投資！」とか「買収！」とか、ＮｅｗｓＰｉｃｋｓの読者が好きな「ビジネスの空中戦」で切った張ったと華麗にやっているように見えますが（事実そうなのですが）、実際の毎日の仕事は小さなことの積み重ねに違いありません。

日々の仕事を突き詰めよ

結局人間なんて、だいたいみんな同じように毎日の現実の仕事をして、何とか世の中と折り合いをつけているものです。「リスクを取る」とか「大胆なマーケティング」とか、ふわふわした言葉を口にするよりも、いまのクライアントにとって、より頼りにされて喜んでもらえる存在になるに越したことはありません。ひいてはそれが会社の稼ぎになるように、目の前の仕事に全力を尽くすべきです。「テレビ広告はいまこそ好調ですが、中期的には傾く」と言いますが、この世に中期的に傾くリスクのない仕事などありません。「いま五〇代なら逃げ切れるでしょうが」などとつまらないことを考える前に、いまの目の前の仕事をもっと突き詰めるべきです。こんなことを三〇代半ばにもなって言っているようでは、テレビや代理店ビジネスが傾く前に、自分自身が傾きます。

世の中にはいろいろな人がいて、いろいろな意見を持ち、いろいろなことを言うものです。しかし、あなたのように「仕事内容も、大きな不満はありません。給料面でも他業界で働く同世代に比べれば、恵まれています」と言える人はそれほど多くありません。自分の仕事に不満を抱えている人ほど、メディアの記事に高邁で進歩的なことを言って鬱憤晴らしをしたくなるという面があります。

自分の仕事に正面から向き合う。それは自分を向くということではありません。自分が役に立とうとする他者を向くということです。前にも話しましたが、自分以外の誰かのためになってこその仕事。自分のために自分を向いてやるのは趣味。趣味は家でやりましょう。仕事で自分を向きすぎると、この手の無意味な悩みに陥りがちです。

現実に好きな仕事に就けているという幸せをかみ締めつつ、余計なことを考えず、目の前のクライアントに喜ばれる仕事、その結果としてリアルに稼げる仕事に邁進してください。

15

九九%は自由意志

産後、夫の反対を押し切っても仕事を継続すべきですか?

食品会社勤務(三〇歳・女性)

先生にご相談したいのは、出産後の女性のキャリアについてです。私は、食品会社の総合職として働いているのですが、現在妊娠中で、来年早々にも出産する予定です。

産休後もぜひ働き続けたいと思っているのですが、夫は、「できれば家庭に入ってほしい」と言っています。夫は、早朝から深夜まで働く生活をしており、とても育児を手伝えそうにありません。しかも、夫婦とも実家が東京から遠いため、両親にサポートを仰ぐことは難しい状況です。私が仕事を続けると、家庭が回らなくなると夫は思っているのだと思います。

私は昔から親に、「経済的に自立した女性になりなさい」と口酸っぱく言われてきただけに、仕事から離れて、家庭生活だけに集中するのは、不安があります。そして、いま、担当しているマーケティングの仕事にとてもやりがいを感じています。

いまは夫と子どものためにも、自分の働きたい思いを抑えて、家庭に専念すべきでしょうか。それよりも、高いお金を払ってベビーシッターを雇ったり、夫に協力を仰いだりしながら、家庭と仕事の両立に挑戦すべきでしょうか。先生の考えを伺えれば幸いです。

家事・育児は夫の義務

好きなようにしてください。すなわち、結論ははっきりしています。家庭に専念する義理はありません。あなたはいまの仕事にやりがいを感じていますし、女性は経済的に自立すべしという考え方を持っている。自分の信念に忠実に仕事を続けるべきです。

「夫に協力を仰いだりしながら」とありますが、家事・育児というものは、別に妻から夫へ「お願い」してやってもらうようなものではありません。明らかに夫の義務です。自分の妻がそういう生き方をする女性であるのに、それをサポートできないのであれば、この夫君は夫たる資格がないといってもよい。

そうであれば早々に離婚したほうがいいと思いますが、まあ、そんなことにはならないでしょう。「夫はいまのところ『できれば』家庭に入ってほしい」とのことですが、彼もあなたという人間を十分に理解しているでしょう。自分の希望通りにはならないと薄々わかっていると思います。

給料を全部シッター代に投入してもいい

実際、子どもが生まれてみると、子どもの存在というのはいまそこにある現実です。夫は自然とサポートせざるをえません。いまは「夫は早朝から深夜まで働く生活をしている」とのことですが、子どもがまだいない現時点で彼が勝手にそういう生活をしているだけです。

夫君の仕事の仕方も、子どもが生まれれば変わるものです。「育児を手伝えそうにありません」と書いてありますが、それはいまの状況を所与として考えるからそう思えるだけです。実際は話が逆です。この際、育児や家事を手伝えるように彼が仕事のやり方を変えるのが筋です。

「高いお金を払ってベビーシッターを雇ったり」とあります。ご両親の協力や公的なサービスに限界があり、夫婦だけで切り回すのに無理があれば、ぜひシッターを雇うことをおすすめします。もう給料を全部つぎ込んでもいい。育児が大変なのは子どもが小さいうちの数年だけ。その数年はお金がかかるものと割りきる。それが嫌なら、そのぶん夫が家事や育児に参加すればいいだけの話です。

もちろん託児所や労働条件の改善など、女性が働きやすい社会にするために必要なことはたくさんありますし、制度整備が遅れているのが現状だというのはわかります。しかし、だからといって嘆いていてもはじまりません。出産とその後の育児と仕事の両立はすぐにやってくる問題です。

この種の悩みは、子どもが生まれる前に考えてもしょうがないという面があります。生まれたらもう泣くわ、わめくわ、おなか減らすわ、おむつを替えなければいけないわ、てんてこ舞いで獅子てんや・瀬戸わんやの日々になります。現実に眼前にそうした世界が展開すれば自然と夫もやるようになるでしょう。

赤ちゃんが生まれてしまえば、それはもう厳然として生きている生モノです。ああだのこうだの言っているヒマはありません。とにかく子どもを産んで、当然仕事は辞めずに働き続ける。そのためには短期的なコストを惜しまない。これが僕の回答です。

「好きなようにしてください」の意味合い

ただし、誤解してほしくないのですが、すべての女性が出産しても働き続けたほうがいいと言っているわけではありません。あなたは、いまの食品会社でのマーケティングの仕事にとてもやりがいを感じている、出産後も仕事を続けたいと思っている。だとしたら、続けたほうがいい。当然の話です。

しかし、だからといってあなたのケースを世の女性全般に一般化できるわけではありません。「そんなに大変な思いをしてまで仕事を続けるよりは、もっと子どもとの時間を過ごしたい」とか、「育児を一生懸命やりたい」と思う人も当然のことながらいるわけです。そういう人は仕事を辞めればいい。

キャリアに関するこの手の問題は一般論にはなりえません。「条件のいい仕事は二度と手に入らないのでしがみつけ」とか、「仕事をしながら働きやすい会社に行くべきだ」とか、「女性はずっとキャリアを追求して、経済的に自立した人間になるべきだ」という主張をしばしば見ますが、これはこれでおかしな話だと思います。

僕の基本的な信念は、「人間、九九％は好きなようにやれ」ということです。好きなようにやるということは、自由意志でやる、自分の意志で自分の人生を歩んでいくということです。一番いけないのは「〇〇せざるをえない」と勝手に思い込むことです。僕はそういう人がいたら、「誰に頼まれたんですか？」と突っ込みを入れるようにしています。これ、皆さんにもおすすめします。『せざるをえない』おじちゃま（もしくは、おばちゃま、おねえさん、おにいさん）」に遭遇したら、「誰も頼んでないですよ」と声をかけてあげてください。

実際のところ、誰も頼んでいないのです。われわれは（少なくとも平安時代の日本や現在のシリアと比べれば）豊かで自由な社会に暮らしています。根本のところから誰からも頼まれていないし、誰も強制していない。一定の義務を果たしさえすれば、自分の自由意志で生きることができる。

当たり前のように聞こえるのですが、われわれは多くの人が望んでも手に入れられなかった幸せを生まれた時から享受しているのです。このことを忘れずに、仕事と育児の両立に正面から取り組んでいただきたいと思います。

ご懐妊、おめでとうございます。元気な赤ちゃんが生まれますように。

16

すぐに役立つものほど すぐに役に立たなくなる

ベンチャー勤務継続より大学への復学を選ぶべきですか？

大学生

現在大学三回生で、一年間休学してスタートアップのベンチャー企業で働いています。四月から大学に戻る予定ですが、近づくにつれ、本当に大学に戻る必要があるのかと疑問に思い始めています。

僕が考える大学の意味は、

・お金を考えずに自由に時間を使える

・社会的信用

だと考えています。

残りの授業料一五〇万円以上のメリットはあるのか、社会経験が豊富である楠木さんにお答えいただきたいです。

思考の時間軸が短すぎる

来ましたね、王道ど真ん中を行くいつもの質問が……。この種の質問が相次ぐので、前にも言いましたが、いよいよ世の中の人全員がスタートアップに行くべきかどうか（もしくは起業すべきかどうか）で悩んでいるかのような錯覚に陥る今日この頃です。

これまでは「大企業」や「安定したキャッシュリッチな企業」が「スタートアップのベンチャー」（ま、スタートアップはたいていベンチャーですが）が対抗馬のことが多かったのですが、この質問は「大学に戻るべきか」となっているところに新味があると言えばあります。まいどご贔屓にありがとうございます。

お待たせいたしました。回答です。どうぞ好きなようにしてください。毎度のことなのですが、ごく論理的にいって、この手のご相談に対する答えとしては、こうとしか言いようがありません。

ただし、それでは話が終わってしまうので、例によって僕の手前勝手な「深読み」で無理やり話を続けることといたしましょう。

まず前提として気になるのが、あなたの考える「大学の意味」です。あなたの箇条書きによれば、大学のベネフィットは自由度や社会的な信用にある。一方のコストと言えば、「残りの授業料一五〇万円」。やたらと「実利」というか、いまこの瞬間の損得勘定でとらえています。

ここでもうおかしなことになっている。本来は「自分にとって、大学に戻って勉強することの意味は？」となるのが普通でしょう。ところが、あなたは大学の意味を「行動」（大学で勉強したり考えたりする)ではなく、「状態」(大学生というステータス)でとらえている。ここに問題があるように思います。深読みですけど。

物事の価値や意味を特定時点での「状態」でとらえようとすると、どうしても思考の時間軸が短くなります。すなわち、「大学生でいる」という状態から即座に得られるものの価値にとらわれてしまいます。比較考量の一方にある「残りの授業料一五〇万円」にしても、いまここで発生する(というか計算できる)コストです。いかにも思考の時間幅が狭い。

大学での勉強に限らずありとあらゆる人間の投入努力や経験は、巡り巡って将来いろいろなことに効いたり効かなかったりするわけで、その価値は事前にはっきりと計算できるものではありません。あなたはキャリア形成における意思決定を「取引」として考えている。ここに勘違いがあります。何かを払えばその時点で計算可能な何かが返ってくる。そのコストとベネフィットを考量して意思決定する。これが取引なわけですが、仕事生活には時間的な奥行きがあります。時間軸の上であらゆることが絡み合うのがキャリア。禍福はあざなえる縄の如し。取引(の連続)としてとらえるのは間尺が合いません。

一五〇万円はいますぐ払わなければいけないお金かもしれません。しかし大学での勉強や経験の意味は、一〇年とか二〇年先というロングスパンで振り返った時にはじめてわかるものです。

知的な体幹

大学で学ぶことがその後の仕事に役に立つかと言えば、すぐには役に立たないことが多いと思います。とりわけ、相談者が休学して働いていたスタートアップの会社の仕事にとっては、ほとんど役に立たないに決まっている。しかし、大学でまとまった期間勉強して考えてみるという行動は、長い目で見れば、その人の人生の基盤を形成するのに役立つことが少なからずあるはずです。

直近の仕事にどれだけ役に立つのか。それが貨幣に換算してどれだけの価値を持つのか。こうした実利的な切り口でばかり考えていると、人間の思考はどんどん空疎で近視眼的なものになってしまいます。

大学に限らず、人が勉強する目的は、究極的には一つだけだと僕は考えています。「自分の頭で考え、自分の意見を持ち、それを自分の言葉で表明する」、これに尽きる。「自分なりの価値基準を持って生きられるようになる」と言ってもよい。もっとあっさり言えば、「教養」です。僕が言うのもちょっとアレですが、やっぱり人間的な深みというものがありますね。いい時も悪い時もぶれない「知的体幹の強さ」。それはやはり広い意味での教養がもたらすものです。

大学とはそもそも実務研修をする場ではなく、みずからの価値基準をしっかりと定める教養を得るための機会と場所を提供するものです(実務的なスキルの教育を一義的な目的にする大学もあります。これはこれでまた別の意味がありますが、ここではひとまず横において話を進めます)。「すぐには役に立たないけれど、若いうちの一定期間、人間生活の基盤形成に集中して取り組んでみるのもいいんじゃないの……」という人間の知恵が長い歴史の中で積み重なって、結実したのが大学という制度です。

もちろん大学は一つの選択肢にすぎないわけで、別に行かなくてもいいのです。大学に行かなくても、本質的な意味での勉強を重ねて、深みのある教養を獲得する人もいます。たとえば、思想家のエリック・ホッファー。『エリック・ホッファー自伝』は人間の迫力を感じさせまくりやがる名著ですので興味のある方はぜひお読みください。

一方で、若いうちからやりたいことがはっきりしていて、「大学での勉強なんてまどろっこしいことやっている場合じゃないよ」という人もいる。そういう人は大学などに行かずに、さっさとやりたいこと（歌舞音曲とかスポーツ選手になるとか、起業するとか）をやればいい。

大切なことほどあとから効いてくる

ただ、世の中の大半の普通の人々にとって、一人で自然と教養を形成するのは難しいし、二〇歳前後の時点では世の中でやりたいこと、やるべきことがはっきりと見えているわけでもない。大学は、そういう「普通の人」のためにあるものです。僕もその一人でした。

毎度のことながら、結論はどっちでもいい。数字で測れるような損得計算では大学は損に見えるかもしれない。しかし、すぐに死ぬわけではありません。いつか思ってもみなかったような意味を実感できる思考の基盤を得られるかもしれない。いまの職場が楽しくて、大学に戻ることに疑問を感じているくらいだったら、そのままベンチャー企業で働くというのももちろん大アリです。どちらにせよ、好きなようにしてください。

ただし、この際気づいてほしいのは、「お金を考えずに自由に時間を使える」と「社会的信用」が「残りの授業料一五〇〇万円以上のメリット」になるのかどうか、という思考様式の不毛です。あなたの若さを割り引いたとしても、いかにも思考が浅い。

なぜ行動ではなくて状態でとらえるのか。なぜ「状態の損得」に目が向くのか。深読みを続けると、おそらくあなたは大学でまともな勉強をしてこなかったのではないでしょうか。自分の頭と言葉で考えるという人間としての基礎的な鍛錬に欠けている。

だとしたら、ますますもってどちらでもいい。これまでの「実績」(僕の推測にすぎませんが)からして、この方は大学という場に向いてないのかもしれない。だとしたら大学に戻って無為な「状態」を継続するよりは、このままいまの会社にいたほうがずっといい。まともな勉強もせずに大学にいるというのは、一五〇〇万円どころか、一五〇〇〇万円ぐらいの機会損失になります。

もしくは、これまでまともに考えてこなかったからこそ、頭を切り替えて、もう一度大学に戻って、社会に出る前にじっくりと教養を学ぶのもまたよし。確かに一五〇〇万円のコストはかかりますが、この方の将来にとってプライスレスな価値(無理やり算定すると、ことによっては一億五〇〇〇万円相当かも)があるかもしれません。

いずれにせよ、以上の僕の話は手前勝手な当て推量に基づくものなので、実際のあなたは僕が決めつけたよりもずっときちんとした人物なのかもしれません。そうだとしたら私の回答は見当はずれの大きなお世話以外の何物でもないのですが、あなたぐらいの年向きで、時間とかお金とか努力などを投入した「瞬間に返ってくるもの」を期待して人生の損得勘定をしている人が少なくないように思えたので、この機会に僕の考えを申し上げました。

すぐに役立つものほどすぐに役に立たなくなるのです。これは仕事と仕事生活の鉄則ですので、この際よく覚えておいてください。

17

「器用貧乏」になるのが先決

「器用貧乏」な自分が嫌。専門性が欲しい

IT企業勤務（二八歳・男性）

二八歳のIT企業に勤務する男性です。私が先生に相談したいことは、自分の「器用貧乏さ」です。

学生時代からテストはどの教科も七〇点くらいを満遍なくとる人間で、社会に出てからも事務系、総合職で就職したこともあり、どの仕事を担当してもそつなくこなしてきました。よく言えばゼネラリストですが、悪く言うとエッジが立っていない替えのきく人間のような気がします。

終身雇用が終わったと言われる現在、「誰にも負けない分野のあるプロフェッショナル」こそが求められると言いますが、自分がこのようなキャリアの積み方をしていることに不安を感じています。ご回答いただけると嬉しいです。

「器用貧乏」というより「ただの貧乏」

僕に言わせれば、あなたは「器用貧乏」のレベルにも達していません。言葉はキツくなりますが、現状では「ただの貧乏」です。

「誰にも負けない分野があるプロフェッショナル」になりたいということですが、あなたが手に入れるべき、手に入れたいと思っているのは、専門的な「スキル」です。たとえばマーケティング、ファイナンス、IT、法務など、会社の部門名になっているようなスキルセットでしょう。

どれでもいいのですが、ある分野のスキルを一通り手に入れて、はじめて「器用貧乏」になれると思ったほうがいい。つまり、現状のあなたはそのレベルにも達していないわけですから、単に「貧乏」なだけ。「器用貧乏」を自称するのは時期尚早。「よく言えばゼネラリストですが」というのも単なる誤解です。

なぜ「スペシャリスト＝器用貧乏」なのか。専門的なスキルに自分の仕事の価値を求める。それは言い換えれば、自分を「担当者」として定義するということです。要するに「あなたの仕事はここからここまでですよ。KPI（重要業績評価指標）はこれですよ。あなたの業務の範囲でいつまでにこれを達成してください」という話で、分業されたあるパーツを担当しているにすぎません。それがうまくできたところで、ビジネスパーソンとしては依然として（器用ではあるけれど）「貧乏」のレベルにあると僕は思います。

ビジネス、商売である以上、本当に仕事ができるということは、商売丸ごと全部を動かして、稼いでこられるということです。稼いでくるやつが一番偉い。一番頼りになる。これが古今東西変わらないビジネスの現実です。

たとえば「これからはHR（人事）の『プロフェッショナル』になろう」と思い、その方面のスキルを手に入れたとする。専門的な知識を駆使して、最先端の（?）評価・報酬制度を設計して、それをこれまたプレゼンテーションのスキルを駆使して経営者に提案したとします。これはこれでHR担当者としては「いい仕事」です。ただし、「いや、いまはそんなことをしている場合ではないから」と言われて、経営者が耳を傾けない場合もあるかもしれません。

ところが、前にも話しましたが、部下に「僕が稼いできますよ！」と言われて、「いや、やめてくれ」と言う上司はいません。この違いはものすごく大きい。

「稼げる人」と「営業マン」の違い

「稼げる人が一番偉い」というと、「じゃあ営業が一番偉いのか」と早とちりする人がいますが、営業も「売る」ことだけ受け持つ担当者であることには変わりません。担当者が提供するスキルは、稼ぎというアウトプットを得るためのインプットです。成果を得るための手段にすぎません。

僕の言う「稼げる人」というのは、商売まるごと全体を構想して動かせる人のことを意味しています。「こうやったらもっと稼げるんじゃないの」と考えて、全体を動かして利益を生む人のことです。要するに「担当がないのが経営者」ということです。定義からして担当者とは異なります。

経営者というと「代表取締役社長」とか「執行役員」とかのポストを連想させますが、ここで問題にしているのは仕事に対する構えです。そうした広い意味での「経営者」、稼げる人の肩書は千差万別です。もちろん社長や役員の場合が多いでしょうが、場合によっては平社員かもしれない。

たとえば「編集長」。肩書としては同じ編集長だとしても、「今週は記事を一〇本用意しなければならない。テーマはこうして、こういう書き手を使って……」というように編集という担当分野で閉じた仕事をしている人と、「こうやったら他社とまったく違った誌面になるし、売り方もいまと変えてこうやれば、読者が増えて儲かるんじゃないの」と考えて実行できる人では大違いです。前者が担当者であるのに対して、後者は経営者＝稼げる人です。

本当の意味でのゼネラリストというのはこういう人のことです。あなたは「よく言えばゼネラリストですが」と言いますが、よく言いすぎです。〝General〟というのは、もともと「総覧者」「総括者」、ありていに言って「大将」のことです。ゼネラリストを見くびるのにもほどがあります。

「能力主義のスペシャリスト」

もっとも、即戦力の採用とか能力主義とか市場価値のあるスペシャリストとか終身雇用は終わったとか、世の中でその手の話が喧伝されて久しいので、あなたのように「誰にも負けない分野のあるプロフェッショナル」にならなきゃ！という不安にかられるのも仕方がない面があります。

そこで、その辺がどうなっているのか、先日とある人事部長氏に会食の席で率直な話を聞いてみました。

――やっぱりこれからは能力主義とかスペシャリスト重視という方向に日本企業も変わっていくべきだというご意見ですね？ 採用にしても、新卒の定期採用にこだわらず、即戦力となるようなスキルのある人材を通年でどんどん採っていくという方針だそうですが。

「議論の余地ないね。終身雇用と年功序列は完全に終わった。もはやグローバルでフラットな世の中だよ。いままでのぬるま湯人事とは決別だ。わが社も今年から採用や評価のシステムを抜本的に改革したよ」

――なるほど。でも、能力主義といっても実際はなかなか難しいですね。具体的にはどういうスキルなり能力が求められますか。たとえば英語力とか？ おっしゃるようにグローバル化の時代ですし。

「馬鹿いっちゃ困る。英語ができるぐらいでグローバル化ができれば世話ないよ。下手に語学力重視とか言うと、それぱっかりの英語屋が集まるのが関の山だ」

――じゃあ、ＩＴは？ クラウドやビッグデータの活用が経営の課題になっています。オープン・イノベーションとの絡みでも、ＩＴのスペシャリストは重要になりますね。

「実際のところ、ＩＴとかクラウドとかビッグデータとかソーシャルとか、そっちの方面で入ってくる連中はロクでもないね。奴らときたらコンピュータの前に座っている時以外は子ども同然だよ。リアルな世界での交渉力ゼロ、対人関係能力ゼロだろ。横に座ってるくせに、用件はメールでお願いします、とくるからな。ずいぶん採用したけど、もう懲りたよ」

――ソーシャル・ネットワークの活用もこれからの経営戦略にとって不可欠だと御社は強調していますが。

「ま、表向きはそうだけどね。連中ときたら本当に手に負えないよ。朝から晩までスマホをちまちまやってばかり。ソーシャルか何だか知らないけど、『今日のランチはカルボナーラ』って無意味な写真を載せて、『イイね』ってバカじゃないのか。『集合知』が聞いてあきれるよ」

――だったらファイナンスとかアカウンティングなんかは？

「話にならないね。連中は出てきた数字を机の上でいじくっているだけで、実際のビジネスがどう動いているのかこれっぽっちもわかっちゃいない。しまいにゃ会社の金を陰で操作されて、気づいた時には特別損失の山なんてことになったらしゃれにならないぜ」

――マーケティングはどうでしょう？

「冗談だろ。そういうことをぐだぐだ言う奴に限って、客に頭一つ下げられないんだから。理屈でものが売れたら話は早いよ」

――どういうお答えが来るかよくわかっているうえで、一応聞いておきますけれど、僕の専門の戦略などは？

「やめてくれ。戦略ったって、そんなものは机上の空論だろ。商売は結局のところ、実行がすべて。実際に組織が動いてナンボの世界なんだよ。現場の気持ちがわからない奴に戦略なんて立てられない。あんたが戦略論を教えているのは、俺に言わせればメキシコ人に和歌を習うようなもんだね」

――やっぱりそう来ましたか！　お話を伺っていると、やっぱり特定の専門能力というよりも、それまでの仕事の実績で評価するしかないのでは。

「ちょっと待て。考えてもみろよ。何でプロ野球の契約更改であんなにもめるんだ。実績を持ち出されると、かえって話がまとまらないんだよ。ましてや野球と違って会社の仕事だよ。実績が数字にならない仕事もあるし、その時の運不運もある。実績なんてあてにならないね。評価っていうものは、あんたが考えるほど単純な話じゃないんだよ」

――人事部長、それならお聞きしますけど、お話を伺っていると、「スペシャリストを重視した能力主義の採用や評価」なんてそもそも無理なように聞こえるのですが。

「いや、できる。そのために俺がいるんじゃないか。それが人事部長の仕事だよ」

――もしかしたら今度の人事システムの抜本的改革というのも……。

「そう、要するに俺がますます気合を入れて評価していくってことさ。何たって俺はその道のスペシャリストなんだから」

……と、このスキットはもちろん僕の作り話なのですが、プロフェッショナルだ、スペシャリストだと口では言っていても、ジッサイのところ、この程度の底の浅い話であることがほとんどです。

「スーパー担当者」を目指すのもアリ

誤解しないでほしいのですが、スペシャリストに価値がないと言っているわけではありません。「クロスボーダーのM&Aだったら俺にまかせろ」とか「インターネット上のＢｔｏＣのプライシングなら得意中の得意」とか「シンガポールの金融や会計基準なら手に取るようにわかっています」とか、例を挙げるときりがありませんが、あなたの言う「エッジが立って」いる人は、専門的なスキルに対して労働市場で高い値段がついています。

こういうその道の「スーパー担当者」はもちろん貴重な存在です。ここまで行くと「器用貧乏」を脱して「器用リッチ」の域に到達しているといえるでしょう。

ただし、「スーパー担当者」のその先に、おのずと優れた経営者への道が開かれているのかというと、必ずしもそうでもないのが面白いところです。

担当者と経営者とでは、仕事の性質がまったく違います。スーパー担当者だからといって、商売丸ごとを動かせるとは限らない。そこを混同して失敗する人を、僕はたくさん見てきました。担当者までならスキルがものを言うのですが、商売丸ごとの経営となるとセンスとしか言いようがない世界に突入する。育てようと思っても育てられないのがセンスです。もともとの才覚にプラスして商売丸ごとを動かす経験と試行錯誤が不可欠でしょう。

何も心配することはありません。誰でも最初は何者でもない状態からキャリアが始まります。二八歳のあなたが現時点で「タダの貧乏」「フツーの貧乏」であるのは当たり前です。まずは自分が向いている（気がする）分野に狙いを定めてスキルを習得し、「器用貧乏」になるのが先決です。その後、その分野で着実にスキルを伸ばしてスーパー担当者＝器用リッチをつき詰めるのもいいし、途中で一皮むけて経営者になるのもいい。いずれにせよ、それはまだまだの話です。

ビジネスパーソンとしての成長には早道や抜け道はありません。あわてず騒がず、将来を切り拓いていただきたいと思います。

18

目的に資してこその手段

就職を理由に、ビジネスアイデアを諦めたくない

大学生

現在、起業するか就職するかを迷っている大学四年生です。昨年一年間、アメリカの大学に留学し、日本人留学生の少なさ、同時にアメリカの大学のレベルの高さに驚愕《きょうがく》しました。

この留学から、もっと留学がしやすくなるようなシステムをつくりたいと思っています。大学の友人に留学してみたいかと聞いたところ、ほとんどの人から留学したいがコストが高すぎて留学できないと返ってきました。

そこで私は留学に特化したクラウドファンディングをおこないたいと考えています。つまり、留学するための費用をファイナンスできるサイトをつくりたいのです。しかし現在大学四年生であり、内定先が副業できないぐらい忙しいので、起業して失敗した時のリスク（それだけで食べていけるか）が大きなハードルとなっております。

私のように起業したいけど、躊躇している人はどのようにすればよろしいでしょうか？

選択肢の設定を再考すべき

好きなようにしていただきたいと思うのですが、ちょっと考えどころなのは、あなたは本当のところ何がやりたいのか、ということです。言い換えれば、あなたの本当の目的は何か、ということです。ここをまずはっきりさせる必要があります。

ご質問では、卒業後のオプションが起業か就職かの二者択一になっている。この選択肢の設定がそもそも正しいのかどうか、あなたのご相談の文章を読む限りでは、大いに疑問のあるところだと思います。

ご自身の留学経験に基づいてクラウドファンディングのサイトを開き、留学を容易にする社会的なシステムをつくりたいということですが、立派な志です。僕があなたの年の頃は、歌って踊ってカツカレー食べることぐらいしか考えていませんでした。たまに真剣に考えることと言えば、せいぜい「今日の昼は焼きそばパンにするか、ナポリタンの入ったパンにするか（最近はあまり見ませんし、これを何と呼ぶのかもいまとなっては定かではないのですが、当時はそういう調理パンがわりとポピュラーだった）」ぐらい。ま、いまの時代もジッサイは当時の僕のような連中が多数派なのだと思いますが、あなたのように内発的な動機に基づいて自分がいいと思うことを社会で実現したいというのは素晴らしいことです。

ただし、「留学を容易にする社会システムの構築」（その手段としてのクラウドファンディング）があなたの真の目的であれば、いきなり会社を起業するという形をとらなくてもよいと思います。もちろん会社勤めの傍らに活動をするのは忙しいでしょう。でも自分一人で全部やろうとしなくてもいい。同じような考え方の人もいるでしょうから、仲間をつくって、そういう社会的な活動をするＮＰＯのようなチームをつくり、仕事をしながら取り組むというのもアリだと思います。

筋のいい話にしかリスクマネーは集まらない

何ごとも「目的」とそのための「手段」をはっきりさせて考えてみる必要があります。何が本当の目的で、それに対する手段として何が必要なのか、整理してみるべきです。

この書きっぷりだと、あなたの場合は「みんなにもっと留学してほしい。資金がないせいで断念させたくない」という動機が強い。だとしたら、起業というのはそのための一つの手段にすぎません。すでにある企業に就職が内定しているということですから、生業としては別のことをやってもいいという判断があるわけで、起業にこだわっているわけでもなさそうです。あなたの動機に基づいて社会に貢献したいという志を実現するのが目的ならば、別に起業という手段は余計なリスクを抱え込むだけで、かえって遠回りかもしれません。

もっとも、僕の読みがはずれているかもしれません。起業することそれ自体が本当の目的で、とりあえず思いつく事業の中身が最近流行の「クラウドファンディング」だということかもしれません。起業が真の目的で、その手段としての最初の一歩が「留学するための費用をファイナンスできるサイト」

なのであれば、それはそれとしてやればいい。どうぞ好きなようにしてください、という話です。

ただし、です。たとえ起業するとしても、リスクマネーを投資してくれる人がいないと話は始まりません。「その話に乗ろうじゃないの！」と惹きつけるような筋のよい戦略ストーリーをつくり、できることならば、ごく小さくてもよいので人に示せる初期的な成果なり実績をつくるのが先決です。

そこで、この相談シリーズでは滅多にお目にかかれない、具体的かつ実践的かつ効果的な提案があります。まずはご自身の事業構想を直接、間接に広く発信して、それこそ「クラウドファンディング」で自分の事業のための資金を集めてみる、というのはいかがでしょうか。

ご自身の「留学を容易にするクラウドファンディング」の事業構想のためのクラウドファンディングがうまくいかないようであれば、構想しているクラウドファンディングの事業もうまくいかないと考えたほうがよい。

その場合は、起業という手段をとらず、仕事をしながらのボランティア活動やNPO活動として取り組んだほうがいい。もしくはきれいさっぱり諦めて、内定した会社で副業もできないほど仕事に没頭してみたほうがいいと思います。

そう割り切って、あとは好きなようにしてください。

19

組織に対する三つの構え

上司にやる気がない。転職すべき、とどまるべき?

マスコミ勤務(三六歳)

老舗マスコミで働く三六歳です。古い媒体ゆえ、年々売上げ、利益は落ちているものの、内部留保、所有不動産が潤沢ゆえ、会社および社員に危機感があまり感じられません。

特に上層部。内部留保を切り崩しても自分たちの在任期間の給与は支払われるとタカをくって、逃げ切る気満々。よって、下が、画期的なアイデアを出しても横並び志向を発揮して、同業他社がやるまで動きません。

この体たらくではますますお先真っ暗です。私は三六歳。上司と違って「逃げ切れる世代」ではありません。転職ぎりぎりのいまのうちに、いまの組織を見限るべきでしょうか?

なぜ三六歳まで転職しなかったのか？

「好きなようにしてください」という僕のいつものフレーズのためにあるようなご相談をありがとうございます（これ、わざとじゃないでしょうね？）。

好きなようにしてください。誰も「この会社にいてくれ」と頼んでいないわけですから。現在のあなたの状況は誰かに強制されたものではありません。どうぞ好きなようにしていただきたいと心から思います。

繰り返し強調していることではありますが、キャリアというのは基本的に自分が自由意志に基づいて選択するものです。もちろんその会社に受け入れられなければ、そこで職を得ることはできません。しかし、「この会社に入ろう」とか「会社を辞めよう」とか、最初にあるのはこちらの自由意志です。ですから、もし相談にあるような会社のいまの状態が嫌だったら、さっさと転職するべきです。

なぜ相談者の方は「お先真っ暗」などと言いながらいまの会社で働いているのか。その辺を勝手に推測してみましょう。老舗企業の給料や世間体がいいなどの理由で、家族が辞めないでほしいと思っている可能性はありますね。これもまたよくある話ですが、だとしたら、家族を説得するとか、家族が「この仕事いいわね」というような仕事を見つけてから辞めるとか、いくらでもやれることはあるはずです。

上層部に危機感がないとか、横並び志向だという類の話は、マスコミに限らず古い体質の会社にはわりとよくあることです。相談者が嘆くこの会社の現状も、いまに始まった話ではないでしょう。それなのに、「転職ギリギリ」とご自分で言っている通り、この方は三六歳のいまに至るまで辞めずに会社に残っている。

それには何らかの理由があるはずです。給料がいいとか、上はちんたらしているけれどもわりと懐が深くて好きなように仕事をさせてくれるとか。いずれにせよ、もし徹頭徹尾いまの会社が嫌だったら、三六歳まで続けているわけがない。イヤよイヤよもスキのうち。何だかんだ言って、あなたはいまの会社とか仕事が「キライじゃない」のではないでしょうか。

会社を変えたいなら行動すべき

もし辞めないのであれば、もう一つのとるべき行動は、会社を変えるために何か行動を起こすことです。「内部留保を切り崩しても自分たちの在任期間の給与は支払われるとタカをくくって、逃げ切る気満々」という上層部。ほめられた話ではありませんが、これにしても連中の『自由意志』です。あなたが心の中でブツブツ文句を言っていても何も始まりません。

組織に対するメンバー(ないしは顧客)の構えは基本的に三つのモードに分けられます。これはアルバート・オットー・ハーシュマンという政治経済学者が一九七〇年に出版した"*Exit, Voice, and Loyalty: Responses to Decline in Firms, Organizations, and States*"という超絶名著の中で展開している議論です(『離脱・発言・忠誠』という翻訳がミネルヴァ書房から出ています)。

一つは「エグジット」(離脱)。自分にとって意味や価値がある限りはその会社にいるけれども、嫌だったらさっさと辞めてしまうという構えです。二つめは「ロイヤルティ」(忠誠)。その組織に対して忠誠心を持ち、自分と組織を同一化する状態ないし行動です。三つめが「ボイス」(告発)。異議申し立てをすることによって、衰退する組織を回復させようという構えです。

もちろんこのボイスは多大な労力を必要とします。ですから、組織の衰退局面ではエグジットに流れるのが人情です。しかし、ここにロイヤルティを絡ませると話は変わってきます。ロイヤルティが高い成員がいて、彼らが(エグジットを匂わせる)ボイスに転じると、それが経営者に対して革新や変化を強く促すことになります。

三六歳のあなたは、そんなにペーペーでもないでしょう。もしあなたに一定のロイヤルティがあり、会社の在り方に強い疑問を感じ、会社をよくしたいのであれば、「こうやったらこの会社はよくなる」と、どんどん主張し、それに向けて行動するボイスでいくべきです。

もちろんこれは個人の選択の問題なので、どのモードが一義的に優れているということはありません。あなたがボイスをおこなっても無駄だと思うなら、この辺で「ダメだこりゃ、次行ってみよう」というエグジットに切り替えればよい。いずれにせよ、まずは会社に対する構えをはっきりさせることが肝要です。

芸者と芸者置屋

余談ですが、ご参考までに僕の組織に対する構えをお話ししておきます。僕は一橋大学というところに所属して仕事をしています。わりと好きなようにさせていただいているという点では、もちろん大学に感謝していますが、だからといって組織に対するロイヤルティはそれほど強くないタイプだと思っています。

これは個人的な見解で、大学で仕事をしているすべての人がそう思っているわけではないとお断りしておきますが、僕は自分の仕事と組織の関係を、「芸者と芸者置屋」と心得ています。

それはこういう話です。「置屋」(=大学)に所属している一人ひとりの「芸者」(=研究者)がそれぞれの得意・不得意を自覚して、自分のスタイルで「芸」(=研究や教育)をする。お座敷(たとえば講義や研究の発信)がかかれば出ていって、自分の芸を自分の好きなように提供する。

「部長の芸者」も「課長の芸者」もありません。みんな横一線で、自分の芸で勝負する。お座敷のお客さまが喜んでくれればそれでOK。「お客さま」というのは、僕の場合だと、講義を受ける学生や自分の考えごとを受信してくれる方々(つまりはこの本の読者の方々も含まれる)です。で、お客さまにとって意味がなければ、即座にアウト。僕は仕事に対してこういう理解と構えを持ってやってきました。

いまの一橋大学という置屋においていただいているのは、いまの置屋が自分の芸を磨くのに最善だという僕の判断があるからです。もしそうでなくなれば、別の置屋に行って自分の芸を続けたいと思います。もちろん「こいつはダメだ……」ということで、置屋のほうからお払い箱になる可能性もありますが、それはそれで仕方がありません。

あなたにとって、ご自身の組織や仕事に対する基本的な構えを再確認するよい機会ではないでしょうか。この際、とるべき自分の行動と絡めてじっくり考えてみることをおすすめします。

20

キャリアは計画できない

「キャリア計画がない」私はダメ人間ですか？

メーカー勤務（二七歳・男性）

楠木先生のキャリア相談を見ていると、どなたも皆、きちんとキャリア計画を立てられている印象を受けます。MBAはいい悪いだとか、起業すべきか転職すべきか、だとか。

ところが私は、明確なキャリア目標がありません。もちろん普通のサラリーマンですので（メーカー・営業）、会社には一応目標を求められます。しかし、それはあくまで数字だとか、適当に書けば済む話。

問題なのは、私自身にそれほど「これをやりたい」というほどの情熱や希望がないことです。もちろん、仕事は完璧とは言えないまでも、AかB評価はもらえるぐらい頑張っていますし残業もたくさんしています。しかしそれは「意識の高いビジネスパーソン」の皆さんのように将来のためなどではなく、とりあえずやるからには頑張ろうかな程度の気持ちなのです。

周囲はそんな私に「若いうちはまだいいいが、一生の目標がないと、伸びないよ」などど言ってきます。いいかげん私も明確なキャリアプランを考えるべきなのでしょうか?

ほとんどのことは思い通りにならない

最高のご相談、ありがとうございます。この人なら友達になれそうです。

好きなようにしてください。キャリア計画は全然必要なし。これが僕の答えです。

不肖、僕も一切「キャリア計画」など持ち合わせておりません。もちろん、これは一般化できない話です。その人の性質や体質によって変わるでしょう。僕の性格、体質、好き嫌いからすると、キャリア計画は僕には向いていないというだけであって、キャリア計画を定め、それに基づいて行動するほうがうまくいくと言う人もいると思います。

ただ、そういう人は端からわりとよくできた人というか、克己心と自己規律に優れた立派な人に限られるような気がします。そうでもない「フツーの人」を代表している僕に言わせれば、「そもそも人間は自分のキャリアについて、目標や計画なんか立てられるのかな」という強い疑問があります。

なぜか。強力な理由があります。目標や計画を立てたところで、この世の中ではほとんどのことが自分の思い通りにいかないからです。当然ですけど。思うようにならないことが次から次に出てくる。当たり前ですけど。いろんな人がいろんな考えを持ち、みんな、それなりに他者とか社会との利害関係を抱えて生きている中で、自分の思い通りにいくことなんて、むしろ例外です。計画なんか立てたところで、できないものはできない。いくら努力しても、うまくいかないことがある。それなのに長期的な計画を自分の仕事に対して持つなんて、世の中と人間の本性に反していると言わざるをえません。

誤解しないでいただきたいのですが、これは悲観主義ではありません。むしろ自然で前向きな考え方として、僕はそう思っています。

ひばりとテレサの豪華デュオ

僕の基本的な考えは次の二つのフレーズに集約されています。一つが「川の流れのように」。美空ひばりモードです。もう一つが「時の流れに身をまかせ」。テレサ・テンですね。脳内で常にひばりとテレサの豪華デュオがハモっている状態、それが僕のキャリアに対する基本姿勢です。

計画をしたところで、本当にその気にならないとなかなか身体は動かないものです。特にタイミングの問題は大きい。前にも「機が熟した感」という話をしましたが、僕はこれをヒジョーに大切にしています。なかなか思い通りにならない世の中でたまに何かうまくいくことがあるとすれば、それは機が熟したタイミングで、無理なく自然と行動したからだと思っています。

だから僕は「夢に日付を入れろ」という人はあまり参考にならないと思っています。無理を通せば道理が引っ込む。自然な川の流れに逆らおうとすると、心身が調子悪くなったり、挙句の果てに周囲の人に迷惑をかけたりすることになります。

その点この相談者はとても健全というか、人間として自然な姿で生きている。粛々と仕事をしつつ、「とりあえず、やるからには頑張ろう」。これはもう、素晴らしい生き方です。心から賛同します。

それなのに「一生の目標がないと伸びないよ」などと言う人。こういう余計な口を挟む人がいるものです。僕も若い時は大人から「君の夢は何だ？」とか問い詰められました。そのたびに「じゃあ、あなたの夢は何ですか？　いまのあなたは夢にむかって何をやっているんですか？」と口答えをしては叱られていました。

「一生の目標がないと伸びないよ」。大きなお世話です。こういうことを言ってくる連中には、「じゃあ、お前はいまもなお、伸びているのかよ。お前の一生の目標は何なんだよ。夢に日付を入れているのかよ。それは何年何月なんだよ。その時達成しているかどうか、俺はこの目で確かめに行くからな」とツッコミを入れてみてください（ただし、心の中で。面と向かって言葉にするといろいろ厄介な問題が発生するので注意してください）。

「これをやりたいというほどの情熱や希望はない」のが問題だと言いますが、それはまだ機が熟していないだけの話。そんな時は無理やり捻り出そうとしてもロクなことになりません。「いつやるの？」「いまでしょ！」というわけには必ずしもいかないのが人間です。いまのこの状態でまったく問題はありません。

ただし、ちょっとした引っかかりを毎日の中で意識していることは重要です。ちょっと気にかかること、「自分はこういうことがやりたいのかなあ」という気がすること。それを意識しておく。すぐに忘れてもいいんです。引っかかりをその都度意識していると、いつかそのうち、「そうか、俺はこういうことがやりたかったんだ……！」という時が来ます。

でも、それがいつになるかは誰にもわからない。それでも、いつかはそれが降ってくるのです。それが僕のいう「機が熟した感」の正体です。

ダメな時はうどん食って布団かぶって寝ちゃう

引き続き個人的な話になりますが、僕は二〇一〇年に出した『ストーリーとしての競争戦略』（東洋経済新報社）という本の続編を書きたいとずっと思っていました。でも続編というだけで、どういう本にしたいかという中身がはっきりしていなかった。いくつかのプランは前々からあるのですが、ああでもないこうでもないと、なかなか考えがまとまらない。要するに、「機が熟してない」わけですね。

ところが二〇一四年一二月五日金曜日の午後一時、東京ミッドタウンの「てんぷら山の上」という店で友人のジョン・アルカイヤさんに天丼をおごってもらって大喜びで食べていた時、突然「これだ！」というものが降ってきたのです（キタ！と思って手帳につけておいたので、時刻まではっきりしている）。

それはまったく新しいアイデアだったわけではありません。「これかな？」「でもちょっと違うな」といくつか迷っていた中の一つでした。ただ、その時不思議と「これでいこう。これで間違いない」という確信のようなものが生まれたのです。

そんなふうに本当に腹落ちするまでは僕は行動に移さないようにしています。「機が熟したな、よーし」と乗ってきた時にやればいいと思っています。それまでは「いつまでに決めなきゃいけない」とは考えません。もちろん「この日に降りてくる」とか予定はできません。

焦って決断しても結局いい仕事はできません。機が熟すまでは、粛々とやるべき目先の仕事をして、淡々と生活していればそれでいい。あなたにしても、A評価かB評価はもらえるくらいの仕事をしているわけですから、それでもう十分すぎるぐらい十分です。

もちろんうまくいかないこともあります。目標がないどころか、何をやっても空回りしてしまう時もある。そういう時は、うどん食って布団かぶって寝ちゃうに限ります。ジタバタしてもダメな時はしょうがない。おなかを空かして布団をかぶるとますます暗い気持ちになるので、何か食べてから布団にいくのが基本です。

そばでもカレーでもカレーうどんでもいいのですが、僕の好みで言えば、うまくいかない時はやっぱり普通のうどん、きつねうどんかたぬきうどんがイイですね（盛り下がっている時にうつろな気分でカレーうどんを食べると、カレー汁の飛まつがあっちこっちに飛び散ってさらに気が滅入りがち）。個人的にはマルちゃんの「赤いきつね」を愛用しています（盛り下がりの程度が軽いときは「緑のたぬき」）。

何もやりたいことが思いつかない時や、物事がうまくいかない時、うどん食って布団かぶって寝られるか、次の日起きて普通に淡々とやっていけるかどうか。僕はこれがわりと大切な人間の資質だと思っています。

あなたはまだ二七歳。十分に時間があります。ぜひこのまま粛々と、毎日のちょっとした引っかかりを意識しつつも、目標や計画なしにやってください。

あとはひばりとテレサの豪華デュオがあなたを導いてくれるでしょう。

column 2 仕事の原則（僕のバージョン）

ふわふわした仕事

しばらく前の話になりますが、世紀の発見であるかのようにみえて、実際は研究論文に不備や不正があったという事件がありました。この成り行きを見ていると、例によってマスメディアの勝手なアゲサゲの明け暮れでして、僕に言わせれば、よどみなくどうでもいい話。この際ほっとけばイイ、三年もたてばみんな忘れているんじゃないの、という話でした（現に、これを書いている時点ですでに忘れ始めた人が多発）。

ワイドショー的話題（当事者の女性研究者のキツめのメイクや茶髪の巻き毛やブランドの洋服といった「ファッション」関係や、誰に気に入られている、贔屓にされているという「人間」関係の掘り下げ）もイヤらしさ爆発だったのですが、もっとイヤだったのが、このチンケな話を無理やり一般化した言説のもろもろ。「多くの研究者が真摯に仕事をしているのに、こんな事件が起こるとアカデミズムに対する社会的な信頼を壊す」。この手の批判がわりと出てきます。

僕に言わせれば、「こんなクダラナイことにいちいち目くじら立てず、自分が正しいと思うやり方で粛々と自分の研究をやっていればイイんじゃないの、別に……」と思うのですが、とりわけイヤな感じなのが、これに続いて出てくるこういう主張であります。

「真面目に研究して、瑕疵がない論文で学位をとりながらも、ポストに恵まれず、苦しい状況に耐えて研究を続けている不遇の人が多いのに、こいつはチャラチャラしやがって何だ、責任者出てこい！」

「こういう問題が出てくるのは、若手研究者が功を焦るからで、なぜそうなるかというと、研究社会の競争主義が行きすぎているからで、なぜ行きすぎるかというと、研究に投入される資源（研究費や大学・研究機関のポスト）が少なすぎるからで、なぜそうなるかというと政府や自治体が研究や高等教育に対する資源配分が少なすぎるからで、したがって研究者はもっと手厚く遇されなければいけない、学位をとっても生活できない研究者が多すぎる、高学歴貧困の存在は文化的貧困だ、責任者出てこい！」

科学者でも何でもない僕のところにも、こういう方向でのコメントを言わせようとするメディア取材（電話）が来たので、「えー、僕はまったくそういうふうには思いません。僕の考えを話すと長い話になりますが、それでもいいですか」というと、「え、あ、別に結構です（ガチャン）」とすぐに電話が切れました。

学術的には邪道も邪道、王道が東名高速ないし東海道新幹線だとしたら、真面目に見てもせいぜい「数寄屋橋通り」ないし「東急田園都市線」をひた走っている僕が言うのもちょっとアレですが、広ーい意味での「研究」（もう少し正確に言うと単なる「考えごと」）を仕事にしている者として、メディアが聞いてくれなかった意見をこの際申し上げたいので、ちょっと聞いてください。

僕がその片隅に身をおいている「研究」という仕事には次のような特徴があります。

①ふわふわしている：世の中の超間接業務。虚業中の虚業。
②人間の本性の発露：「知る」「考える」「それを人に伝える」は人間の本性。自然にやりたくなる活動。ノーベル賞の小柴昌俊先生いわく、「研究動機は精神の高揚」。
③以上の自然な帰結として、慢性的に供給が需要を大きく上回る：人間の本性だから研究を仕事にしたいという人は少なからず出てくる。しかし、そこは社会の超間接業務、虚業中の虚業であるだけに実需が薄い。したがって仕事として折り合いがつきにくい。「研究」に対して継続的に対価が支払われるような仕事（たとえば大学や研究機関のポスト）の数は少ない。

僕がいまの仕事を選んだのも、まさに右記①と②が理由であります。もともと考えごとがスキ。これは②のほうで、こっちに軸足を置いて、学問的使命感を持って、研究者を志す人もいる。これがあくまでも研究という仕事の王道なのですが、僕にとって②よりもずっと大きかったのは、むしろ①の「ふわふわしている」のほう。とにかく自由そう、もうちょっと言うときちんとした実業（会社に就職するとか）に比べてイヤなことが少なそう、あっさり言うと楽（ラク）で楽しそう。これならイイんじゃないの、という安易極まりない理由が前面に出てきまくりやがった末に大学院に進学したのでありました。

①＜②の立派な志でこの世界に入ってきた研究者も少なからずいるわけですが、僕のような①＞＞②のいい加減な邪道派も案外多い。というか、僕の手前勝手な推測では、こっちのほう、つまりキビしい世の中に出て揉まれるよりも、自由で楽（にみえる）な仕事ができればそれに越した

ことはないな……という根性なしの安直タイプがむしろ多いのではないか（ホントはそんなことないのかな？）。

もちろん世の中はキビしい。ま、それほどキビしくはなくとも、さすがに「俺、考えごとスキだし、楽で楽しそうで自由だからイイじゃん……」が通用するほど甘くはないわけで、そうは問屋が絶対一個も卸さない。①と②が重なると、当然のこととして③の状態が出来《しゅったい》する。ふわふわしたことを仕事にしようとした途端、すぐに壁に突き当たるという成り行きです。

仕事の原則一〇か条

苦節……とか七転八倒……というほどではありませんが、ご多分に漏れず僕の場合も、滑った転んだを一〇年ほど繰り返した挙句、三十代の半ばにもなると、ふわふわした仕事なりの原理原則というものにイヤでもイヤというほど気づかされるようになりました。

僕が体得した仕事の原則は以下の一〇か条となります。

1 「仕事と趣味は違う」の原則

自分以外の誰か（価値の受け手＝お客）のためにやるのが仕事。自分のためにやる自分を向いた活動はすべて「趣味」。趣味は家でやるべき。仕事と混同してはならない。

2 「自己評価はなしよ」の原則

であるからして、仕事はアウトプットがすべて。ただし、アウトプットのうち、「成果」と言えるのは客が評価するものだけ。たとえば、商品をつくって売りに出す。これはアウトプット。その商品が客に喜ばれ、必要とされ、受け入れられる。こちらが成果。仕事の達成をアウトプットを出すことそれ自体に求める。このすり替えが自己欺瞞。こうなると仕事が原則1の「趣味」になってくる。したがって、仕事の自己評価の必要は一切なし。自分が納得する仕事をしていればそれでよし。あとは客が評価をしてくれる。客に評価されなければそれでおしまい。

3 「客を選ぶのはこっち」の原則

ただし、客を選ぶのはこちらの自由。全員に受け入れられる必要なし。というか、それはほぼ不可能。こういう人のためにやるというターゲットをはっきりさせて、その人たちに受け入れられればそれでよし。

4 「誰も頼んでないんだよ」の原則

ターゲットの選択からやり方から何から何まで仕事の根幹にあるのは当人の自由意志。仕事は本当のところは誰からも頼まれてない。誰にも強制されていない。すべて自分の意志でやっていること。にもかかわらず、仕事が成果につながらない時、他者や環境や制度のせいにする。これ最悪。仕事の根幹にあるはずの自由意志の否定になる。土台が揺らぐとすべてがぐらつく。まともな仕事にならない。

5 「向き不向き」の原則

自由意志で納得のいく仕事をしていれば当面はよいのだが、やり続けてもどうしてもアウトプットが出ない、もしくは、アウトプットが出ても客が評価する成果にならない。これを「向いてない」という。つまり才能がない。資質、能力がない。これはどうしようもない。だから……

6 「次行ってみよう(ただし、近場で)」の原則

向いていないことが判然としたら、さっさと別のことをやるべき。つまり「ダメだこりゃ、次行ってみよう」。ただし、だからといってゼロからやり直したり大転換する必要なし。本当に向いてない方面には、そもそも手をつけないもの。次に行くべきところは意外とそれまでやっていたことの近所にある。

7 「自分に残るのは過程」の原則

仕事のやりがいは、自分の納得を追求する過程にある。客にとっては結果(成果)がすべて。仕事の成果を自分で評価してはならない。しかし、自分の中で積み重なるのは過程がすべて。仕事の過程で客におもねってはならない。おもねると、短期的に「成果」が出たとしても続かない。

8 「仕事の量と質」の原則

客側(自分ではなく)で記録に残る成果の集積を「仕事の量」という。これに対して、客の記憶に残る成果が「仕事の質」。一方で、自分の記憶に残る成果、これを「自己満足」という。自己満足は

わりと大切。ただし、自己満足はあくまでも舞台裏の話で、表に出してはならない。自己満足について客に同意や共感を求めるのは論外。

9 「誘因と動因の区別」の原則

仕事の量を左右するもの、これを「誘因」(インセンティブ)という。ただし、誘因では仕事の質を高められない。仕事の質を左右するのは「動因」(ドライバー)。誘因がなくても自分の中から湧き上がってくるもの、それが動因。

一番大切な原則その10は話が長くなるので後回しにするとして、とりあえず以上が「僕のバージョン」の仕事の原理原則であります。しっかりと実需に向いた実業をしている人だとまた話は違ってくるのかもしれませんが、「研究」というふわふわした仕事で世の中と折り合いをつけようとする以上、これらの原則から逸脱するとロクなことにならない、というのが僕の経験上の結論です。

①ふわふわしている、②人間の本性、③需要<<供給、以上の三特徴を満たす仕事は、研究以外にもいろいろとあります。たとえば、芸術や芸事、スポーツなどもそうでしょう。こうした分野では、自分の活動を仕事として世の中と折り合いをつけるのがそう簡単でないのがデフォルトで当たり前です。

不遇は不才

先だって、コンテンツ(ストーリー・ゲームなど)を創って売っているボルテージという会社の創業者、津谷《つたに》祐司さんと話をする機会がありました。これがヒジョーに面白かった。

津谷さんは映画がスキで映画監督になりたいということで、それまで勤めていた広告会社を休職してUCLAの映画学部の大学院の監督コースに留学しました。ここはその世界では名門中の名門で、入学を許可されるだけでも大変なことです。しかし現実は厳しい。それほどの名門大学院でも、卒業後にプロの監督として成功する人は「一〇〇人に一人もいない」そうです。

で、津谷さんも例外でなく、卒業しても映画監督を仕事にできなかった。その代わりに映画的なセンスと視点で創った「ストーリー・ゲーム」が世の中に受け入れられ、氏の仕事となり、その延長にボルテージという会社ができたという成り行きです。

津谷さんと話をしていて、氏の思考や行動にも「仕事と趣味は違う」「成果は客が評価する」「誰も頼んでないんだよ」「次行ってみよう」といった一般原則が垣間見え、勝手に共感したのでありました。

で、話を戻しますと、僕が言いたいのはこういうことです。映画や絵画や音楽やスポーツの世界で、それがなかなか仕事として折り合わない人は多い。それでも、「世の中が悪い」「政府が悪い」「制度設計が悪い」などという人はあまりいない。

ところが、なぜか「研究」となると、右記の「責任者出てこい!」という連中が続々と出てくる。

ここが理解に苦しむところです。

「不遇」というけれど、それはジッサイのところ「不才」なわけで、「責任者出てこい」の対象はジッサイのところ自分自身に他なりません。誰も頼んでないんですよ、正味の話が！（↑ここ、横山やすしマナーで歯切れよくお願いします）

だいたい僕にしても、当初の目論見では、人前で歌ったり踊ったり演奏したりということを仕事にできればそれに越したことはなかったわけで、それが「仕事」にならず（音楽は趣味として細々と展開）、研究の真似事を始めてからもやることなすこと「向いてない」「ダメだこりゃ」「次行ってみよう」の繰り返しの明け暮れで現在に至ります。

ふわふわしたことをやる以上、そんなことは当然にして当たり前なわけです。もし世の中の制度や政府や環境がふわふわを無理やり仕事として成り立たせてくれるならば、今頃僕はこんなことやっておりませんよ、ええ。ホテルニューオータニのボールルームや横浜のクリフサイドあたりで毎晩ディナーショーをやっていますよ、正味の話が。

「あなたの夢をあきらめないで」とか言うのもイイけれど、ごくごく一部の天才を別にすれば、世の中の現実、仕事の真実を直視するのがまずは先決です。

無努力主義

ということで、お待たせしました（↑誰も待ってないかな?:）。最後の原則です。

10「無努力主義」の原則

僕の仕事哲学・生活信条のコンセプトは無努力(effortlessness)にございます。モットーは「全力で脱力」。

孔子の論語の名フレーズ、皆さんもご存じだと思いますが、それの僕のバージョンがこれです。

子曰、
吾十有五而志于学、
三十而立、
四十而不惑、
五十而知脱力、
六十而耳順、
七十而従心所欲、不踰矩

ご覧のように、ポイントは五十のところ。オリジナルバージョンでは「天命を知る」わけですが、僕の場合は「脱力を知る」。五〇歳を過ぎていよいよ「全力で脱力」、無努力主義にターボがかかってきました。

原則4の「誰も頼んでないんだよ」などは、人や仕事の種目にかかわらず、わりと普遍性のある原則だと思うのですが、アインシュタインに一般相対性理論と特殊相対性理論があるように、原則10のほうは特殊原則です。人によって向き不向きがあります。一般性はないが僕にとっては重要極まりない原則という前提で、以下の話におつき合いください。

まず確認したいことがあります。あくまでも僕の場合ですが、これまでの仕事生活で、「努力しなきゃ……」と思ったことで仕事として(つまり、人が受け入れてくれる水準にまで)モノになったことはただの一つもございません。これだけは自信を持って言えます。

そもそも「努力しなきゃ……」と思うということは、必要とされているアウトプット水準と自分の現状との間に乖離があることを意味しています。このギャップを埋めるためにもう一段の「努力」が必要になる。

で、ここからがポイントなのですが、それが「努力」かどうかということは当事者の主観的認識の問題です。僕に言わせれば、「努力しなきゃ……」と思った時点でもう終わっている。

もちろん何かがうまくなるためには努力投入、しかも長期継続的なそれが必要なわけですが、本人がそれを「努力」と認識している限りは投入の質量ともにたかが知れているし、何よりも持続性に欠ける。

質量ともに一定水準以上の「努力」を継続できるとすれば、その条件はただ一つ、「本人がそれを努力だとは思っていない」、これしかないというのが僕の結論でありまして、これを私的専門用語で無努力主義と言っています。

つまり、客観的に見れば努力投入を継続している、しかし当の本人は主観的にはそれをまったく努力だとは思っていない。これが理想的な状態。無努力主義の本質は「努力の娯楽化」にあります。要するにその対象が理屈抜きにスキだということ。

とにかく理屈抜きにスキ→やるのが楽しみ→朝起きたら二分でやり始めるのも苦にならない→

誰も頼んでないのにガンガンやる→時間がたつのも忘れて集中してやる→(西城秀樹曰く)やめろと言われてもいまでは遅すぎた→いつまでもやる→繰り返しやる→持続性が極大化→そのうちにうまくなる→それでもスキなのでまだやる→多少の逆風が吹いても「でもやるんだよ!」(スキだから)→相当にうまくなる→わりと人の役に立つようになる→ますますスキになる→(一三個前に戻って五回ループ)→本気(と書いてマジと読む)でうまくなる→いよいよ人の役に立ってその人の「仕事」となる。以上の因果の連鎖をあっさりと短縮して言えば「スキこそモノの上手なれ」という古来の格言になります。

僕の場合、この無努力主義の特殊原則を確立する前までは、完璧に中途半端な「努力」をして、結果的にたいした成果を出せず、仕事どころかかえって世間の皆さんのご迷惑になることが多々ありました。そうすると、ますます「(イヤだけど)努力しなきゃ」となる。

挙句の果てに、「努力しなきゃ」→「でもイヤだな……」→「よーし、明日から努力することにしよう」→「(で、翌日)やっぱりイヤだな……。よーし明日こそ努力することにしよう」→「(で、翌日)毎日、明日からは……に無理があるんだな。ここはリアリスティックに来週から努力することにしよう。手帳に書いておきましょう」→(五個戻って一二回ループ)→気づくと半年ぐらい楽勝で経過、という悪循環の空回りの明け暮れにはまることとなります。

無努力主義を自覚してからは仕事がずっと楽になったのはもちろん、特定少数のことについてではありますが、仕事の空回りもなくなりました。ビバ、無努力!

天才は別ですよ、天才は(例として、ブルースギタリストのデレク・トラックス)。天才は才能の赴くままにスキなことをスキなようにしていればよいだけの話で、無努力主義も原理原則もへったくれもございません。そんなことをいちいち考えなくても、すべてを自然に、矛盾を矛盾のまま矛盾なく乗り越えられるのが天才です。

ただ、僕は幸か不幸かフツーの人だったので（たぶん幸）、「努力しなきゃ、と思った時点で終わっている。次行ってみよう」の無努力主義を意識的に標榜することによって、何とか社会との折り合いがつく仕事をできるようになったという次第でございます。

どうせ一人の人間ができることなんてたかが知れているわけです（天才はこれを除く。例としてデレク・トラックス）。幸いにして世の中いろいろな人がいるわけですから（僕のキライな言葉でいうと、いわゆる一つの「ダイバーシティ」）、自分がキライで不得意で不得手なことは、自分でやるよりも誰かスキで得意な人にやってもらったほうがよい。社会的分業。相互補完。いまも昔も人の世の中の基本のキ。

「一％の才能と九九％の努力」というのは真実でして、要するに、微弱ではあっても一％の才能がなければ、九九％の努力を突っ込んでも何も起こりません。ゼロに何をかけてもゼロ。その「微弱な才能」とは何か。それが「理屈抜きにスキ」ということだというのが仕事の特殊原則の起点にして基点にして重点にして核心だということです。

これからも絶対に努力をしないという方向で最大限の努力をしていく所存です。

Part 3

21

「ダイバーシティおじさん」に要注意

わが社で出世している先達女性に魅力がない

金融機関勤務（三〇歳・女性）

金融機関に勤める総合職（営業）です。現在、わが社は絶賛「ジョカツ中」。安倍総理が掲げた女性活躍を推進しようと躍起になって女性管理職やその候補者の選定、トレーニングなどに注力しています。

もちろん私も将来的に管理職になりたい気持ちはあります。事実、マネージャー研修（マネージャー候補者が集められる研修）に出てみないか？ とそれとなく昇進を打診されたことはあります。

でも、悩みなのはわが社で出世している女性が、どうにも目標にならないこと（お世辞にも魅力的ではない）。後輩の仕事ぶりにあれやこれやとケチをつけるヒステリー系。そういう人はだいたい独身、あるいは結婚していても旦那さんを食べさせていたりします。もちろん子どもはいない。ワーキングマザーの先輩もいますが、その大半は家庭重視で早く帰り、会社にぶら下がっているように見えてしまう。

一方で、両立しているママさん社員は、それはもうロクに寝ずに、育児と仕事を両立している印象です（実際、夜の二時、三時に彼女たちは平気でメールを送ってきます）。いずれにしても目標とする女性上司や先輩がほぼいないのが悩みです。

男女の違いにこだわりすぎ

あなたもあなたの勤めている金融機関も男女というカテゴリーにこだわりすぎだと思います。もちろん女性の活用は大切で望ましいことです。ですが、「これからはジョカツだ！」「わが社もジョカツに取り組むぞ！」とか言っている会社、これがどうもイヤな感じなんですね。

「ジョカツ」の内容はというと、これまた些末な話です。女性管理職の割合を何パーセントまで持っていくとか、さらにそれを二〇二〇年までに達成するとか、やたらと形式的で表面的な話が前面に出てくる。

僕がこういうことを言うと、世の女性から、「お前みたいなやつがいるから、女性の地位が向上しないんだ」と叱られます。実際、日本企業での女性の活用は遅れているし、数値目標を設定するのも実効性の点で意味があるのでしょう。

しかし、僕が問題にしているのは、もっと根本的なところです。これまでの個人的な経験の範囲で申し上げると、仕事に限定して言えば、男女の違いや能力の差はほとんどないと僕は思っています。

仕事に男も女もない。僕の意見はこれに尽きます。

もちろん趣味嗜好《しこう》では、男女には違いが多々あります。「いやもう暑いから夏は髪型はこれに限る……」とか言って頭をバリカンで丸刈りにしたがる女の人はあまりいないし、「俺、最近、Aラインのスカートがスキでさ……」なんて男はあまりいない（一部にはいますが）。

もちろん仕事の性質によります。重たいものを持ち上げるとか、それを遠くまで走って運んでいくとか、そういう仕事は男性のほうがいいかもしれません。しかし、現代の世の中の仕事の大半はほとんど性別に関係ない。特に金融機関の仕事であれば男も女もないと思います。男だろうが女だろうが、仕事のできるやつとできないやつがいる。それだけのことです。

ロールモデルを同性だけに求めるな

女性活用のための活動、ジョカツに意味がないというわけではありません。仕事の場において能力に差がないにもかかわらず、女性だからといって管理職になれない。これが不当な社会であることは言うまでもありません。

ただ現在の「ジョカツ」は、男女というカテゴリーを強調しすぎているのではないかなと僕は思います。あなたもまた、「女性」にこだわりすぎ。「この会社では出世している女性があまりいない」とか、「目標にしたくなるような魅力的な女性がいない」とかロールモデルを女性だけに求めています。

この会社で活躍して管理職になろうと思っているのであれば、ロールモデルは女性限定である必要はまったくないと思います。男性だってお手本にしたい人はいるでしょう。だったらその人をロールモデルにすればよい。

そもそも男女に差がないからこそ「(これまでの無意味な慣習で埋もれてしまっている)女性の能力を活用しよう」という話になっているわけで、「ジョカツ」の名のもとに女性というカテゴリーにこだわると、むしろ女性活用の動きに逆行しているように僕には思えます。

「ダイバーシティおじさん」の男女決定論

このところよく言われている「ダイバーシティ」という言葉、これにしてもジェンダーの次元で使われることが多いようです。口を開くと、「ダイバーシティ、ダイバーシティ」と言う「ダイバーシティおじさん(おばさん)」が僕は嫌いです。

多様性を高めるだけならサルでもできる。多様性とかダイバーシティ(同じことですが)を声高に叫ぶ人ほど、多様性を高めたあとの「統合」を考えていないことが多い。

多様な人たちがいたほうが、多様な発想が生まれる。多様性は力になる。その通りだと思います。でも肝心なのは、そういうダイバーシティから生まれる多様な力を成果に向けて統合していくことです。多様性を広げれば広げるほど、それを統合することが大切になります。それなのに、とりあえず多様性をあげておけば自動的に何かいいことが起こる気になっている。これがダイバーシティおじさんの思考様式です。

よくあるのが、自分の手のひらにのる多様性しか認めない、というパターン。安直に統合できる範囲でしか多様性を認めない人。そこからはみだしてしまうと、もう認めない。「さっきまで多様性が大切だって言っていたのに……」と言いたくなります。

僕の深読みかもしれませんが、相談者がお勤めの会社がジョカツに積極的なのは、仕事において男女に本質的な差がないことをよくわかっているからかもしれません。本質的に違いがないので、容易に統合できる。だから安心して「ジョカツでダイバーシティ！」に取り組めるという次第です。

もちろん男女に身体的・心理的な違いはあるけれども、こと仕事においてどこまで本質的な違いがあるのか、僕には疑問です。「女性ならではの視点を活かして……」「女性のきめこまやかな感性で……」とかいう人がいるのですが、こういう話は眉唾ものだと僕は思っています。

そうだとしたら、一方で「男性ならではの視点」というのがあるはずなのですが、ほとんどの仕事においてはそういうものがあるとも思えません。「Aさんならではの視点」とか「Bさんのきめこまやかな感性」があるだけ、というのが本当のところだと思います。小林秀雄じゃないですが、「花の美しさなどない。美しい花があるだけだ」ということです。

確かに男女で視点や発想には多少の違いがあるかもしれませんが、性差よりも個人差のほうがよっぽど大きいに決まっている。男女半々なのにきわめて同質的な視点や発想の集団もあれば、全員男（もしくは女）なのに多様な視点を持つ集団もあるはずです。そういう優れて個人的な問題をなぜ男女というカテゴリに押し込めて考えるのか、そこがどうにも理解に苦しむところです。

前にお話しした「環境決定論」と似た話で、安易に「男女決定論」を持ち出すのはあまり意味がないというのが僕の見解です。本当に男女で説明できることなんて、全体の数％ぐらいにすぎないのではないでしょうか。

ということで、あなたも会社のジョカツにつき合うのはほどほどにして、男女のカテゴリーにとらわれずに魅力的なロールモデルを探してください。どんどん能力を発揮して出世していただきたいと思います。あとに続く女性社員のみならず、男性社員にとってもロールモデルになるような活躍をお祈りしております。

22

エネルギー保存の法則

スカイマーク勤務です。同業他社にスカウトされました

航空会社勤務(三〇代後半・男性)

スカイマーク勤務の三〇代後半男性です。

いまの会社に残って再建に尽力するか、絶好調の競合他社へ行ってさらなる発展に寄与するかで悩んでいます。いまの会社に残れば転勤は不要で家族とも一緒にいられますが、先行きは現時点では不透明です。一方、他社へ移った場合は当面は安定しており、私個人の収入はアップします。ただし、単身赴任になります。

周囲(仕事で絡む第三者的な立場の人、つまり業界事情に長けている部類の人)からは、他社に移ったほうがよいスキルを積んでいけるのでは?という声がありますが、自身としては、どこで働こうが一緒であり、大切なのは自分がそこでどれだけ一生懸命やってきたかということだと思っています。

ちなみに他社には、前の職場で尊敬していた元上司がおり、その人から声をかけてもらっておりま

す。その元上司とまた一緒に働けるというのも、他社へ移る魅力の一つです。

現職場も、再建に向けてみんな前を向き始めた感じで雰囲気は悪くないです。どちらの職場でも、存分に活躍する自信はあります。アドバイスよろしくお願いします。

ご自身の「仕事の構え」に忠実に

好きなようにしてください。とりあえずいつもの結論をはっきりさせておいて、以下にその理由をお話しします。

あなたが誘われている競合他社とは、どこでしょう。考えるまでもなく、ANAでしょうね。以前にスカイマークからANAに移った元上司から誘いがかかるということは、あなたはきっと有能なのでしょう。自分でも「どちらの職場でも存分に活躍する自信がある」。その仕事ぶりは自他ともに認めるところです。

しかも、あなたはこう言い切っています。「どこで働こうが一緒だ。大切なのは自分がそこでどれだけ一生懸命やってきたかということだ」。爽やかで素晴らしい。その通りだと思います。僕が常々批判している「環境決定的思考」(「大企業とスタートアップで迷っています」)とは無縁の、実に真っ当な構えです。

あなたの「大切なのは自分がそこでどれだけ一生懸命やってきたかということだ」という言葉に一つ

つけくわえるならば、結局のところどこで働こうと「自分がそこで何をやったのか」、これが仕事のすべてであります。もう何も言うことはありません。

……ということで、話は終わってしまうのですが、あなたのご相談にもイイ感じでイヤな感じの突っ込みどころが若干混入されているので、逃さず突っ込んでおきたいと思います。

「いま、二つの選択肢で悩んでいます」という時にあなたが見ているポイント、これがご自身の仕事に対する基本姿勢とズレているように思います。転勤があるかないか、会社の先行きが不透明か見渡せるのか、収入が上がるか下がるか、単身赴任なのかどうか、上司が誰か、こうしたことはすべて目先の状況論でありまして、「どこで働こうが一緒だ。大切なのは自分がそこでどれだけ一生懸命やってきたかということだ」という人にとってはわりとどうでもいいはずです。

「ANAに移ったほうがよいスキルを積んでいける」とか周りがいろいろとうるさいのですが、こういうロクでもない外野の声はスルーするに限ります。これからお鮨屋さんに転身するというのならまだわかります。スキルがきちんと身につくお店に行くべきでしょう。ところが本件は、もう十分に経験を積んだ三〇代後半で同業他社に移るだけの話。どっちが「よいスキルを積んでいけるか」もへったくれもない。まったくもって「どこで働こうが一緒」です。

ですから、「ご自身の仕事に対する構えに忠実に、お好きなほうを選んでください」と心から申し上げたい。好き嫌いと良し悪しをすり替えてはいけません。状況の良し悪しを比較して悩んだ挙句に、「これがやりたい！」という自分の好き嫌いが劣後してしまっては元も子もありません。

「位置エネルギー」と「運動エネルギー」を区別する

状況の「良し悪し」（相談者の方が言う「安定」や「年収」）は現時点で比較可能です。あなたに限らず、さあどっちにするかと意思決定を迫られた時は、どうしてもそちらに目がいく。それが人間の性《さが》です。ただし、こういう時こそ「位置エネルギー」と「運動エネルギー」を分けて考えることが大切です。

比喩的な表現になりますが、その状況自体が持っているメリット、これが位置エネルギーです。現在のスカイマークとANAを位置エネルギーで比較すると、それはANAのほうがいい面もあると思います。たとえば、「周囲の人がどう思うのか」。これは位置エネルギーの最たるものです。「ANAに転職したよ」というと、ご両親やご親戚は「それなら安心、よかったね」と言うかもしれません。

ところが、ご本人がおっしゃっている通り、どこで働こうと自分がそこで何のために何をするかという運動エネルギー、ここに仕事の内実があります。

「エネルギー保存の法則」にはまる人が世の中には少なくありません。すなわち、位置エネルギーを求めると、その分運動エネルギーは小さくなるという傾向です。

位置エネルギー満載で、一方の運動エネルギーがすっからかんになっている人がいるものです。イメージで言えば、たとえば役所の偉い人。何も実質的な仕事はしていないのに、みんなが頭を下げる。とにかく位置エネルギーが高く、自他ともにそこにこだわりまくる。

もっともそこまで偉くなったのは、そのポジションに至るまでにいい仕事をしてきたからかもしれません。しかし、位置エネルギーが増大した反面で、本来の仕事の運動エネルギーを喪失している。

運動エネルギーが位置エネルギーにすっかり転化してしまっているわけです。これが仕事における「エネルギー保存の法則」です。

スカイマークはこの難局ですから、第三者が客観的に良し悪しを比較すれば位置エネルギーはかなり低下しているかもしれない。しかし、これは見方を変えれば、運動エネルギーが高まりやすい状況であるとも言えます。なにぶん、よって立つ位置エネルギーがほとんどないわけですから。

大切なことは、位置エネルギーが比較可能な客観的なものであるのに対して、運動エネルギーはひたすら主観の世界、仕事をする当事者である自分の中にしかないということです。ＡＮＡでもいいし、スカイマークでもいい。どちらでもいいけれど、仕事をするのは自分でしかない。自分は一人しかいない。位置エネルギーの測定評価は中断して、自分の運動エネルギーがより大きくなるほうを選ぶのが筋です。

「ようし、ＡＮＡで心機一転こういう仕事をするぞ」でもいいし、「こうなった以上、スカイマークに残って再建に尽力するぞ」でもいい。まずは何のために何をやるか、自分の仕事の内実を考えてみてください。

それはいまの時点ではどっちがいいか比較評価できないことです。どちらをとるにしても、そこで何をやり、どういう成果を出したかで決まります。その選択がよかったかどうかは、事後的にしかわからない。運動エネルギーの起点にあるのは、ごく主観的な好き嫌いです。第三者がどうこう言うものではありません。

あなたが現時点で選択にあたって持てる基準はご自身の好き嫌いだけしかないはずです。どっちの会社であろうと、自分が好きでやれる仕事がある（気がする）ほうを選んでください。「気がする」だけで十分です。その決断がよかったかどうかは、選択をしたあとの自分の仕事の成果が決めてくれます。いまから心配する必要はまったくありません。

あなたほど有能な方であれば、自分でやりたいことを描く力が十分にあるはずです。それなのに、位置エネルギーを比較して、事前にどちらがいいかで悩むというのは、間違いなく間違っています。三年後とか五年後に、「ああ、あの時こっちにしてよかったな」と思えるよう、自分の仕事に運動エネルギーを放出してくださいますようお願いいたします。

23

人生はトレードオフ

バイトにハマった私。中退してもいいですか？

大学生（二二歳・女性）

私は大学二年生で、いま、大学の勉強とアルバイトとの両立に悩んでいます。知り合いに誘われ去年の後半からベンチャー企業でアルバイトを始めたのですが、その活動が思った以上に楽しく、最近は大学の勉強がおろそかになっています。そしていまは、大学の勉強よりもアルバイトのほうにエネルギーを注ぎたいという気持ちのほうが大きいです。

しかし、大学の勉強とアルバイトをうまく両立させたほうがいいのかなとも思い、今後の比率配分について判断がつきかねている状態です。いまのままアルバイト重視で突っ走っていってもいいのか、それとも将来のことも考え、アルバイトはできるだけ抑え気味にし、大学の勉強も頑張ったほうがよいのか……。

このことに関し、楠木先生から何かアドバイスをいただきたいです。よろしくお願いします。

自分の気持ちに嘘はつけない

俺が甘かった！

少し前の「一年間休学してスタートアップのベンチャー企業で働いているが、新学期から大学に戻るべきか」という相談をもって、この「ベンチャー企業に行くべきか、もしくは○○に残る(戻る)べきか」というパターンはめでたく予定数終了で打ち止め……、と勝手に安心しておりましたが、まだありました。感動しています。あまりに感動したので、ここで一句。

浜の真砂が尽きるとも、世に「ベンチャーに行くべきか」の悩みは尽きまじ(字余り)

はじめのうちは「○○」に入るのが「大企業」や「安定したキャッシュリッチな会社」などでしたが、最近は「大学」がキテいるようですね。しかも、だんだんイイ感じでスケールダウンしている。前にあったのは「大学を休学してベンチャーで働いているのだが……」でしたが、この質問はアルバイト。

僕のいつもの決めぜりふをよどみなく引き出しまくりやがるためにあるような、ジャストミートなご質問。ナイスですね。ナイスすぎるといっても過言ではございません。それでは大変長らくお待たせしました。北は北海道から南は九州・沖縄までの日本全国津々浦々、一〇〇万人の「ベンチャーに行くべきか」でお悩みのあなたに結論です(せーの、でご唱和をお願いします)。

好きなようにしてください。

話は実に単純です。「大学の勉強よりもアルバイトのほうにエネルギーを注ぎたい」といういまの自分のインナーボイス(内なる声)に従えばいいだけです。どうぞ好きなようにしてください。

あなたの心境を推測するに、ベンチャー企業でアルバイトをするのが楽しいだけでなく、大学の勉強がつまらないのだと思います。自分の気持ちに嘘はつけません。「どちらも両立させたほうがいいかな」というのは欺瞞《ぎまん》です。インナーボイスに耳を閉ざして両立させようと思ったところで、結局ベンチャー企業での仕事のほうに流れてしまうのは必定です。

シンプルな解決策

すぐにでもできる簡単で効果抜群の解決策があります。前の相談者の方のように、とりあえず大学を一年間くらい休学してみるというのはいかがでしょうか。その間は、いまのベンチャー企業で働いてみる。やってみて気が変わったら大学に戻れるように、中退ではなく休学という形にしておく。休学している間は、大学のことをひとまず忘れて、ベンチャー企業での仕事に集中することをおすすめします。

ベンチャー企業のことですから、おそらく雇用もフレキシブルだし、慢性的に人手不足だと思います。そんな時に、もう会社のことも仕事のこともある程度知っていて、ここで働きたいと思ってくれている二二歳のイキのいい人材がいるのなら、一年間限定でもありがたい話でしょう。

雇用形態はアルバイトでも社員でも何でもいい。「一年間の契約でフルタイムで仕事をさせてもらえませんか」と相談してみれば、きっと働かせてもらえるはずです。そして一年間、ベンチャー企業での仕事で突っ走ってみる。そして一年後にもう一度インナーボイスに耳を傾けてみましょう。その時もやっぱり「こっちのほうがいいな」という声が聞こえていたら、もう大学には戻らず、その会社で働いてみるのがいい。

逆ももちろんありえます。一年間大学を離れてみれば、大学にいる時以上に大学で勉強することの意味に気づくかもしれません。一年経った時点で（二年でもイイけれど）、やっぱり大学でもう一度勉強したいなあという気分に自然になれば、大学に戻ればいい。

トレードオフの本質は「何をやらないか」

……というわけで、この「ベンチャー企業に行くべきか」シリーズは、同じご質問に対して、僕がいつも同じ回答（「好きなようにしてください」）を繰り出すという元も子もない展開です。そこからどうやって話を膨らませていくか、もはやそこにしか僕の役割はありません。

そこで、ここでもよどみなく余談に取り組みたいと思います。あなたのご相談から引き出せる一般的教訓、それは「人生はトレードオフだ」ということです。

時間や体力やお金などの資源制約がある以上、「何かを得る」「何かをする」ということは、同時に「何かを手離す」「何かをしない」と表裏一体です。何かをするということは、何かをしないということと同義なのです。これをトレードオフといいます。

資源制約がなければ、トレードオフも存在しません。資源の制約がない状態では、意思決定はそもそも不要です。全部、思いっきりやればいいだけです。

しかし、言うまでもないことですが、どんな人にとっても時間もお金も体力も限られている。超人じみた企業家のイーロン・マスクさんや孫正義さんにしても例外ではありません。みんな資源制約のもとで生活し仕事をしている。

トレードオフの本質からして、「何をするのか」よりも「何をしないのか」の判断のほうがよっぽど大切です。前者に比べて後者のほうがずっとタフな意思決定です。その時点で何かを失うことになるのですから。しかし、トレードオフがある以上、「何をやらないことにするのか」の決定なしには、実際には何もできないことになります。何かをするという意思決定は、その裏でほぼ自動的に「何をしないのか」を決めているのです。

さまざまな資源制約の中でも、この方が直面している「時間」、これは最もどうしようもない制約です。しつこいようですが、マスクさんも孫さんも一日二四時間しか持ち合わせていないのです。こういう方々は「何をしないか」というトレードオフの選択において尋常一様ならざるクリアな基準の原則を持って生きているのではないかと推察します。

相談者は、昼は大学、夜や学校が休みの時はバイトという「時間差攻撃」でトレードオフをやり過ごそうとしていますが、これでは何の解決にもなりません。ここはトレードオフしかないと考えて、とりあえずどちらかに集中してみる。

いまの気持ちでは大学の勉強に集中できるわけがないので、とりあえず大学を「やらないこと」にして、その分ベンチャー企業での仕事に時間を使う。意識を集中させて働く時間を倍にすれば、同じ仕事であったとしてもこのベンチャー企業での経験から得られるものは四倍にも五倍にもなるはずです。

「分身の術」と「不老不死」は人間にとって最大の不幸

人生はトレードオフ。本格的にトレードオフを乗り越えようとするならば、解決策は二つしかありません。「分身の術」と「不老不死」です。

分身の術があれば、空間的なトレードオフから解放されます。それはこういう話です。毎朝起きると自分が五人くらいに分身する。で、自分一号から五号まで(ゴレンジャーみたいにレッドとかブルーとか、色分けするのもイイ。男性の場合、そこに一人ぐらい女性のピンクを入れておくのもまた一興)、それぞれが勝手に自分のやりたいことを全力でやる。やりたいことが複数あってもそのすべてに同時並行的にコミットできます。

で、仕事のあと家に帰ってきて、レッド、ブルー、イエロー、グリーン、ピンクの五人が毎晩じっくりひざを突き合わせて会議開催。「あの会社どうだった?」「この仕事はどうだった?」「やっぱ大企業よりもベンチャーがイイよね」「いや、安定したキャッシュリッチの会社もいいとこあるわるよ、たとえば……」(↑女言葉でわかるようにこれはピンクの発言)と徹底的に意見交換する。

で、そのうちイエローあたりから「やっぱベンチャーよりスタートアップでしょ!」とか、意味不明の発言。残りの四人から「えー、それって同じじゃん!」「NewsPicksの読みすぎー(笑)」とか突っ込みを受けたりする(お断り:この本のもとになった文章を連載していたNewsPicksでは新興企業、いわゆる一つの「スタートアップ」で働くことについて肯定的な人が多い)。で、和気あいあいのうちに会議終了、五人が合体して就寝。翌朝、また五人に分身してそれぞれの仕事に出かけて行く……。

ことほど左様に分身の術が使えれば、言葉の本当の意味での相対比較が可能なので、とりあえず空間的なトレードオフは解消されます。しかし、です。じっくり比較考量して自分にとって最適の仕事なり会社なり進路について、相当に得心がいく判断が下せる……、というのは早計でして、おそらく五人が夜ごと会議を繰り返しても、結局のところ結論は出ないと思います。

そのうちに寝る前の合体をやめてしまって、分身したまま五人がそれぞれにその時の自分の決断でスキなことをやりだすでしょう。で、それぞれはやっぱりトレードオフを抱えて生きていく。何のことはない、これでは分身の術を使ってないのと同じことになります。

しょせんこの世は「行ってこいでチャラ」。それぞれにいいところもあれば悪いところもある。もちろん現実には分身の術は使えません。そして、これこそが人間と人生の素晴らしいところだというのが僕の見解です。もし分身の術が使えて、すべてが本当の意味で相対比較可能になってしまえば、人生はどれほど無味乾燥になってしまうでしょうか。考えただけでも空恐ろしくなります。

空間的な資源制約を取っ払う飛び道具が分身の術なのに対して、時間的な制約をなくす必殺技に「不老不死」があります。ま、ありえない話だと思いますが、万が一不老不死が実現すれば、人口問題は横に置いておくとしても、先ほどと同じ話で、多くの人びとはいつまでも生きている自分の不幸を嘆いてどこかで自殺してしまうように思います。技術的に可能になったとしても、結局のところ不老不死を本気で追求する人はごく一部に限られるのではないでしょうか。

表面的には資源制約は人間にとって厄介なように思えますが、僕は「ビバ！制約」説を信じておりまして、制約の存在こそが人間の幸せの基盤となっているのが実際のところだと思います。だから心の声を聞いてどれかを捨てるしかない。

繰り返し強調しますが、大事なのは、「何をやる」かではなく、「何をやらないか」です。進路や仕事の決定というような大ごとでなくとも、人間の日々の生活は小さなトレードオフの選択の積み重ねで成立しています。

ヒジョーに卑近な話になりますが、僕の場合、テレビはまったく観ません。時間の制約に対処するための、単純ですが有効なトレードオフの選択だと思っています。仕事での夜の会食もできる限りしないように決めています。会食の必要性がある時は、なるべく朝食会にしています。朝食のほうが効率もよいし、(朝型の僕の場合は)頭がよく回るので会話や議論の質も高くなります。

ビジネスのパーティーも、よっぽどの理由がない限り失礼しています(例外は電通の盛大な年賀会。これはお誘いを受けたら毎年必ずお伺いしています。理由は単純明快で、最高水準のありとあらゆるご馳走が食べ放題だということ。子どもの頃から「ものすごいご馳走がずらーっと並んでいて何でも食べ放題!」という状況を夢想していたのですが、それがまさに現実のものに。来年も呼んでくれないかな……)。

トレードオフで一つに絞るのはリスクが高いと思うかもしれませんが、まったく心配ございません。ダメだったらやり直せばいいだけです。不老不死じゃないにせよ、あなたはまだ二二歳。この先、人生はわりと長いこと続きます。やり直すチャンスは何回も残っている。

僕はもう五〇代のド中年(むしろ、初老?)ですが、それでもトレードオフを選択する時は、一回一回あまり大上段に構えず、「まあ、こっちだな」「これはやめておこう」という調子で、気軽にやっています。その繰り返しでここまでやってきました(ま、その調子だからこうなってしまったのかもしれませんが……)。

前にも話しましたが、人生で本当に憂うべきは、マクロにおいては戦争、ミクロにおいては疾病、この二つだけだというのが僕の考えです。逆に言えば、世の中が平和で体がそこそこ健康であれば、それでもうノープロブレム、無問題。

あなたもこれから世の中に出ていって、いろいろな判断や意思決定を迫られると思います。でもすべては必ずトレードオフになっていることを忘れないでください。すべてのことを全方位的にできる人間なんて、そもそもこの世にはいないのです。だから多くの人が集まって社会ができているといってもよい。

あなたは、トレードオフという仕事と仕事生活の原理原則を身をもって知る格好の機会を手にしているわけです。ここでの決断は、最初の大きなトレードオフの選択として、今後の人生にとって意義深い経験になると思います。少なくとも一年間は休学して、せっかく出会ったベンチャー企業での仕事をフルスロットルで楽しんでください。

で、一年後にまた悩んだら、その時はもう一度「ベンチャーと大学、どちらに行くべきか」という質問をお寄せください。僕ももう一度「好きなようにしてください」とお答えすることを約束します。

24

「最適な環境」は存在しない

東大とスタンフォード、どちらに行くべきですか?

大学受験生(一八歳)

大学受験生の一八歳です。センター試験も終わり、二次試験に向けて勉強している最中です。現在の第一志望は、東大の理科一類です。兄が「NewsPicks」を使っており、楠木先生に将来を相談できると聞いて質問しています。

仮に東大に受かったあとに、海外の大学にも受かったら、どちらに行ったほうがいいのでしょうか? 中学生の時からプログラミングにはまり、将来は人工知能(AI)の研究者になりたいと思っています。いま海外に出るべきか、東大の学部で研究者としての基礎を固めて大学院から海外に行くべきか、どちらがいいのでしょうか?

高校の夏休みの間にオックスフォード大学に留学したこともあり、いつかは海外に行ってみたい気持ちがあります。その場合は、シリコンバレーもあるスタンフォード大学に行きたいです。

正直、自分が研究者になりたいのかはよくわかりません。七つ上の兄は最近起業し、「プログラミングできるなら起業したほうがいい」と言ってきます。ただ、起業することがどういうことか、あまりイメージできないのも事実です。研究者をされている楠木先生のお立場から、ぜひご意見をいただけますと嬉しいです。

兄上に問題あり

好きなようにしてください。

東大とスタンフォード。どちらもいい大学だと思います。僕はどちらにも在学したことはありませんが。どちらも入れてくれなさそうなので、行こうとも思いませんでした。

一つはっきりと言えることがあります。東大とスタンフォードのどちらがあなたにとっていいかどうか、そんなことは行ってみなければわかりません。事前にどちらがよいかと考えるのは、そもそも問いとして成立していない。どちらにせよ、実際に行ってみて、そこで勉強なり研究なりをしてみた挙句、いいか悪いか事後的にわかるものです。

あなたは知能優秀で、勉強もできる。しかも、プログラミングにはまり、将来は人工知能の研究者になりたいと思っている。自分の目標を実現する手段として、海外に出るべきか、東大の学部で研究者としての基礎を固めてから、大学院で海外に行くべきかと迷っている。一八歳にしてすでに好きなことがあって、やりたいこととなりたいものがある。もうこれ以上望むべくもないほど、素晴らしいことです。僕が一八歳の頃とはえらい違いです。

ただ、七つ上のお兄さまは問題ありですね。「プログラミングができるなら起業したほうがいい」などと、頓珍漢なことを言っている。例によって、ＮｅｗｓＰｉｃｋｓの読みすぎです。

「プログラミングができるなら起業したほうがいい」というのは、「足が速ければ野球をしたほうがいい」と同じぐらいユルユルな話で、意味のある因果関係は、ほとんどありません。プログラミングも足が速いのも、いずれもそれ自体はいいことです。足が速いと有利になることは、野球以外にもたぶん、世の中に一万種類ぐらいある（空き巣とか鬼ごっことかサザエさんとか←お魚くわえたドラ猫を追いかける時）。逆に、野球選手として大成するためには、俊足以外に大切なことが、やはり少なく見積もって一万個ぐらいあると思います。

プログラミングと起業の関係もそれと同じです。要するに、関係ない。お兄さんは起業したばかりなので、そこに関心が集中しているのかもしれませんが、一言でいうと、大きなお世話です。

「起業する、しない」なんてことはずっとあとの話。いまの時点でそんなことを決める必要はまったくありません。少なくとも、プログラミングができるとか、そういう瑣末な話で起業するかどうかを決めてしまうと、ロクなことになりません。

たとえば将来、いまの希望がかなって人工知能の研究者になるとします。研究をしているうちに商業化できそうなことがあって、「そちらのほうが自分はやりたいことができる」とか、「そのほうが社会に貢献できる」という気分に自然となれば、その時に起業すればいい。

そういう気分にならなければ、起業せずに研究を続ければいい。そもそも大学で勉強しているうちに人工知能以外の領域に興味関心が移って、そっちを研究するかもしれない。それもまたよし。その分野で起業するかどうかも、その時の本能的直観で決めればいいだけの話です。

いまは余計なことを考えずに、自分が直観的に行きたいと思う大学で、自分がやりたいと思う勉強に集中してください。

環境決定論の無意味

優秀でやる気がある若者ほど、過剰に環境決定的な考えにとりつかれる傾向があるように思います。あなたの思考様式はその典型です。いつも言っていることですが、ここで改めて環境決定論の無意味について説教させてください。

この方は海外の大学(典型的にはスタンフォード大学)に行くのか、日本の大学(典型的には東大)に行くのか、この二つの環境のどちらに身を置くかで、自分の人生は大きく変わると思い込んでいる。これは自分が何をやるか、どう生きるかの選択ではなく、環境の選択にすぎません。Aという環境に身を置くと自分はXになるが、Bという環境ではYになると考える。この種の考え方を環境決定論といいます。

もちろんそんなことはありません。なぜかというと、あなたはいつまでたってもあなただから。もちろん環境の影響はあります。しかし、その人の本質は大学の違い程度の環境にそれほど左右されないと思います。

普通の客観的な基準で考えれば、東大もスタンフォードもどちらもいい大学に決まっている。事前に完璧な環境を求めても仕方がない。「完璧な環境」「最適な環境」などというものは存在しません。自然に「東大がいいな」とか、あるいは「スタンフォードにしよう」と思えたら、その時点でどちらを選んでも正解です。どっちにしろ大学に行くのはただ一人しかいない自分なのですから、同じことです。

「進歩的」な人の話を聞いていると、日本の大学よりも海外(特に欧米)の大学のほうが進んでいる、優れているという考えの人が多いように思います。高等教育の歴史的蓄積や投入されている資源には圧倒的な開きがあるので、欧米の大学教育に対して日本の大学教育が劣っている面は多々あります。ただし、その手の人は、日本のフツーの大学と、スタンフォードとかオックスフォードとか欧米の最高の大学を比較して「日本の大学よりも海外の大学のほうがいい」と言っているフシがある。前に話したように、「遠いものほどよく見える」のです。

もっと比較の対象を特定して東大とスタンフォードに限定しても、確かにスタンフォードは米国でも最高の大学の一つですから、東大よりも優れた面がたくさんあると思います。しかし、だからといってスタンフォードが全面的に優れているわけでもない。要は、その人にとってどちらがいいのか、ということです。勉強の分野や研究のテーマ、その人の性格、好みなどによっては、東大のほうがいい面もあるでしょう。

そして、もっと大切なこととして、繰り返しになりますが、スタンフォードにせよ東大にせよ、それは環境の選択にすぎません。

カテゴリー適用の愚

環境決定論的な考えだけならまだしも、それに「カテゴリー適用」という思考（というか、正確に言えば「思考停止」）がくわわると、ますますタチが悪くなります。「スタンフォードは起業志向でリスクテイキング」「東京大学に行くと、ストイックに勉強できるのだが、頭が固くて自分の研究の世界に没頭していて、世の中との関わりを失いがち」。こういうステレオタイプに当てはめて物事をわかったような気分になる。これをカテゴリー適用といいます。

常識で考えればすぐわかることですが、スタンフォードにだって、シリコンバレー的な世界とは全然肌が合わず、研究に没頭するだけで起業とは無縁の人もいるでしょう。東大にだって、商売っ気たっぷりな研究者はいる。一つの環境の中でも、人間のタイプのバリエーションはものすごく大きい。実際の世の中は、それほど環境決定的ではありません。そこにいる一人ひとりの差異と比べれば、「東大かスタンフォードか」という環境の差異は小さい。

僕は東大出身ではありませんが、東大を出た人ならたくさん知っています。当たり前の話ですが、一口に東大出身者といっても、人によってまるで違う。仕事のできるやつも、できないやつもいる。挑戦的な人も、保守的な人もいる。大企業で働いている人もベンチャーで働いている人もいる。

それはスタンフォードでもまったく同じでしょう。スタンフォード出身者の知り合いは、僕の場合、数人ぐらいしか思いつきませんが、そのうちの一人はわりと保守的で常識的な、悪く言えば形式的な考え方をする人です。

要するに血液型と同じような話です。「B型の人はこんな性格」と言われたら、「あいつはやっぱB型だよな」と思うけれど、実際はB型の人でも無数のバリエーションがある。

もちろん平均的には、東大出身者は官僚や大企業に行く人が多く、それに対してスタンフォード出身者は、新興産業のスタートアップに行く人が多いでしょう。しかし、こうした「環境で切り取った集団レベルの平均値」は個人の生き方とは別問題です。それは、個人個人が自分の意志で決めるものです。

僕は日米英独仏伊瑞(スイス)豪中香港シンガポール南アフリカの一二の国や地域の大学院で講義をした経験がありますが、どこへ行っても「いろんな学生がいるな」と思います。それぞれの個性は、環境が決定しているのではなく、その人の才能とか好みとか資質とか性格の産物です。結局のところ、自分は一人しかいなくて、人はその一人しかいない自分をずっと生きていくわけです。

若くて経験に乏しく、世の中を知らない人ほど「一丁うまくやろう。最善の環境を選択しよう。そのための計画は……」などと考えてしまう。当たり前の話ですが、あなたは実際のスタンフォードや東大を知らないわけです。事前の調査不足を言っているのではありません。どんなに調査しても、本当のところは知りようがありません。やってみなければわからない。自分にとっての良し悪しは事後的にしか評価できないのです。

人間、知らないことに直面すると、環境決定的な考えをとったほうが何か自分にとって「よい選択」ができるかのように思えるものです。だから未経験ゾーンが多い人ほど環境決定的な考え方をとる。すなわち、若い人ほど環境決定論に陥りがちという成り行きです。

そもそもあなたは事前に物事をフィックスして考えすぎです。いまは人工知能の研究者になりたいと思っていても、まだ一八歳です。東大もしくはスタンフォードで勉強しているうちに、全然違った分野に興味を抱いて、そっちを研究したいと思うかもしれない。

人間が長いこと生きていく以上、また誰にとっても未来が不確実である以上、僕は環境決定的な考え方はあまりにスタティック(静的)だと思います。人間はいろんなことを考えつつ、ふらふらと紆余曲折を経ながら長いこと生きていくのに、事前にあれこれ決めすぎるのは、人間の本性を無視した考え方です。

環境の良し悪しを気にしてもキリがありません。せっかく学力に恵まれたのですから、いまの時点での気分と直観で、好きなようにしてください。

ところで、東大には合格したのでしょうか?

追記:その後、この相談をくださった方からＮｅｗｓＰｉｃｋｓ編集部にご連絡があり、無事に東大に合格したとのこと。さすがですね。「人工知能は研究したいと思っているのですが、新歓で誘われたロボット系のサークルがすごく楽しいです。将来的に留学することもあるかもしれませんが、いましばらくは、目の前の好きなことをやっていきます!」ということです。実にイイ感じですね。
「新歓で誘われたロボット系のサークルがすごく楽しい」、これは事前にあれこれ考えている時には思いつかなかったことでしょう。若いうちはこれからも毎月、ことによると毎週のように、事前には思いつかなかったことが目の前に出てくる。それに飛びついたり飛びつかなかったりしているうちに、だんだんと自分のやりたいこと、やるべきことが拓けてくる。学生生活はもちろん、卒業してからのキャリアというのはその繰り返しで形成されるものです。この調子で、目の前の好きなことに打ち込んでください。

25

実績こそが実在

海外転勤。反対する役員を押し切っても行くべきですか?

メーカー勤務(三〇代・男性)

本社を米国に置くメーカーの日本支社に勤める三〇代前半マネージャーです。主たる業務は新製品開発のプロジェクトマネジメントで、その傍ら日本支社役員の秘書的な役割(米国本社への報告資料取りまとめなど)も担っています。業務の割合は時期にもよりますが、ならすと前者八割、後者二割といったところです。

この数年、日本市場のみならずグローバル全体を対象としたプロジェクトも担当させてもらえるようになり、米国本社のマネジメントからも「よくやっている」と評価いただいて、充実した毎日です。できれば近いうちに米国本社に長期滞在させていただいて、向こうのメンバーともっと密に仕事できればという希望を持っています。

英語でのコミュニケーションを苦手にしているわけではありませんが、今後の社内キャリアの広がりを考えても、この年代のうちに米国でチャレンジして、もうひと皮むけたいとともに、向こうでの人脈もつくっていきたい考えです。

　こういった希望について、直属の上司には日々伝えていて、上司自身は賛同してくれています。しかしながら、その最終決定をおこなう日本支社役員（私の直属上司の上司）があまりこの件について前向きではないことを最近知りました。理由は一言で言うと、私の存在が「便利」だからということのようです。

　米国本社向けの報告取りまとめもそつなくこなすので重宝するでしょうし、また人的資源の上限を簡単に上げることができない支社の立場からすると、私を手元に置いておきたいという役員の気持ちはよくわかります。その役員との仕事は高い視座からの見方を学べますし、役員自身、私を高く評価してくれているのも伝わってくるので、現状に大きな不満があるわけではありません。

　しかし、日本を飛び出したいという日に日に強くなってくる自身の気持ちもあり、このままの仕事を継続して何か潮目を待つべきか、転職してでも海外で挑戦する機会を求めていくべきかを悩んでいます。楠木先生は、どのように思われますか？

答えはすでに出ている

好きなようにしてください。つまり、結論はもう出ているということです。よどみなく出すぎているといっても過言ではございません。どうぞ米国本社に行ってください。当然ですけど。あなたは明らかにそちらが「好き」なはずです。当たり前ですけど。

いまの仕事の中身をみても、主たる業務は「新製品開発のプロジェクトマネジメント」。日本支社役員の秘書的な仕事は二割にすぎません。実質的な仕事内容からしても、あなたの仕事の軸足は明らかに前者にあります。

しかも、直属の上司もアメリカ行きにポジティブ。反対している（らしい）役員は上司の上司。すなわち「外野の声」にすぎません。

いくら目をかけてくれていると言っても、上司の上司ですから、仕事の実質からは遠いところにいる。この役員に目一杯かわいがられておくと、将来この役員の筋でグワーッと引き上げてもらえるというイメージがあるのかもしれません。しかし、仕事に限って言えば、そんなふわふわした話はまるであてになりません。頼りになるのは、自分の仕事の内実とその成果だけです。

外野にいる役員の引きなどあてにしなくても、そもそもあなたは仕事できっちり実績を収めている。アメリカで自分のやりたい本来の仕事をガンガンやれば、さらに成果が出る可能性は十分にあります。ここで役員におもねるよりも、本来の仕事で成果を上げるほうが自信につながるし、自分のキャリアにとってもずっと意味があるはずです。

刹那的な状況よりも仕事の内実を

万が一、日本支社の役員の気持ちを忖度して日本に残るのであれば、それを自分の仕事の真ん中に持ってくるべきだと思います。僕なら日本支社の役員に直接、「僕を新製品開発のプロジェクトマネジメントから外して、秘書的な仕事を一〇割にしてください」と言うでしょう。そこに集中するのなら、これはこれで、また別のキャリアが開けていくかもしれません。

役員に目をかけられている。これはこれでいいことではありますが、しょせんは刹那的な状況論にすぎません。キャリア形成はやたらに時間軸の長い話です。そんな刹那的な状況に左右されるべきではない。そもそも、あなたがこの役員から目をかけられているのも、自分の仕事できっちりと成果を出しているからこそです。

「転職してでも海外に挑戦する機会を求めていくべきかを悩んでいます」とありますが、これはまったくの本末転倒です。目的と手段がズレている。転職して海外に行っても、そこでいまのような「乗ってやれる仕事」をできるとは限りません。転職する必要はありません。

何が自分の仕事の本丸で、何が周辺、付属品なのかをはっきりさせておくことが大切です。「その役員との仕事は高い視座からの見方を学べる」とのことですが、役員の仕事の補佐はあなたの仕事の本丸ではありません。米国に行っても、また違った意味で高い視座や広い視点を獲得できるはずです。要するに、自分にとってやりがいのある仕事をして成果を出す、これがすべてでありまして、周辺部分の検討は後回しにしてください。

以下は二〇世紀の名経営者、ハロルド・ジェニーンの言葉です(『プロフェッショナルマネジャー』より)。

「実績は実在であり、実績のみが実在である。——これがビジネスの不易の大原則だと私は思う。実績のみが、きみの自信、能力、そして勇気の最良の尺度だ。実績のみが、きみ自身として成長す

る自由をきみに与えてくれる。覚えておきたまえ。――実績こそがきみの実在だ。ほかのことはどうでもいい」

読んだ時に僕はシビれました。これに尽きると思います。

あなたには前向きに取り組める仕事があり、能力もあり、周囲に評価もされていて、さらには成長の機会も眼前に開けている。こんなに素晴らしいことはありません。外野の声を気にせずに、本来の自分の好きな仕事、やりたい仕事に邁進してください。そしてますます実績を積み、仕事の実在を豊かにしてください。ご活躍をお祈りしております。

26

いつもの論難にお答えします

なぜ、経営を教えているのに企業に身を置かないのですか？

学生（二〇代・男性）

先生は、なぜ教授をやっているのですか？　経営を研究し、教えるのなら、現場である企業に身を置くべきではないでしょうか？

このあたりについてどうお考えか。教えてください。

一般論：よいものはよい

これは「悩み」なのでしょうか。僕のことで悩んでいただいて恐縮です。ま、もちろんそんなことはなくて、僕と僕の仕事に対する疑問というか、論難（？）ですね。

これはヒジョーにしばしば問い詰められる質問です。僕はこの仕事を始めて芸歴二四年になりますが、この二四年間というもの、間断なくこの問いかけを受けてきました。そんなわけで、僕なりの回答を在庫しております。長くなりますが、二段構えでお話しします。

まずは一般論として「経営を研究し教えるのなら、現場である企業に身を置くべきではないか」についての僕の考えをお話しします。そのうえで「お前（楠木）はどうなのか」という個別論についての答えを申し上げたいと思います。

あなたは、学者と実務家の間にある種の競合的な関係があるという前提で質問をしているように思います。つまり、経営や商売についての知見を生み出したり人に伝えたりするうえで、実務家と企業の現場に身を置いていない学者ではどっちが優れているのか、という話です。

確かに「現場である企業に身を置くべきではないか」という意見も一理あります。実際に企業を経営している経営者は、文字通り「自分ごと」ですから、当然のことながら、経営についての優れた知見を獲得しうる。現にそういう人は大勢います。

ごく一部の例を挙げても、日本電産の永守重信さんやヤマト運輸の小倉昌男さん、ミスミの三枝匡さんが書いた本などを読めばわかるように、直接の経営経験を持った人がもたらす知見は、深みと迫力の点で余人をもって代えがたいものがあります。

古い話になりますが、経営組織論の古典中の古典にチェスター・バーナードの『経営者の役割』があります。一九三八年に出版されたこの本は、いま読んでもうならされるような名著ですが、著者はニュージャージー・ベル電話会社を二〇年にわたって経営した実務家でした。

一方で、実際に経営をしていない、学者ならではのいいところもあります。

どんなに優秀な人でも、経営者は自身の会社や商売の文脈にどっぷり浸かっています。だからこそ、深みと迫力のある考えが出てくるのですが、その分、どうしてもバイアスがかかり、知見の対象や視野が狭くなりがちです。何よりも、経営者や実務家は忙しい。考えを人に伝達可能な形でまとめる時間や資源には強い制約があります。

ですから、そういう制約からフリーな立場にある学者から優れた知見が生まれることもあるわけです。たとえば、クレイトン・クリステンセンの『イノベーションのジレンマ』やジム・コリンズの『ビジョナリー・カンパニー』。いずれも実務家に大きなインパクトをもたらした研究ですが、こうした内容の本を実務家が書くのは非常に難しいと思います。

要するに、立場が実務家だろうと学者だろうと、その人の知見に優れた価値のあるものと、そうでもないものがあるというだけだと思います。学者の言うことだからダメだとか、実務家の話だからいいとかいう以前に、いいものは残り、悪いものは受け入れられないという、いたって単純な話です。

学者でもコリンズやクリステンセンのようにいいものもあれば、どうしようもないものも山ほどあります。実際にビジネスの経験がある人が発信するものの中にも、素晴らしいものもあれば、それよりはるかに多くのどうでもいい話がある。

「よい知見」の基準

問題は、何が経営についての「よい知見」なのか、ということです。

経営学は人間の世の中での人間の営みを相手にしています。物理学や化学のような自然現象を相手にする科学とは異なります。自然科学は、自然現象についての法則の定立を目的としています。あっさり言えば、科学的法則とは「人によらない」ということです。物理の法則であれば、誰が、いつ、どこで、どういう気分でやっても必ずそうなる。常に「$E=mc^2$」なんです。人によって「mc^3」になったりしない。

STAP細胞の発見に対して、すぐに疑念の声が出てきた理由の一つは、この科学の条件(再現性)をSTAP細胞が満たしていなかったからです。「私がやればできる」というのは科学ではありません。

これに対して、経営や商売は「人による」ものです。人だけでなく、業界や状況やタイミングによっても大きく依存しています。この意味で、経営は科学ではありえません。

経営に「こうすればこうなる」「こうやったらうまくいく」という再現可能な法則はありません。仮に経営について、本当の意味での「科学的法則」が存在するなら、その法則を当てはめるだけで意図する結果が出ることになる。だとすれば、「そもそも経営者はいらない」という自己矛盾に陥ることになります。

さまざまなサブカテゴリーがある経営学の中で、僕は「競争の戦略」という分野で仕事をしています。競争の中で、なぜある企業が長期利益を獲得し、他社はそうならないのか、その背後にある論理を考えるというのが、競争戦略論の関心事です。

競争戦略の本質は、競合他社との違いをつくることにあります。違いがあるから選ばれる。違いがあるから競争の中でも長期利益が出る。あっさり言えばそういう話です。

ということは、話が戦略分野になると、なおさら「こうしたらこうなる」という法則的なものは期待できなくなるでしょう。みんながその法則を適用したら違いがなくなってしまうからです。

僕が監訳した本の一つに『道端の経営学』があります。三人の学者が書いているのですが、その中の一人であるマイケル・マッツェオが「マイクの法則」というものを本の中で提示しています。マイクの法則は二つの命題から成り立っています。

マイクの法則1 「すべては場合によりけりである」
マイクの法則2 「場合によりけりでなければ戦略ではない」

言うまでもないことですが、マッツェオは皮肉をこめて「法則」という言葉を使っています。戦略とは一般的な解が法則として特定できない世界であるということをよく示していると思います。

古典的な自然科学の例で言えば、天動説が出てきたら、地動説は間違っていたということになります。科学であれば、その知見なり立論の「正しさ」や「価値」はその受け手である人々の受け止め方から独立して評価できます。

これに対して、経営についての知見の価値は、受け手との相互作用の中でしか決まりません。合っているのか間違っているのか、それ自体をもって事前には決められない。ある知見の受け手(経営者ないし実務家)がよいと思えばよいし、意味がないと思えば意味がないのです。

経営学、特に僕のやっている競争戦略論は、極論すれば映画や絵画と同じような「嗜好品《しこう》」だというのが僕の考えです。その意味で、サイエンスというよりもアートに近い。だからといって評価が成立しないわけではありません。ある映画について、それをいいと思う人もいるし、悪いと思う人もいる。

嗜好品ではあるのですが、それでも世の中に提出された結果、多くの人に深い感動を与える映画もあれば、ごく一部の特殊な人にとっては価値があっても、ほとんどの人が見向きもしないまま忘れられてしまう作品もあります。

こうしたさまざまな受け手の個別の評価が集積して、映画の評価が事後的に定まります。『ゴッドファーザー』や『タクシードライバー』のような、時代を超越した名作として評価が定着した映画が生まれます。「価値が受け手との相互作用の中で決まる」というのは、こうした意味です。

普遍的に正しい法則はありえなくても、このようにして小倉さんや三枝さん、クリステンセンさんやコリンズさんの思考や知見は「優れた経営学」として存在しています。それでも、「『ゴッドファーザー』なんてちっとも面白くない」という人がいるように、「クリステンセンの議論なんて役に立たない」という人もいます。嗜好品だからです。

経営学者の加護野忠男さんがハーバード大学に留学し、ジョセフ・バウアーという学者の講義を受けていた時の話です。加護野さんが「この命題が正しいということをどうやって証明するのか」とバウアーに質問したところ、彼は即座に「この命題を勘のいい経営者に説明して、その経営者が"I see"といったらそれが正しい」と答えたそうです。

加護野さんは言います。「経営学の知識は、経営者が実践できるだけの説得力を持った知識であるべきであり、『わかった。これでいこう』と思わせる力を持っていなければならない。『よし、それでいこう』という気持ちを起こさせないといけない」

経営学が実務家の役に立つというのはこういうことだと思います。受け手である経営者や実務家に「なるほど、そういうことか……」「ちょっとその方向でやってみるか……」というような、行動を触発する気づきや洞察を提供する。それが経営学という仕事にとって最上の成功だと僕は考えています。右で書いたような意味で経営の役に立つ、質の高い知見を提供さえできれば、学者だろうと実務家だろうと立場の違いは問題にならないというのが僕の見解です。逆に、学者だろうと実務家だろうと、その知見の受け手の評価を経て、世の中に相手にされないものであれば、ダメなものはダメということです。

以上が、一般論としてのお答えです。

個別論：じゃあ、お前はどうなんだ？

次に「じゃあ、お前（楠木）はどうなんだ？」という個別論に移りましょう。

まず「現場である企業に身を置くべきではないか」。これについては僕の答えははっきりしています。僕自身に限って言えば、自分は企業に身を置くべきではないと考えています。その理由も明確です。僕は会社の仕事、とりわけ経営という仕事にはまったく向いていない。

まず、頑張りがきかない。自分で言うのも何ですが、全力を出すのが嫌い。マックスで八〇％。アクセルを床まで踏み込まない。どうにもレッドゾーンにぶっこめないのです。無理してぶっこむと調子が悪くなる。

これにはいろいろと理由があります。アフリカでのんびりと育ったので性格がとにかくユルユル。競争が嫌い。うまくいかないと、すぐうどん食って布団かぶって寝ちゃう。八〇％しか力を出していなければ、うまくいかなかった時も「だって全力出してないからね……」と自分に言い訳ができる。気持ちよく布団かぶって寝られるという成り行き。

さらに致命的な問題として、チームワークがからきしダメ。人と仕事をするということがどうにもうまくいかない。一人でわりと力を発揮するタイプ。一人で、好き勝手にさせてほしい。人に率いられるのはまだいいけれど、人を率いることがまったくできない。リーダーシップが皆無。

自分のことは自分が一番よくわかっているものです。僕はそういう自分の特徴(というか、正確には「欠点」)を子どもの頃からよく自覚していました。学生の時にはすでに「会社への就職だけはやめておこう……」と決めていました。投資銀行やコンサルティング会社のようなハードな仕事につけば、即死は目に見えています。そういう自分をわかったうえで、それでも何とか世の中と折り合いをつけられそうだ、ということでいまの仕事を選びました。

本当は何もしないで、家のベッドで気の向くままに本を読んでいたい。それでは「おまえ、貴族かよ」という話になる。残念ながら貴族じゃない。若かりし頃の僕は、貴族に生まれなかったことを恨みました。生きていくためには仕事をしなくてはならない。

そこで僕がたどりついたのが、前にもちょっと触れた「芸者」のメタファーです。「芸者のような仕事がしたい」というのが僕のビジョン(?)でした。学者は芸者、大学は芸者の置屋のようなもの。基本的には一人でやる仕事。自分の芸でやっていける。学生は部下じゃなくてお客さん。彼らに指示を出したり、統率する必要はない。

体一つでお客さんの前に出ていく。部長の芸者も課長の芸者もない。自分の芸を自分の好きなように披露して、お客さんが喜べばOK。お客さんが喜んでくれなければアウト。自分の仕事を評価するのは上司でも組織でもなく、目の前のお客さんだけ。そういう芸者的な仕事であれば、何とかなるのではないかと思いました。

具体的なオプションとしてまず考えたのは、音楽の仕事です。ところが、これは強力な才能と運が必要。両方ともないので、当然ダメ。他にもちょこちょこと試してみたのですが、どれもダメ。結局残ったのがいまの仕事です。

僕にとっての「芸」は、競争戦略についての自分なりの考えです。それを大学院の講義や論文、本、講演などを通じて経営を実践している(もしくは、実践しようとしている)人々に伝える。場合によっては、アドバイザーとして経営者のお手伝いをすることもあります。

仕事の価値は客が決める

おそらくこの方が本当に僕に問いただしたいのは、「お前の仕事には価値があるのか」ということでしょう。これに対しても僕の答えは明確です。僕は自分の仕事に価値があるかどうか、自己評価はしません。仕事の価値やクオリティは、自分で評価・判断するべきではないと僕は思っています。

仕事である以上、それは自分以外の他者のためにやることです。自分以外の誰かのためになって初めて仕事。自己評価には意味がない。価値があるかないかは、客が評価するべきことです。

僕の仕事に価値があるか、ビジネスをしている人の役に立つのか。それは僕のお客さん、講義を受けている学生や本を読んでくれた方々、僕が仕事でご一緒した方々に聞いていただきたいと思います。経営者で言えば、柳井正さんや新浪剛史さん、重松理さんあたりに聞いてください。

みんながみんな僕の仕事に価値があると言うわけがありません。当然ですけれど。僕の仕事など役に立たないという人も大勢いるでしょう。当たり前ですけど。僕の本について言えば、アマゾンなどでは必ず一定数の悪評紛々のコメントが書き込まれていますし、「金返せ！」という感想メールも頻繁に頂戴します（今朝も二通ほどいただきました）。

僕の力不足もあるのですが、一定数の「金返せ！」の声が出てくるのは当然で当たり前だと思っています。僕の仕事は、天動説に対して地動説を唱えるというものではありません。『嗜好品』である以上、全員が「お前が正しい」と認めることはありえないでしょう。

もっと言えば、誰かに受け入れられるということは、同時に誰かから嫌われるということでもあります。もし初めから全員に受け入れられようとしたら、何の意味もないトートロジーか無味乾燥な主張になってしまうでしょう。

「僕の芝居、半分ぐらいの人は、あいつ、何やってるんだと思うでしょうが、あとの半分が、うむ、やってる、やってる、とうなずいてくれる。そういう役者になりたいですねえ」。昭和の喜劇俳優、小沢昭一さんの言葉です。

僕もこういう構えで一つひとつの仕事をするようにしています。その結果、なるべく多くの人の役に立つ仕事ができればそれに越したことはないのですが、そうは問屋が卸さないのがこの世界です。

ということで、どれでもいいので僕の本を一つ読んでいただければ幸いです。「金返せ！」になる可能性もわりと高そうなので、まずは図書館で借りてお試しください。もし気に入っていただけて、他のも読んでみようかな、という気持ちになったら、それは僕にとって望外の喜びです。

27

レイバー、ワーク、プレイ

納期に追われ寝袋で寝る日々。仕事を続けるべきですか？

ＩＴ企業勤務（二〇代・女性）

中堅システムインテグレーター（ＳＩｅｒ）に勤める二〇代女性システムエンジニア（ＳＥ）です。

ＩＴ好況が続き、プロジェクトに立て続けにアサインされ続け、短い納期でヘビーな仕事をどんどん割り振られて、残業はもちろん休日勤務は当たり前。家に帰れず、寝袋で寝ることもあります。無事、納期内に納品できた時、お客さまに喜ばれた時などは、それなりに達成感がありますが、このような忙しさが常態化した職場は異常だと思いますし、将来を考える余裕もありません。

私はこの仕事を続けるべきでしょうか。

ワークはライフの一部

この質問に対してはさすがに「好きなようにしてください」とは言えません。こんな生活を続けていたら身体を壊します。健康を害しては元も子もありません。別の会社に行くことを強くおすすめします。

納期内に納品したり、お客さまに喜ばれたりすると達成感がある。これは仕事に対する構えとして実に真っ当。素晴らしいことです。しかし、普通に休みをとったり、ちゃんと家に帰ったりしつつ、納期内に納品して、お客さまに喜ばれるのが本来の仕事のはずです。

最近の言葉で言えば「ワークライフバランス」なのですが、そもそも僕はこの言葉自体、ワークがデカいツラをしているというか、僭越にすぎるという気がしています。

ワークとライフは横に並ぶ関係にありません。「ワーク・アズ・ア・パート・オブ・ライフ」というのが本当のところです。ワークはライフを構成する（重要な）一つの要素にすぎません。あなたの現状では、この本来の主従関係が逆転してしまっています。

いまの会社は人間のライフを犠牲にして、納期内に納品したり、お客さまに喜ばれたりしている。これはもう真っ当な経営ではありません。

ところで、ワークライフバランスの「ワーク」（work）という言葉、これをいまのような「仕事」という意味で普通に使いだしたのはそれほど昔のことではないそうです。それ以前は、仕事を意味する言葉は「レイバー」(labor)でした。すなわち、「労役」です。

で、これも聞いた話ですが、英語の「プレイ」(play)という動詞、これも日本では「遊ぶ」という訳がすぐに思い浮かびますが、言葉の一義的には「仕事をする」という意味だそうです。

たとえば、サッカーの本田選手や将棋の羽生名人、こうした人々は仕事をしているわけですが、「ワーカー」とか「ワークしている」というのはしっくりこない。「プレイヤー」です。

同じ「仕事」であっても、レイバーとワークとプレイでは、対応する仕事の性質が違ってくる。レイバーというのは、極論すれば奴隷の仕事。かつてローマ帝国のガレー船の底で船をこいでいた人の仕事です。

そういう人に「何でこれやってるの?」と聞いたとします。「いやー、俺もその理由は定かではないんだけどさ、とりあえずこれをやることになってるんだよね。やらないと殺されちゃうんだよ……」という言葉が返ってくるでしょう。これが労役(レイバー)です。このような働き方は、現代の社会や制度からすれば許されない。

産業革命を経て二〇世紀になって定着したのが、「ワーク」の概念です。自分が何らかのスキルを労働市場に提供して対価を得る。そこには自由意志による相互の契約があり、職業選択の自由もある。これがワークです。

このさらに先に「プレイ」があります。余人をもって代えがたい独自の才能やセンス、能力が求められる仕事、こうなってくるとワークというよりも「プレイ」です。特定分野のスキルに収まらない仕事といってもいい。経営者の仕事はワークよりもプレイといったほうがいいでしょう。経営者は言葉の本来の意味で「プレイング・マネージャー」です。

あなたは奴隷ではない

あなたの会社では、二一世紀の日本であるにもかかわらず、仕事がワーク以前のレイバーに逆戻りしてしまっている。ここに大いに問題があります。もはや常軌を逸している。すぐにでも別の会社を探したほうがいいと思います。

しかも、あなたの仕事の分野は「IT好況」だそうですから、どこでも人手不足に決まっている。「プロジェクトに立て続けにアサインされ」ていることからしても、あなたは有能で仕事ができる。仕事に対する構えがしっかりしていて、責任感も強い。あなたならいくらでも仕事はあるはずです。

いまの姿勢で仕事経験を重ねていけば、あなたは将来ますます能力を発揮して、ワーカーからプレイヤーへと脱皮する可能性がある。自分のセンスを総動員して、自分の意志でキャリアを築いていけるあなたなのです。レイバーの扱いに甘んじるべきではありません。

もっとも、いまの異常な生活がごく短期的なことで、人をたくさん採るまでのつなぎとして人柱になってくれというのであれば、一定期間我慢してもいいかもしれません。「寝袋は週に一回まで」とか交渉しつつ、しばらくは踏ん張るのもアリだと思います。ただこれが定常状態としてずっと続くようだと、経営として明らかにおかしい。

ぜひとも、もう寝袋を使わなくてもいい会社に移ってください。いままで使っていた寝袋は会社に置いていくか、キャンプの時に使いましょう。

28

就職は相互選択

早くも広告代理店の「内定ゲット」、でも、断りたい

大学生(二一歳・男性)

三月時点で中堅の広告代理店から内々定をいただきました大学生です。

内々定をいただいた時は、安堵の気持ちと自分を選んでくれた恩も感じ少し気分がよかったのですが、人事の人がしつこく「他社を受けていないだろうね」とメールをしてきたり(フェイスブックも)、大手広告代理店の学内説明会の日などにわざと「紹介したい人がいるから会社に来い」と呼び出されるなど、何か嫌な会社だなという気がしてなりません。

人事の人には悪いですが、正直に言って断りたい。私の決断は間違っていますでしょうか?

大前提に戻って考える

好きなようにしてください。断りたいなら断ればいい。

あなたは就職というものを、「選択される」だけのプロセスだと勘違いしています。つまり労働市場における買い手である企業が、学生を評価して合否を決めるという一方向的な選択だと思っているフシがある。「内々定をいただきました」「安堵の気持ち」「自分を選んでくれた恩」というような言葉のはしばしから、そういう間違った前提を持っているという印象を受けます。

就職に限らず、世の中のことはほとんどすべて相互選択です。相互選択としての就職活動をしているという気持ちをもっと強く持つべきです。自分が嫌だなと思ったら、自分の選択としてその会社を断ればいい。会社があなたを選んだように、こちらも会社を思いっきり自由に選んでいるわけです。

しかも、最初のアクションはこちら側が握っている。こちらが選んでもいない会社から「内定が出た」などということはまずありません(あったとしたら、相当に怪しい会社)。サーブ権はこちらにあるのです。あなたのケースにしても、まずは世の中に何万社とある会社の中から、本件の広告代理店を選んでいるわけです。逆に言えば、世の中の九九・九九九%(小数点以下は適当)はあなたに選ばれなかった会社です。

一方的に選択されていると思ってしまうと、「内々定をいただきました!」「安堵しました!」というように卑屈なほど受身になってしまいます。しかし、基本的に仕事の世界では常に相互に選択をしているので、何もかも相手に合わせる必要はありません。

もちろん自分のすべてが自分の思うままに相手に受け入れられるわけでもありません。その意味で、相互選択なのです。ビジネスの世界は、ほとんどすべてのことが相互選択で動いています。その当たり前の原理原則を知る、最初のいい機会なのではないでしょうか。

基本ルールは「正々堂々」

相互選択という土俵で物事に臨む以上、大切なのは「正直であること」。これまたビジネスの大原則です。たとえば、「他社を受けてないだろうね」と言われたら、「いえ、受けています」とはっきり言う。そうでないと向こうも正しい選択ができません。そこでウソをついて、「御社だけです」というと、「そうか、こいつはコミットメントがあるな」と、向こうが誤解する。これは向こうにとってはもちろん、あなた自身にとってものちのち不幸なことになります。

率直にして正々堂々、これが相互選択の基本ルールです。断るのであれば、「私はやっぱりそちらで働きたくありません」とか、「X社のほうがこういう点で御社よりも自分にとって向いていると思うのでお断りします」と正直に言うべきです。「正直に言って断りたい」。その通り、正直が一番です。

相互選択はあくまでも対等な関係でおこなうものです。片方が王様で、片方が下僕ではありません。この原理原則が誤解されがちなのは、労働市場の状況によって、その時々で交渉力が偏るからです。就職氷河期といわれた買い手市場の頃は、雇用側が「採用してやる」とばかりに大きな顔をします。

僕が大学を卒業する頃は、一九八〇年代バブル手前の売り手市場でした。こういう時は「就職してやる」という態度をとる学生が続出します。それに媚びる企業も出てきます。労働市場の需給が変化するのは世の常ですが、売り手市場だろうが買い手市場であろうが、相互選択という原理原則は変わりません。

GPTW（Great Place to Work）という「働きがいのある会社」を調査したり表彰したりしている機関があります。日本では「働きがいのある会社研究所」が実施しているのですが、「働きがいのある会社」に選ばれた企業（実際に働いている人々の認知で「働きがいのある会社」でありまして、メガバンクや総合商社といった「新卒市場で人気のある会社」では必ずしもないことに要注意）の方々の話を聞いていると、人を採用するということに関しても、この相互選択という考え方を大切にし、謙虚で誠実な構えをとっている会社が実に多い。世の中の原理原則に忠実。だからこその「働きがいのある会社」なのでしょう。

あなたについでに申し上げたいことがもう一つあります。最後に「私の決断は間違っていますでしょうか？」とありますが、そんなことは事前にはわかりません。Aという会社と、Bという会社のどちらがあなたにとっていいかは、事前に誰も評価・測定・比較判断ができません。当の本人にも事前にはわからないことです。その選択が正しいか間違っているかは、まずはA社ならA社で働いて、そこであなたがどういう仕事をするか次第で事後的に決まるものです。

いまこの決断が正しいかどうかなど、考える必要はまったくありません。ぜひ自分のいまの気分に忠実に、正々堂々と好きなほうを選んでください。大切なのはそこでの仕事に正面から向き合うことです。あなたの決断が正しかったかどうかは、このあとあなたが何をするかで決まります。

29

「頑張ったつもり」の勘違い

大手企業勤務（三二歳・男性）

頑張っても評価が低くて、やる気がなくなりました

大手企業の人事部に勤める者です。先日査定の中間フィードバックがありました。私としては、今期は中途採用ノルマを達成するべく頑張ったつもりでした（ちなみに、前期、前々期はいずれも達成しておらず平均程度の査定）。

しかし、今回もまた平均的な査定。むしろそれより低いくらいです。理由を問うと、「リーダーシップと責任感に欠ける」「ふられた仕事はこなすが、自分から〝よしやってやろう〟という企画力がない」などと言われてしまいました。長年尊敬してやまない上司にそう言われただけに、ショックで言葉もありませんでした。

それで発奮したかと言えばむしろ逆効果で、正直、この会社にいても評価されないなら三二歳のいまのうちに転職したほうがいいかと、エージェントに登録などをしています。私は、どうすべきだと

思われますか？

単純な勘違い

どこの国でも離職の最大の理由は、「上司に対する不満」だという調査結果があるそうです。あなたの悩みは、最もありがちな問題だということです。

まず「頑張ったつもり」、単純にして最大の勘違いがあります。「頑張ったつもり」というのはあくまでも自己評価にすぎません。自己評価が他者による評価と一致するとは限りません。

いつもの原理原則を確認させてください。仕事は自分のためにするものではありません。自分以外の誰かのためにするものです。自分以外の誰かにとって価値があって初めて仕事になる。だとしたら、評価は「お客」にまかせるに越したことはありません。

ここで「お客」というのは、文字通り商品を買ってくれる社外の顧客を指す場合もあるし、仕事の中身によっては、会社の中の上司や同僚や部下が「お客」の場合もあります。あなたの場合は、現在は人事部での仕事ですから、後者に該当すると思います。

いずれにせよ、自分の仕事の価値の受け手の評価がすべてです。仕事である以上、自分で自分を評価しても意味がありません。そういうことは、仕事ではなく趣味でやってください（「俺も最近ゴルフの腕が上がってきたな……」とか）。自己評価に意味がない以上、自己評価と上司の評価とのギャップにも意味がありません。

上司による評価の意味合いは、あなたの上司に対する評価に依存する

「この会社にいても評価されないなら三二歳のいまのうちに転職したほうがいいか」ということですが、それはあなたの上司に対する評価次第です。あなたは上司に評価されているだけでなく、あなた自身も上司を評価しているということを忘れてはなりません。

もしこれが、どうしようもない上司からの指摘だったとしたら、転職するか、もしくは別の上司の下で仕事をできるような部門異動を求めるべきだと思います。服飾のセンスがない人に、「お前、ファッションセンスがいいな」と褒められてもまったく嬉しくありません。むしろ、イヤな感じがする。そういう人に「お前のセンスは最悪だな」と言われても気にする必要はない。かえって喜んだほうがいいでしょう。それと同じです。どうしようもないとあなたが評価する上司であれば、上司の評価を真に受けることはありません。

しかし、あなたは「長年尊敬してやまない上司」だと言っています。そうした人物があなたに対して「リーダーシップと責任感に欠ける」と言う以上、それはもう事実として受け入れたほうがいい。

「ショックで言葉もありません」とのことですが、こんなことでいちいちショックを受けていたら仕事生活で身が持ちません。完全な人間などいません。誰でもどこかが「欠けている」ものです。「ああ、これがいま自分に足りないことだな」と、日々意識して改善を重ねていけばいいだけの話です。

あなたが無意味な自己評価にこだわる限り、転職したところでまったく同じことが起きる可能性が

高い。それよりも、三二歳の若いうちに、上司からのフィードバックを生かして成長したほうがいいに決まっています。

キャリアをトラックレースにたとえれば、あなたが走っているのは第一コーナーを回って第二コーナーにさしかかるくらい。まだバックストレートにも達していません。早くも第二コーナーの手前あたりで、「おぬしはここが足りないよ」と教えてもらっているわけです。しかも「長年尊敬してやまない上司」が言っていること。他の人からはなかなか得られない貴重な指摘だと思って間違いない。僕のような人間が部分的に話を聞いて、「それはこうですよ」なんて言うのとは、わけが違う。

すでに第四コーナーで体を左に傾けつつも何とか走っている僕からすればうらやましい限りです。この年になってから「キミは仕事のやり方を根本的に変えたほうがいいね」などと僕に忠告してくださる方がいるのですが、もう第四コーナーなので、いまさらどうにもなりません。このまま突っ走るしかない。

「リーダーシップと責任感に欠ける」「ふられた仕事はこなすが、自分から〝よしやってやろう〟という企画力がない」ということですが、せっかくの機会なので、自分から上司に率直な質問をしてみるのがいいと思います。

「僕が『リーダーシップと責任感に欠ける』というのは、たとえばどういうところですか」とか「僕を見ていて、どの辺が『〝よしやってやろう〟という企画力がない』と不満に思いますか」と正面からぶつかってみれば、きっと具体的な指摘をしてくれると思います。ちゃんと仕事を通じて自分を見ている上司ですから、「もっとこういうふうにしてみるといい……」というような有益なアドバイスも得られるはず。

だからといって、たちどころに成長できると期待してはいけません。来期の評価でいきなりリーダーシップと責任感が最高になるということはない。仕事での成長は時間がかかるものです。いついつまでに達成しようなんて思わずに、自分に足りないところを意識しつつも、粛々と仕事に取り組めばいい。

「インスタント」には解決できない

先だって、ポール・ロバーツの『「衝動」に支配される世界』という本を読みました。「最終的にどうなろうとかまわないから、いますぐ自分の目先の欲求を満たしたい」という「インスタント・ソサエティ」化。これが現代社会の病であると批判している本です。

僕は、キャリアについても、このところ「インスタント・ソサエティ」化が強まっているという気がしています。キャリアに関わる問題でインスタントに解決できることはほとんどありません。インスタントに解決しようとすると、無理に背伸びをしたり、かえって回り道に迷い込んだりと、ヘンなことになります。周りの人にも迷惑がかかります。

その代わり、人間はそう簡単には死にません。これがいいところです。あなたの年向きであれば、一〇年どころか三〇年先もおそらく仕事をしている。これが商品だったら、いま「ｉＰｈｏｎｅ」が絶好調だからといって、一〇年後も好調かどうかはわかりません。存在すらしていないかもしれない。しかし、よほどのことがない限り、あなたは一〇年後も仕事をしている。それだけ長い目で見ていいことなのです。

インスタントに解決できない問題については、神様はわりと長い時間を与えてくださいます。焦らずじっくり取り組むことです。「前回より少しだけだが、確実によくなっている」という程度の変化が一番いい。それを重ねていくことで、いつかブレイクします。

「ブレイク」といっても、ある時にあなたが突然伸びる、ということではありません。ある時に、周囲の人が積もり積もった変化の大きさに気づく。これが周りから見ると「あの人はブレイクしたね」ということになるのです。

それでもダメだったらどうするか。その時は、自分に才能がない、その方面に向いていないと思って方向転換したほうがいいかもしれません。

「責任感に欠ける」は別にしても、「リーダーシップ」となると本質的には向き不向きの問題です。才能としかいいようがないので、もっと向いていることを探したほうがいいと思います。リーダーシップが欠如しまくりやがっている僕が言うのだから、間違いありません。

そもそも、リーダーシップなんて全員が持っている必要はありません。本当の意味でのリーダーシップなんて、一〇〇人中二、三人が持っていればそれで十分。リーダーシップの才能がなくても、自分の向いている本領で十分にいい仕事はできます。

才能があるかどうかを見極めるには、「三年」という期間が一つの目安になるかもしれません。

僕が尊敬している方に丸山茂雄さんという方がいます。日本のロックやJ－POPを産業にした人といってもよいでしょう。「丸さん」と言えば音楽業界では神様みたいな人で、かってはソニー・ミュージックエンタテインメントを経営していました。七〇歳を超えたいまでもエンターテイメント業界で活躍しています。

とりわけ音楽は才能がすべての仕事です（次に大切なのは運）。僕も音楽が好きなので、昔の話になりますが、丸山さんに自分たちの演奏をテープで聴いてもらったことがあります。丸山さんは一〇秒くらい聞いて「ま、才能だからな……」と一言。音楽は趣味でやることにしておこうと思った次第です。

僕のケースは論外ですが、もっと才能がある人でも、それが本物かどうかすぐに判断がつくものではありません。丸山さんはこう言っていました。「三年やってダメだったらそれは本当に才能がないということだ」。三年の間にいろいろ手をつくして、周りの人もああだこうだ言って、会社としてリソースもそれなりに投入する。「それでもダメだったら、やっぱりダメだということじゃないですか」

ですから、まずは三年くらい、素直に上司のアドバイスを聞いてやってみる。それでもダメだったら、向いていないと諦めて、方向転換する。どんな人でも、仕事なんてそんなことの繰り返しです。その挙句に、ようやく自分のスイートスポットが見つかるのです。

ただし、それはいまここで「上司が正当に評価してくれないから、評価してくれるところに転職する」とは、まるで違う話です。この辺で目を覚ましてください。

30 気分の問題

悩みらしい悩みはないが、「漠たる不安」が解消できない

リース会社勤務(三〇代・男性)

現在、リース会社の営業をしている三〇代の者です。仕事は激務というほどではなく、待遇にもおおむね満足しています。少なくとも、転職の動機になるような不満はありません。しかしながら、将来を考えると漠たる不安が拭えません。

わが社は七年前に同業他社と合併し、今後も合併が進むのかと思われること。そして、上が詰まっているせいで三〇代半ばのいまでも役職がつかないことなどから、この会社で四〇代、五〇代になった自分の働く姿が描けないのです。

こうした悩みをどう解消したらいいでしょうか?

ほとんどのことは「気のせい」

素晴らしいご相談、ありがとうございます。これは単に気分の問題です。あなたはいま、何となく気が晴れないだけです。その気持ち、わかります。よーくわかっとるよ、キミ！

「今後も同業他社との合併が進む」とか「上が詰まっていて役職に就けるかどうかわからない」とか、仕事と無理やり関連づけて、「だから不安なんだな」と自分を納得させようとする。お気持ちはわかりますが、そんなに大仰な話ではございません。

「漠たる不安」とご自身でおっしゃっているように、自分でもよーくわかっているとは思いますが、全部気のせいです。

よほど特殊な人でない限り、一年三六五日、朝から晩までサンタモニカの青い空のように晴れ晴れとした気分の人なんていません。「転職の動機になるような不満はありません」「待遇におおむね満足している」のですから、これは単に「どうもパッとしねーな、最近……」というだけの話です。

どんな会社のどんな人だって、遠い将来の自分の姿が描ける人なんてそうそういない。そんなことを言い出せば、どんな仕事だって不安定だし、不透明だし、不確実なものを抱えている。

イーロン・マスクだって、ピーター・ティールだって、ミミズだってオケラだってアメンボだって、みんなみんな生きているんです。「どうも気分がスカッとしねーな……」という日もあります。

あなたのご相談は、あからさまに気分の問題でありますが、もう少し実体がありそうな深刻な問題に思えることでも、ほとんどのことはジッサイのところ「気のせい」です。

改めて確認しておきますが、ボトムラインは「平和と健康」、この二つだけだと僕は思います。病気や戦争になったら、それはもう「気のせい」とは言っていられません。それはもうはっきりとした問題です。

一人の人間が仕事で成功したとか失敗したとか挫折したとか、そんなことは世の中からすれば鼻くそみたいな話。取るに足らないことです。世の中全体を持ち出さずとも、ちょっとした成功や失敗などは、あなたの長い仕事生活の中ですぐに忘れてしまうでしょう。

「スカッとするルーティン」をつくる

この際無理に仕事の実体とは関連づけずに、単純に何かスカッとすることをするのをおすすめします。こういうことは今後も何度となくやってくるので、自分なりの「スカッとするルーティン」を用意しておくといいでしょう。

一般的には「スポーツをして爽やかな汗を流す」というのがありますが、僕の場合はゴルフやサッカー、サーフィンやマラソンといった本格的なスポーツをするのがキライなので、「ジムで筋トレしてからストレッチ、その後サウナ一〇分、ただちに水風呂に入り、シャワーを浴びてから、黒糖入りミルクコーヒー（冷・Mサイズ）を飲む」、これをルーティンとして作動させています。これだけでたいていの悩みは雲散霧消します。

何をするかは好みなので人それぞれ。もしクラブで踊るのが好きならそれでもいいし、女遊びが好きならそれでもいい。コカ・コーラを飲むだけで「スカッと爽やか！」という人もいるかもしれない。いくつか試して自分のルーティンを見つけ、折に触れてそれを実行してください。くれぐれも大層な意味づけをしないことが肝要です。

万が一、本当に仕事の問題だとしたら、それこそ安心してください。「漠然とした不安」と無縁の仕事なぞ、この世の中には絶対にございません。どっちにしろ、心配することは何もありません。

戦前・戦中・戦後に見る人間の環境適応能力

余談ですが、戦争というあからさまな大問題にぶち当たっても、人間というのはわりとタフにできているようです。「ようです」というのは僕自身が経験していないからなのですが、実際に戦時下を生きた人々の手記や日記を読むと、人間がいかに環境適応能力に優れた生き物かということをまざまざと知ることができます。

超絶的に最高なのが『古川ロッパ昭和日記』。「いままで読んだ中で一番面白かった本を選べ」という無茶な質問をされたら、この本を選びます。戦前の昭和九年から晩年の三五年まで、二段組みの小さな活字びっしりのハードカバーで四巻にわたる長尺ものです。

もうとにかくこんなに面白いものがあるかっていうぐらいロッパ日記は面白い。「エノケン・ロッパ」という言葉を聞いたことがあるかもしれません。古川ロッパは榎本健一（エノケン）と並び称された戦前を代表する大喜劇人です。

ロッパ日記を読むと、戦前といえども当時の都市型ライフスタイルはいまとたいして変わらなかったということがよくわかります。ないのはインターネットとスマートフォンぐらいで、あとはだいたい同じ。もちろん昭和一〇年ぐらいになると、すでに満州事変（昭和六年）は起きていますし、人々は戦争の危機は感じています。それでもまだまだ大戦争は現実的ではありませんでした。都市部の会員はけっこう豊かで、おしゃれをして銀座に行って、洋食屋でガールフレンドと一緒にビーフカツレツとか食べて、ロッパの喜劇を見に行って、そのあとフルーツパーラーでお茶をして、地下鉄で帰る。

ロッパは東京麴町の男爵の家に生まれ、非常に趣味的な成り行きで芸能界の大スターになった人で して、昭和初期の享楽的な生活のど真ん中にいた人です。

ロッパのような東京の大正育ちは、明治を生きた親の世代にさんざん説教されている。豊かさに浮かれてフラフラ遊んで、何が面白いだの、何がおいしいだの、どういう服がかっこいいだの、そんなことでどうするんだと。明治の人間が困難を踏み越えてきたその肩の上でおまえらが呑気に遊んでいるんだ、明治の蓄積があってこそのいまの繁栄であるということを忘れちゃいけないよ、という小言です。

で、そのうちに戦争になるかもしれないという話がいろんな新聞に出てくる。だから、「ヤバいな、戦争かよ……」ってみんな漠然とした不安を感じる。でも、ロッパは毎日、有楽町の劇場の舞台に立ってワンワンやっているし、お客さんも全然減らない。それまで通りの日常を暮している。

で、昭和一二年に日中戦争が、ついに昭和一六年には太平洋戦争が始まります。

ロッパ日記に限らず、当時の日記を読んでいるとほとんどに共通しているのですが、もうその時の日本中の人々の高揚感というのが凄いんです。アジアの強国として出る杭は打たれる。帝国主義でさんざん好き勝手をしてきた西洋の国がＡＢＣＤ包囲網なんかつくって日本を追い詰めたりしてとんでもない筋違いだ……という話で、当時の日本人は主観的には我慢しているというか、鬱屈した気分があった。実際、東京で暮らしていた人たちはあまり我慢なんてしていないわけですが、気分的には面白くなかった。それがついに開戦だ、われわれの立つ日が来たといって盛り上がる。そのあと南方進出して、連日連戦連勝で提灯行列。

その後、ミッドウェーでの大敗を機に戦況が悪くなっていくニュースは国民には知らされませんでしたが、東京にいる人たち、特にロッパのようなインテリには何となくはわかっていたと思います。でもそれはそれ、ということで、戦争に出ている現場の人は別にして、銃後の生活者はそれぞれの日常を普通に暮らしている。この普通ぶりが凄い。

昭和一七年、一八年ごろもまだ「ヤバい、大変だ」と言いながら、東京ではそこそこ普通に暮らしている。ところが昭和一九年に入って、本土が直接攻撃を受け始めます。最初の空襲の頃は、爆撃機が一機、ウーって来ただけで、もう怖くって仕方がない。当たり前です。防空壕の中で心臓が止まりそうになるほどみんな怯えている。

ところが、人間の適応力というのは凄いもので、三カ月もするともうみんな空襲に慣れてくる。連日のことなので、「空襲ズレ」するんですね。空襲警報が鳴ってもいちいち大騒ぎにならない。そのうちに、めんどくさいから防空壕にも入らなくなる。ダァーンと焼夷弾が落ちるとそれでタバコに火をつけたりして、「きょうはもうそろそろおしまいでしょうな……」なんて話をしている。

この間の微妙な変化というのが日記というフォーマットでないとなかなか追体験できない。開戦までの人々の普通の生活、開戦直後の全国民的な昂揚感、そのあとの情報統制による漠然とした不安、空襲後の人間の驚くべき適応力。時系列の世の中の微妙な変化や人々の心理状況を知るうえでは日記がベストです。日記を読むと、そういうことがリアリティを持って迫ってくる。

で、さらに面白いのは、大正生まれの享楽的で根性なしだと親の世代から小言を言われていた世代が、その後の戦後復興を担っていくという成り行きです。明治の苦労を知らないと軽く見られていた世代が、戦後日本の復興をリードしていく。人間がいかにタフな生き物かということがわかります。

幸いにして日本はその後、少なくとも直接的には戦争をしていない。これは素晴らしくもありがたいことです。自分を振り返っても、世の中が平和だからこそ、僕もこうして呑気な生活を続けていられる。戦争だけは勘弁してほしいと思う。じゃあ、戦争を起こさないために、個人として世の中をどのように見て、何を考え、どう行動すればいいのか。僕なりに考えることがありますが、こうしたことを考えるうえで最も多くを学んだのは、戦争の前線にいた人々の遺したものはもちろん、生活者として戦争を経験した人のさまざまな日記です。

最初に読んだのはご多分に漏れず『アンネの日記』ですが、日本人の日記でも、清沢洌『暗黒日記』や高見順『敗戦日記』はもちろん、徳川夢声の『夢声戦争日記』、内田百閒の『東京焼盡』、山田風太郎の『戦中派虫けら日記』『戦中派不戦日記』、こうした日記は絶品です。戦時下に綴られた日記を読むと、時空を飛び越えて、「ああ、戦争はこうして始まり、世の中の人々はこういうふうに受け止め、戦時体制に組み込まれていくのか」ということが手に取るようにわかる。若い人にぜひ読んでいただきたいと思います。

人間は想像以上にタフです。空襲でさえ、「気分の問題」になりうるのです。あなたの「悩み」なんて幸せを絵にかいたようなものです。好きなようにしてください。

column 3
川の流れのように

昔からある「就活格差」

学歴や情報量などによる〝就活格差〟が拡大しているという話がNewsPicksで特集されていました。記事を見ると「ハイエンド学生の情報力」「早くやったもの勝ち」「稼ぐならリクルート、ハクづけなら外資コンサル、本命は三菱商事」といった話が並んでいます。

どうでもいい話です。心の底からそう思います。

ケータイがスマホになるとか、物事の表層は変わりますが、本質はあまり変わらないのが人の世の中の常です。

いまの就活生がまだ生まれていなかった昔の話ですが、僕が大学生だった頃もいまと同じような「格差」がありました。やはり東大や有名大学の学生が優遇されていました。言うまでもなく、このことは日本に限りません。その後、海外の事情も知るようになりましたが、日本以上に露骨な学歴偏重の国も少なくありません。

これもだいぶ前の話です。グーグルが日本でも大いに注目されるようになった頃、当時日本法人の社長だった辻野晃一郎さんから聞いた話です。「グーグルは学歴と成績を基準に人を採る」とのことでした。

いまのグーグルについて詳しいことは知りませんが、おそらくあまり変わっていないように思います。なぜか。一人の人間の能力や人格をしっかり評価しようとしたら、とてつもなく手間暇がかかる。ましてや、みんなが行きたいと思う会社なら、応募者は数万人、下手したら数十万人もいるわけです。グーグルのような人気企業が学歴で人を採るのはごく自然な成り行きです。

限られた時間でスクリーニングをしようとしたら、学歴のような形式的な基準でとりあえず判断するのがコスト・ベネフィットからして理にかなっている。

優れた学歴それ自体はもちろん悪いことではありません。少なくともその人間の能力なり資質の一部を反映している。学歴というものが誕生して以来、いつの時代もどこでも、特に新卒の場合は採用基準としてとりあえず学歴を重視するのは、さほどおかしなことでもありません。

銀行・商社に行く理由

ただし、勘違いされては困るのですが、ここでいう学歴による格差はあくまでも採用する側が便宜的に学歴を基準としているというだけの話。スポーツをするのにはとりあえず足が速いほうがいい、というようなものです。

足の速さは手っ取り早く測れて比較できるので、大量の母集団から短い時間で何人か選ぶ時にはそれなりに有効かもしれません。しかし、足が速ければその競技で自動的に活躍できるかというと、そんなことはもちろんない。足が速いだけで、ボールハンドリングもフィジカルもたいしたことない人は、ラグビー選手としては使い物にならない。

グーグルにしても、一度入社してしまえば、その人のグーグルでの仕事の実績で評価するに違いないわけで、学歴なんかは何の意味も持たないでしょう。また、その評価はグーグルという会社の仕事での評価であって、別の会社ではまた違ってくる。優れたラグビー選手でも泳げない人がいるかもしれない。水泳選手としても優れているとは限りません。

そもそも、ハイエンド就活生うんぬんという話は、一人ひとりの人間にとってのキャリアの成功や仕事生活の幸せとは何の関係もない。

東大やハーバード大学などの名門大学を出て、みんなが入りたいと思う会社(たとえば外資コンサルや総合商社やメガバンク)に入ったとします。

それの何が「よい」のでしょうか。そうした会社がよいというのは本当のところ何を意味しているのか。問い詰めたところで、おそらく「年収が高い」「周りの人がすごいと思ってくれる(＝ハクがつく)」といったことぐらいしか理由はないのではないでしょうか。

さらに問い詰めたい。実際にそういう会社や仕事では「年収が高い」とする。それの何が本人にとって「よい」のでしょうか。年収一〇〇〇万円と一〇億円の違いならまだしも、たかだか数十万円、せいぜい一〇〇〇万円か二〇〇〇万円の違いです。キャリアのごく初期でのこの程度の年収の違いは、その人の長い仕事生活の充実や幸福にとって本当のところどういう意味を持つのでしょうか。もちろんたいした意味はありません。当然ですけど。

周りの人が就職の時に「お前、三菱商事に就職してすごいな！」と思ってくれたとします。それがその人のその後の人生にとってどれだけの意味があるのでしょうか。何の意味もありません。

当たり前ですけど。三年も経てば、そんなくだらないことは誰も覚えていない。

「就職人気ランキング」の不思議

消費者に意識調査をして「人気ラーメン店ランキング」ができたとします。ただし、このランキングはちょっと変わっていまして、調査対象となった消費者は誰も実際にラーメンを食べたことがないというのです。このランキングの意味はどこにあるのでしょうか。いずれにせよ、おいしいラーメンを食べたいと思っている人にはあまり役に立たないことは間違いない。

「大学生が選んだ就職人気企業ランキング」といった記事を見ると、総合商社や大手金融機関など誰もが聞いたことがある有名企業が並んでいます。「ま、そうなるだろうな……」という結果です。なにぶん、まだ働いたことがない人々の声なのです。日本の不特定多数の人に「有名な会社を挙げてください」と尋ねて出てくる会社とあまり変わらない顔ぶれになるのが当たり前。「就活生に人気の企業はどこか」というのは、「ラーメンを食べたことがない人によるラーメン店ランキング」のようなものです。

冒頭で例に出したリクルートや三菱商事、マッキンゼーなどの外資コンサル、この手の「就職人気企業」はもちろん、それぞれに立派な会社です。それにしても、この種のランキングはミスリーディングです。いつの時代もこれから社会に出ようという若者はナイーブなもの。就職人気企業ほど「よい就職先」で、人気上位の企業に就職することが「成功」だ、と短絡的に考えます。

そもそも就職というのは自分と仕事のマッチング、すなわち相互選択です。会社の側も採用する人を選んでいるのですが、こっちも無数のオプションの中から仕事を選んでいるのです。ここで特に大切なのはことの順番です。仕事が先にあって自分がそれに合わせるのではありません。自分が先にあって、それに合う仕事を選ぶということです。

音楽と一緒で、どの仕事を選ぶかはあくまでもその人個人の好みの問題です。ランキングの上位にある曲を聴いても、全員が気に入るとは限りません。僕はAC／DCというバンドの「Rock'N' Roll Damnation」という曲が大スキ（おそらく世の中にあるロック・ミュージックの中で一番スキ）なのですが、最近のランキングには出てきません。でも僕はこの曲が大スキで、聴いていると幸せな気分になります。

NewsPicksに掲載された南場智子さんと朝倉祐介さんそれぞれのインタビュー記事を面白く読みました。南場さんは「いま私が二二歳だったら、絶対マッキンゼーには行かない」と言い、朝倉さんは「いま私が二二歳だったら、マッキンゼーかリクルートに行く」と言います。インタビューを通して読めば、どちらのお話も納得のいく内容です。

要するに、就職はそれぞれが自分の好き嫌いで決めるものです。客観的な基準での良し悪しはありえません。一般的に「よい就職先」など元から存在しない。

ところが、この当たり前の話がなかなか通用しないのがいつの時代も学生のナイーブなところ。なにぶん食べたことがないのだから、どうしても「食わず嫌い」や「食わず好き」になります。仕方がないことだと言えばそれまでですが、「食わず好き」はまだしも、「食わず嫌い」は実にもったいない。

一度しかない人生、やりがいのある仕事を持つことは人間にとって最も基礎的な幸せの一つです。メディアやランキングがわんわん言っているのは、「いまこういう会社が多くの人から『よい会社』だと思われています」というだけ。ずいぶん底が浅い話です。

周りの人が言う「よい会社」よりも、自分にとっての「よい会社」を見つけるほうが大切に決まっている。世の中には数多くの会社や仕事があります。いまは知らないけれども聴いてみたらグッとくる曲が世の中にたくさんあるように、自分にとってグッとくるかもしれない「よい会社」は想像以上にたくさんあるはずです。

これから世に出ようという学生だけでなく、キャリアの初期段階にいる若者に強くおすすめしたい。ランキングや外野の声はひとまず横に置いて、視野をもっと広く持ったほうがいい。先入観を持たずに、いろいろな業界のいろいろな会社をとにかく数多く見てみることです。どうせまだたいした経験を持っていないのだから、先入観はまったくアテになりません。

まずは質より量。どんな方法でもいいのですが、実際にその会社で働いている人に少しでも話を聞いてみる。それで十分。微に入り細に入りインターネットで「企業研究」をしても、本当のところは実際に働いてみるまでわかりません(しかも、しばらく腰を据えて働いてみなければわからない)。

まずはイントロやサビだけでもいい。自分の耳で聴いてみる。数多くの曲を聴いてみて、自分だけの「プレイリスト」をつくる。直観だけでいい。理屈抜きにグッとくれば、その会社は考えてみる価値が十分にあると思います。

他人との比較が不幸をつくる

就職や仕事の選択は、その人の好みに根ざしたきわめて個人的な問題です。「ハイエンド」だの「文理格差」だの、そもそも人と自分を比較すること自体が虚しいものです。これほど比較の意味がないこともないぐらい、意味がない。自分はこの世に一人しかいません。一人しかいない自分と一生つき合っていくわけで、他人と比較してもしょうがない。

僕の同僚に人的資源管理が専門の小野浩教授がいます。彼から聞いた話なのですが、多くの研究が「他人との比較が幸福感を阻害する」という発見事実を指摘しているそうです。

たとえば、嫉妬。嫉妬という感情は、人間にとって最も不幸で醜い心の動きだと僕は思っています。嫉妬というグロテスクな感情はどこから生み出されるのでしょうか？前にもお話ししたように、僕は次の二つが嫉妬の源泉だと思っています。一つは、人と比較すること。もう一つは、自分自身についての有能感(自分は価値が高い、ひとかどの人物であるという自己認識)です。

自分を誰かと比較する。で、「なぜアイツが……」と嫉妬する。しかし、アラブの王族の人に嫉妬している人はあまりいません。たとえ、理不尽なまでに贅沢をしていても、どんなに優遇されたポジションにいたとしても、そもそも比較の対象に入らないからです。

僕がこれまで実際にお会いしたことがある中で、一番足が速いのはおそらく為末大さんだと思います。「子どもの頃、犬とかけっこしてみたら、犬より速くて自分でもびっくりした」と笑っていました。

為末さんはヒジョーに足が速いのですが、だからといって「チキショー……」と思う人はまずいないでしょう。ほとんどの人は足の速さについて(為末さんと比較して)そもそもそれほどの有能感を持っていないからです。素直に「スゲー速いね!」と感心するだけ。

ところが、就活だと、こうはいきません。卒業を控えた同じような年齢の学生だけが数カ月間、まるで濃縮還元ジュースの還元する前の状態のように、狭い時空間に押し込められた状態。どろどろの沼に首まで浸かっている。だからすぐに他人と比較したくなる。「ちくしょう!」「あのヤロー!」という嫉妬に陥りがちです。

しかも、若者ほど自分について根拠のない有能感を持っている。嫉妬してくださいといわんばかりの状況。人を嫉妬に誘う条件がよどみなくすべてそろいまくりやがっている。

就活中、そんな醜い人にならないためには、「自分がよければそれでいい」と思うことです。比較にはキリがありません。だいたい比較する時は他者のいいところ、恵まれているところにばかり目が向く。どんな人もその人に固有の困難や弱点、事情などを抱えて生きている。全面的にうまくいっている、もうすべてがハッピーハッピー! などという人は世の中には存在しません。ところが、他人と比較する人はそういうところには目が向かないものです。

もう一つ大切なのは、「自分は普通の人間である」と思うこと。根拠のない有能感は持たないこと。要するに、謙虚であること。誰であろうと就活生である以上、まだ仕事の経験やまともな実績はないわけです。ハイエンドだろうが何だろうが、世の中から見れば、まだ何もないただの若者です。

世の中には優れた大人がたくさんいます。そういう人は決まって謙虚なものです。「人は人、自分は自分」という感覚を持っている。一方、ダメな人ほど人と比較しては悩んでいる。バカバカしいにもほどがあります。

わが意を得たり

前にも書きましたがテレサ・テンの「時の流れに身をまかせ」と、美空ひばりの「川の流れのように」の豪華デュオ、これが僕のキャリアに対する基本姿勢です。

「これを絶対に達成しようという目標をあらかじめ明確に決めて、ひたすらそれに向かって邁進する。私に言わせれば、そんなことしても仕方がない。世の中、ほとんどのことは自分の思い通りにならない。だから、自然な流れにひたすら身をまかせて生きていく。これが自分の生き方だ」

出口治明さん(ライフネット生命会長)と話をしている時、出口さんは目を輝かせてこのようなことを言いました。僕は思わず膝を打ちました。考えてみると、僕もまったくそのように生きてきた。これからもそうしていこうと思っています。一言でいうと「川の流れのように」(もしくは「時の流れに身をまかせ」)。

僕はわりと行き当たりばったりで生きてきました。「ま、できるだけ自分がスキなことをしながら、自分のペースで毎日楽しく仕事を続けていければイイと思っているんですけど……。えー、平和と健康だけは大事にしてください。ドーモスイマセン」というのが基本方針です。

「夢」や「!」がまるでないので、何となく自分の仕事姿勢を公言するのがはばかられるような気がしていました。そこへ持ってきて、「目標絶対達成!なんて、自分にとっては一番つまらん生き方だ」と出口さんがあっさりと言い切ってくれたものですから、常日頃の自分の考えをきっぱりと言語化してもらったような気がして、わが意を得たりという思いがしたものです。

ま、出口さんの場合は、川の流れのように生きてきた先に、還暦でライフネット生命を起業するということになったわけで、僕と同列に扱うのもちょっとアレなのですが、言いたいことは、仕事生活を生きていく姿勢として「川の流れのように」も大いにアリなのではないか、ということです。

このところ、というかずいぶん前からそうかもしれませんが、「夢を持って生きよう！」「夢をあきらめるな！」「あなたの夢は何か!?」というような、やたらに「夢」と「！」のつく生き方を（特に若者に向かって）推奨する向きが多いような気がします。

これを受けて、やる気のある若者ほど明確な「キャリアプラン」を持ちたがります。「夢に日付を！」とか言う人が出てくる。人生と仕事の性質を考えると、こうした考え方はあまりに不自然で窮屈だと僕は思います。

会社のビジネスと個人のキャリアの違い

就活生に言いたい。自分のキャリアについて、大仰な「計画」「戦略」を持たないほうがいい。僕の専門は競争戦略なので、時々「ストーリーとしての就活戦略」を話してくれというリクエストがあるのですが、僕はキャリアには計画も戦略も不要だと思っています。

ド中年を代表して若者に言いたい。「キミの夢は!?　目標は!?」と迫られると、そういうものを掲げることが達成の必要条件であるかのように思うかもしれません。しかし、一部の天才や求道者やスーパー努力家や矢沢永吉（尊敬しているのですが、敬称略）は別にして、ほとんどの人には壮大かつ具体的な夢や確たる長期目標など持ちようがないのです。無理して掲げると、かえって「夢負け」して勝手に委縮したり、頑張りがからまわりするという成り行きになります。

だいたい「夢をあきらめるな！　夢を追いかけろ！」とか煽っている連中をよく見ていただきたい。実際のところ、あまりたいしたことないことが多い。

会社という組織でおこなう事業と個人のキャリアはまるで違う問題です。組織か個人か、目標が客観的で明確か（事業の場合は長期利益）、それとも主観的で抽象的なのか（個人のキャリアの場合は「やりがい」「達成感」「幸せ」）、さまざまな次元で事業とキャリアは異なります。

最大の違いは時間軸の長さです。事業の寿命よりも人間の寿命のほうがずっと長い。いまの時点で明示的な計画や戦略を立てようとしても、そんなに先のことはわかりません。しかも生身の人間の向き不向きや達成感の問題です。そんなことは、いろいろと経験して、試行錯誤の中から事後的にしかわからないに決まっている。

もちろん世の中には「目標絶対達成！　全力投入！　全速力進撃！」という生き方を貫徹できる人もいるわけで、それはそれで立派なことです。オリンピックに出るような世界的なスポーツ選手にはこういう人が多いような気がします。時の流れに身をまかせている僕としても、こういう人は心から尊敬するにやぶさかではありません。

ただし、自分がそういう生き方を実践できるかというと、絶対に無理なこともまた確信しています。僕が凡人だからだと言えばそれまでですが、ありていに言って世の中の九九％の人はそっちのほうなわけで、「川の流れのように」のほうが自然で、結果的にも実りの多い幸せな生き方なのではないか、というのが僕の考えです。

時の流れに身をまかせ、川を流れるように生きていく。世の中、いろいろな人がいろいろな目的や考えを持って生きている。そうそう自分の思い通りにはならないのがこの世の中。ほとんどのことは自分の思い通りにならないと思ったほうがいい。思い通りにいくことなど例外です。

一方で、仕事生活はこの先長く続きます。出合い頭に、思ってもみなかったようなチャンスにぶつかることもしばしばです。キャリアは「ご縁」次第。日付を入れて計画するなんてどだい無理な話。

「食わず嫌いはよくない」「先入観を捨てて視野を広く持ち、いろいろな会社や仕事を素直な目で見たほうがよい」「グッとくる会社や仕事があるかもしれない」という話をしました。それにしても実際に働いてみないと、本当のところはわからない。まずは腰を据えてそこで仕事をしてみて、滑った転んだを繰り返しながら、だんだんわかってくるものだ、としか言いようがない。「どうもこれはよくない、自分には向いてないぞ……」ということもしばしばです。だとしても、「ダメだこりゃ、次行ってみよう」というだけの話です。

突然始まったスマホ小説

しばらく前の話ですが、Kさんのブログを見ていて驚いたことがありました。スマホ小説（スマートフォンのアプリで読む小説）の連載を始めたというのです。

Kさん(話がどうも伝わりにくいので実名にします。要するに鎌田和彦さんのこと)は旧知の友人。若くして会社(人材紹介サービスを主な事業とするインテリジェンス)を創業し、長くその経営を担ってきた人物で、年齢は僕と同世代。

僕は二〇年ぐらい前から鎌田さんを知っているのですが、知り合った時から一発で好きになりました。言動がとにかく率直でスカッとしている。たとえば「どう？最近、商売の調子は？」と尋ねたりすると、「いやー、よくないね。何がよくないかって、経営が悪い！」。「え、それって自分のことじゃないの？」(当時は鎌田さんが社長だった)」と突っ込むと、「その通り！」と爽やかな答えが返ってくる。面白い人です。

数年前に鎌田さんはインテリジェンスの経営を離れました。その後、パン屋さん(これが美味しい)やフレンチレストラン(これも美味しい)を始めたり、不動産投資会社の経営をしたり、と活動領域が広いのですが、それにしてもスマホ小説とは意外でした。しかもタイトルが『奥さまはCEO』。これが鎌田さんのイメージと(僕に言わせれば)まったく違うので、最初は冗談だと思いました。

キャリアのある年上女性がジュニアな男性と結ばれる。男女関係が昔と変わるという時代性を反映したドタバタ劇がベンチャー企業を舞台に展開していく。縦糸にCEOと平社員の恋愛を、横糸にベンチャー企業で巻き起こる異常な日常。これが『奥さまはCEO』のアウトラインです。

鎌田さんに「これ、どういうつもりなの？」と訊いてみると、ご本人はいたって本気。何万字も書いて、いくつものバージョンを捨てては書き直したといいます。ベンチャーの創業経営者を経験しているだけあって、内容がとても面白いのに二度びっくりしました。このスマホ小説はのちに書籍化されていますので、興味のある方はぜひお読みください。

しばらくたって、鎌田さんのブログを覗いてみると、こういうことが書いてありました。スマホ小説を始めて、「いったいどこに向かおうとしているのか?」ということをよく聞かれるようになった。何をやっている人なのか、自分でも説明ができない。仕事はそれぞれ全部まじめにやっている。でも、それぞれに脈絡がないと言われたらその通り。そもそも「計画的に生きていく」というのは、どれほど可能なことなのか? 一〇年前、五年前に、いまのように生きていることを予想できていた人はほぼいないはず。「人生、先が見えないから面白い」と言えるほど豪放な人間ではないけれど、やりたいことをやる人生のほうがいい。

「やりたいと思ったことは全部やる。これがいまの方針だ」と鎌田さんは言っていました。鎌田さんはやたらとアクティブです。それに対して、僕はというと、仕事の領域を拡げるタイプではありません。だいたい同じようなことを何年もズルズルとやっている。それでも、「川の流れのように」という仕事生活の基本スタンスにおいては、わりと鎌田さんと僕とで共通するものがある気がします(この辺、確認してないので違うかもしれないけど)。

いい流れ方、悪い流れ方

前に触れた南場さんのインタビュー、大ざっぱに内容を要約すると、こういう話です。「社会に出るって何?」↓就活に興味が湧かない↓たまたま先輩に誘われてマッキンゼーの会社説明会に↓華やかな立食パーティー↓コンサルティングが何かもわからないまま就職↓「もし、いま私が二二歳だったら(コンサルティングではなく)、絶対に事業会社に入ります」

僕が言うのも何ですが、南場さんですら最初の就職はこの程度なのです。就活をしている時点でアタマの中で思い描くような「キャリアプラン」からしてみれば、思いもよらないようなことが次から次へと起こるのが仕事生活。川の流れに自然と流されればいい。時の流れに身をまかせてください。

ただし、川の流れに身をまかせるにしても、いい流れ方と悪い流れ方がある。流れ方が悪いと、「人生土左衛門」(「土左衛門」という言葉を知らない若い方もいるでしょうが、水死体のことです。念のため)になってしまう。

どのような流れ方がよいのか? それがちょっと前にお話しした「人と比較しないこと」です。周囲と比較して、物事を「良し悪し」「優劣」で考えるのが不幸の始まり。

手近なところで多摩川に人生をたとえると、就活時は、まだ奥多摩あたりにいるようなものです。上流もいいところ。まだ川幅も狭い。だからそこにいる就活生は、ちょっと右に逸れているとか、ちょっと後ろにいるとか、周囲と比較しての微細な「格差」が気になる。でも、そんなことは一生で考えると、ほとんど無視していいちっぽけな話です。

ちなみに、僕は現在五一歳。奥多摩から遠く離れて、おそらく二子玉川の246の橋のあたりを流れているところです。

周囲を見わたすと、土左衛門と化している人もいる。そういう人は、自分の好き嫌いをないがしろにして、いつも良し悪しの物差しで自分と他人を比較してばかりです。「こいつは勝ち組、あいつは負け組」とか言ったりする(それにしても、これ、ホントに下品な言葉でイヤですね)。口を開けば出るのは他人や会社や世の中に対する恨み嫉み妬み僻み。これでは生ける屍です。

この先、長く続くキャリアのよりどころは、自分の中にある「好き嫌い」とそれを反映した「向き不向き」にしかありません。特に若いうちはたいした責任もないのですから、自分の「好き嫌い」に忠実に流されていけばいい。「これをやると何か調子が出るなあ」という、自分が好きで、自分に向いていると思える流れを見つけ、それに乗ればいいのです。これが「よい流れ方」だと僕は思っています。

しょせん九九％の人はフツーの人間。一人の人間が達成できることにはおのずと限界がありま す。それでも、そうした人間が集まって世の中が動いている。出口さんの言葉を借りれば、人間は一人ひとりが「世界経営に参画している」のです。

「川の流れのように」というのは、何も手を抜くとか人まかせにするとかいうことではありません。むしろ主体性が大いに問われる。川の流れの中で、その時に自分が思い定めた自分の持ち場で真剣に力を尽くす。これが仕事をするということであり、世界経営に参画するということです。

イイ感じで流れる人

数年前のことです。とある地方都市に出張した時に移動で一緒になった若者から聞いた話、これが非常に印象的でした。彼は年の頃でいうと三〇歳前後。初めて会った人で、その後あったことも話したこともありませんが、この人が「イイ感じで流れている人」のように僕には思えたので、以下に紹介します。

はっきりした夢や希望や目標があったわけじゃないですね、学校を卒業した時は。とりあえず地元(とある地方都市)から出て独立したいというだけで、特に何をやりたいということはありませんでした。ま、どうせ仕事をするなら、できるだけ自分のスキなことのほうがいいと。単純な発想ですね。

で、何がスキかというと、アメ車。これはもう自信を持ってスキでした。いまでもスキですけど。特にシボレーね。昔のカマロとか、そういうのがスキなんですよ。ザ・アメリカンっていうのが。ついでに言うと、ロックンロールもスキですね。チャック・ベリーとかリトル・リチャードとかそっち系のオールディーズ。僕の齢だと、こういうの聴いてる人はあまりいないですけどね、大スキなんですよ。

で、横浜にあるアメ車専門の整備工場に整備工として就職しました。紹介してもらったとか、コネがあったとか、そういうことは全然なし。勝手に自分で求人情報を調べて、面接を受けて入社しました。仕事は面白かったですね。何たってアメ車専門ですから。毎日アメ車を触っていられる。五年間、その会社で整備工をやりました。でも、結局は辞めました。

何で辞めたのかというと、やっているうちにだんだん自分の報酬に納得できなくなってきたんですね。あ、安月給とか酷使とか、そういう話じゃないんです。わりといい給料もらってましたよ。社長もいい人でしたし。

納得できないというのは、自分の仕事と報酬の結びつきなんです。アメ車専門なんで、お客さんはそういう趣味の人がほとんど。フツーのクルマの修理と違って、競争があまりない。その小さな世界でいいお客さんがきちんとついている。だから、わりといい料金をいただけるんですよ、お客さんから。

僕がやっていることは、何てことないフツーの整備。たいして仕事もキツくないのに、まずまずの給料がもらえる。ま、いい商売と言えばそれまでですけど、五年もそういうことをしていると、ずっとこれでいいのかな、って。仕事ってこんなものなのかな、という疑問が強くなってきました。

自分がやっている仕事のレベルからすると、普通と逆の意味で割に合わないというか、自分の仕事にきちんとした価値があって、その対価として給料をもらっているという実感がないんですよ。これだと、ずっと続けていく仕事としていかがなものかと……。

で、そういう悩みがあって、仕事をどうしようかなと考えていた頃に、ちょうど学生時代からつき合っていた子と、そろそろ結婚しようかという話になりました。彼女も地元の人だし、この際地元に帰るか、という気になった。卒業の頃はこんな小さな地方の町を出たくてたまらなかったんですけど、都会で暮らしてみると地元のよさもよくわかりましたし。

ということで、地元で職を探してみると、この町で一番大きな工場、重たいもの造っている大企業の輸送機関連の工場なんですけどね、ここが工場の品質管理の求人を出していた。正社員でなくて派遣社員です。でも、話を聞いてみると、派遣から始めても正社員になる道もあるという。結婚することだし、そういう堅い仕事もそれっぽくていいかな、と転職しました。

ところが、やってみるとこれがパッとしない。何しろ大企業の大工場ですから、歯車どころか、歯車の歯になったようなものです。一所懸命仕事をしても、他の仕事とどうつながって、どういう成果になるのか、全然実感がない。これじゃあ正社員になってももたないな……、ということで、早々に別の仕事を探しました。

それで転職したのが、いまの広告代理店です。広告代理店といっても地方の会社ですから、従業員が三〇〇人の中堅企業。こういう景気ですから、地方都市で広告というと苦しいように聞こえるでしょ。もちろん実際に苦しい環境なんですけど、けっこう堅調にやってるんですよ、ウチの会社は。

従来のメディアの広告は下火ですけど、地元の会社で地域密着という強みを生かして、フリーマガジンとかフリーペーパーの事業に力を入れて、これがわりと調子いいんですね。スポットにたくさん置いといて、どうぞ持ってってくださいというやり方じゃなくて、ウチのは一人ひとり、お宅まで訪問して手で届ける。この顧客接点のつくり方が商売のキモになってます。高齢化でお年寄りの方が多いと、そういうアプローチのほうが消費者に届くし、シルバーの方々との接点でわかることも多い。地域ではシェアがナンバー1になってます。

仕事はやりがいありますよ。一番大きいのは、自分の生まれ育った地元、この地域社会に貢献できているという実感が持てるということですね。地域密着で消費を活性化していく。商売をやっている人にもお客さんにも喜んでもらえる。ま、これが広告業の原点なんでしょうけど、そういう実感を持って仕事ができる。

僕以外の社員もみんなそういうやりがいを持って働いています。みんな同じ方向を向いて頑張っている。だから職場もイイ感じですね。

上司にも恵まれています。いまの上司、若手の中では出世頭なんですけどね、この人についていているとホントに勉強になるんですよ。たとえば、一緒にクルマで移動している時とか、道路沿いに何てことないフッツーの赤い看板が出てるでしょ。そういう時に、「あのカンバンな、あれがなぜこの場所に出ているのか、なぜ赤いのか、そうしたことを見た瞬間に説明できる。それが真っ当な広告マンだ」と教えてくれる。違う業界から入ってきた僕を、仕事の一番根本のところから鍛えてくれるんですね。感謝しています。

アメ車の整備と工場の品質管理のあと、いまのが三つ目の仕事ですけど、これは一生の仕事として続けていきたいと思っています。ま、いまのところは、という話で、一〇年たったら考えが変わっているかもしれませんけど。ただ、毎日仕事をしていて、「あー、確かに自分は仕事をしているな」という納得感が前よりもずっと強いんですよ。今回はアタリだと思っています。毎日の仕事に手ごたえがあります。

アメ車やロックンロール？　相変わらずスキですよ。ただ大スキな古いカマロとなると、家族もいるし、自分で乗るのはちょっと現実的ではないですね。ほら、整備代も高くつくし。でも、いまでも休みの日には街に出て、ロックンロールのライブを聴くのが楽しみなんですよ。やっぱりクルマはアメ車、クルマの中でかかっている音楽はチャック・ベリー。「ロール・オーヴァー・ベートーヴェン」ね。これ最高。ま、あからさまにスキなことだからといって、そのまま仕事にはならないものですね。スキなことは趣味でやったほうがいい。いまになってそう思いますよ……。

仕事生活の核心

彼の目には力がありました。自分の足で立ち、自分の手で仕事をしているという自信にあふれていました。

はじめから明確な目標や「夢」があるわけではない。とりあえずは成り行きでスキなことをしてみる。で、試行錯誤をする。依然として明確な目標があるわけではない。そうした中で、徐々に自分自身についての理解が深まり、世の中や仕事のリアリティを経験する中で、ゆっくりとではあるが着実に自分と仕事と世の中の折り合いをつけていく。

この話をしてくれた彼は「川の流れのように」の一人です。しかも、ヒジョーにイイ感じで流れている。世の中で仕事をするとか、自分のキャリアをつくっていくとは、要するにこういうことなのではないでしょうか。短い時間でしたが、彼の話を聞いてとてもいい気分になったことをいまでもはっきりと覚えています。

とりわけグッときたのが、アメ車専門の整備工場を辞めるに至ったいきさつです。自分が仕事でやっていることと報酬とのつながりがわからない。どうも納得できないので他の仕事に替わろうと決意する。このエピソードはとても大切な、仕事への構えの核心に触れていると思います。

彼が仕事をしている広告会社について、僕はよく知りません。しかし、この会社はきっとイイ会社だと思います。彼のような若者がやりがいを持って働ける。こういう人がやる気になって力を発揮できる。あっさり言えば、よい会社とかよい経営とはそういうことではないでしょうか。

かつてと比べて労働市場が流動化し、転職が普通のことになっています。若い世代ではとりわけそうです。これは日本の成熟という時代の流れの必然です。

「最近の若者はロイヤルティがない」「仕事に執着心がないから、長続きしない。すぐに辞めてしまう」などとお嘆きの貴兄に申し上げたい。流動化を嘆いていても始まりません。大切なことははっきりしています。これからの会社はこの彼のような人を念頭に置いて経営されるべきです。

若い頃から明確な目標とキャリアプランを持って、一心不乱に邁進できる「孫正義・矢沢永吉タイプ」(人口構成比〇・一%以下。日本に限らずどこでもだいたいそんなもの)を別にすれば、ほとんどの人は時の流れに身をまかせ、川の流れを流れている。

イイ感じの意志を持って「主体的に流れている」人を正面から受け止めることができるかどうか。そこが会社の魅力と経営の度量が試されているところだと思います。イイ感じで流れている人に、ぜひここでずっと働きたいと思わせる何かがある。ここで成長して力を発揮したいと思わせるだけの機会を提供できる。会社のほうも、そういう会社でなければならない。

「寅さん」で有名な俳優の渥美清さんは、喜劇俳優としてキャリアをスタートし、名前が知られてからも一〇年以上、小さな成功と失敗を繰り返していました。そういう紆余曲折の時期に、テレビドラマで『男はつらいよ』の寅さん役が舞い込んだ。その時、渥美さんは「今回の仕事は、俺は乗ってやっているんだよ」と、親しい人に語っていたそうです。

「いま、乗っている」――この感覚がとても大事です。自然と前向きに努力できる、力が出る。朝起きたら「よーし、今日も仕事するぞ!」という気になる……。こういう感覚は、川の流れの中で初めて出会うことです。事前に計画はできない。時間もかかる。それでも、いつか必ず誰にでもやってくる。その時、「あー、きたきた！」と感じればいい。こういう感覚がいつかは自分にも来るものだということを意識していて、あとは川の流れに流されながら、毎日の仕事を一生懸命やっていればいいだけです。

誰でも最後は東京湾

たまたま条件が整っていたり、運がよかったり、自分に向いていて力が発揮できれば、何らかの成果や達成がすぐに実現するかもしれません。しかし、すぐにうまくいかなくても、そっちのほうが当たり前。川の流れに逆らわず、機が熟すのを待てばよい。そのうちに自分の持ち場ややるべき仕事が新たに見えてくるはずです。世の中という川の流れにはそれだけの度量があるはずです。

そうしているうちに、自分が流れている川がだんだん幅広くなってくる。流れる水の量も豊かになる。それが成長するということだと思います。それでも川の流れがどこに向かっているのかはわからない。どっちにしろ、いつかは海にたどり着きます。時の流れに身をまかせ、川の流れに流れ流れて、結局のところ東京湾に至るのです。それがキャリアの終点です。

東京湾にいる人たち(引退した人たち)の顔をよく見てください。一目瞭然です。イイ顔をしている人とそうでもない人がいます。ちらほら土佐衛門も浮かんでいる。キャリアにとっての成功とは、東京湾でイイ顔をしているということです。そういう人たちは、同じ川を流れるにしても、いい流れ方をしてきた人たちです。最後まで答えはわからない。死ぬ時になっても結局はわからないのかもしれません。それはそれで豊かな人生です。

奥多摩にいる就活生の皆さん、就活に「勝ち」も「負け」もありません。まだ何も始まっていないのです。他人とあれこれ比較せず、自分の好き嫌いで、直感のおもくまま、まずは丸腰で川の流れに飛び込んでください。

一足先に、東京湾でお待ちしています。

Part 4

31

フテ寝の自由

後輩だけ高評価。上司のえこひいきに、耐えられません

メーカー勤務（二八歳・男性）

上司のえこひいきの度がすぎて頭にきます。仕事はマーケティングのプランニングですが、僕がどれだけ成果を出しても、評価してくれません。その代わり、明らかに自分よりセンスのない人間（一つ下の後輩）をえこひいきします。ランチに同伴させ、会議では隣に座らせ、飲み会に連れ出し……。

その結果、彼が不当に高い評価を勝ち得ています。

公平性の観点から、この上司の行動は問題大アリだと言えないでしょうか？

上司は「是正」できない

あなたは、上司の公平性を問題にしていますが、もし上司の評価能力、センスに疑問があり、そのせいで一つ下の後輩が「不当に高い評価を勝ち得て」いて、「上司の行動が問題大アリ」だったとしても、組織である以上、部下が上司にペナルティを課してその行動を変えることは、すぐには困難です。

しかし、忘れてはいけないのは、仕事は自由意志でするものだということです。あなたがいまの会社で働いているのもあなたの自由意志に基づいた選択です。誰からも頼まれていません。

上司を変えられないのだったら、自分が会社を変えるか、別の部門に行くか、自由意志で対処する道はいくらでもあります。それがイヤならそれもまた自由意志。上司が変わるか替わるまで、布団かぶって寝っ転がってやり過ごすしかありません。それもまた人生。長い仕事生活には必ずといっていいほどそういう時があるものです。

もし上司が本格的に「問題大アリ」だとしたら、あなた以外にも、多くの人がこの人物を問題視するでしょう。いまは何とか上司としてやっているにせよ、遅かれ早かれ「こいつは上司の器でない」ということになり、冷や飯食いになる可能性が高い。

いまは一時的に布団をかぶってフテ寝を決め込む。で、この上司の化けの皮がはがれた時に祝杯をあげればいい。もしいつまでたってもそうならなかったとしたら、彼は上司としてそこそこやっているわけで、あなたの認識のほうが間違っていたということです。

エコヒイキは幸せか

以上が僕のお答えです。もう一つ、ついでにこう考えてみたらどうでしょうか。この上司が本当に公平性に欠け、信頼できないポンコツ上司だったとします。そういう人にエコヒイキされる。それは、あなたにとって実際のところ幸せなことでしょうか。間違いなく不幸だと思います。

仮にこの上司にエコヒイキされて、あなたが「不当に高い評価」を勝ち得たとします。それは果たしてご自身にとっていいことでしょうか。間違いなく、そのうちいろいろな問題が出てくるでしょう。自分の実力以上に高い評価をされた結果、自分には手に負えないような仕事が回ってきて、成果が出せずに責任を問われるというひどい目に遭うかもしれません。

あなたは一つ下の後輩に、ちょっとした嫉妬というか、「この野郎……!」という気持ちがあるかもしれません。ただし、彼の立場に立って考えて見ましょう。実際のところ、エコヒイキされている彼だって幸せじゃないのではないでしょうか。

エコヒイキされようものなら、このポンコツおじさまの横に座らされて、話を聞いていなければならない。ランチも同伴しなきゃいけない。仕事がホステスであれば、それはそれで立派な仕事ですが、この方の場合、ポンコツおじさまに飲み会に連れ回されて嬉しいのでしょうか。僕だったら、カネを払ってでも勘弁してもらいたいところです。

前提を変えます。実はこの上司がすごく魅力的で仕事もできる人だとしましょう。この場合、「どれだけ成果を出しても、評価してくれません」というあなたの認識が間違っている可能性が高い。

そうだとしたら、あなたから上司に「僕はあなたからぜひいろいろなことを学びたいと思っています。尊敬しているし考え方を吸収したいので、仕事の場だけではなくいろんな場面でご一緒させてください」と素直に言うべきです。一つ下の後輩が会議で右に座るなら、あなたは「左に座らせてください」と言えばいい。「公平」なんて大げさな言葉を持ち出すまでもなく、自分でいくらでもできることがあるはずです。

好きなようにしてください。

「かけ声」は目標にはなりえない

世界一のファッションブランドをつくりたい

アルバイト（二〇代・男性）

初めてご質問します。よろしくお願いします。こんな著名人に質問できるなんて嬉しく思います。

私には将来世界一のブランドをつくりたいという夢があります。ブランドの立ち上げには何が足りないのでしょうか？　将来、世界一のクオリティを誇る日本の職人がつくる服のブランドをつくりあげたい。

現状、私はアルバイト（アパレルの検品会社）生活で貯金額は三〇万円。経歴としては、アパレル学校卒で、アパレルでデザイナーを経験し、その後、商社にて営業・企画・生産業務を経験しました。

立ち上げようとしているブランドのコンセプトは、「日本の文化からインスピレーションを受けた独自の衣服を提案する」。すべて職人がつくった日本製を考えています。現状、取引をしてくれる会社は、生地屋やホームページ作成会社、撮影チーム、社労士事務所。

見込めるお客さまは、SNSを通して知り合った約一〇〇〇人のユーザー、以前仕事でつき合いがあったセレクトショップ二社です。初年度の年間生産量は二〇枚、スタッフ四人とは業務委託契約（納品したら工賃を支払う）をする予定です。

以上を含めて、ぜひご意見をお聞かせください。

足りないのは「立ち上げていない」ことだけ

「日本の職人がつくる服のブランドをつくりあげたい」という強い意志があれば、いまの段階ではもう十分。「ブランドの立ち上げには何が足りないでしょうか」というご質問ですが、あらゆることが足りていないのがスタートアップの常。逆に言えば、これを満たしたら成功するということはありません。相談者に何が足りないかと言えば、「立ち上げていない」ということが足りないとしか言いようがありません。どうぞ好きなようにやってください。

それ以外のここに列挙してある具体的なことごとは、すべてビジネスの周辺部分のどうでもいい話です。「アパレルでデザイナーを経験、商社で営業・企画・生産を経験」といっても、まだ二〇代。経験や実績はたかがしれています。

アルバイト生活で貯金は三〇万円とありますが、三〇万だろうが三〇〇万だろうが三〇〇〇万だろうが三億だろうが、どっちにしろ「世界一のブランド」をつくるには「カネが足りない」ということに変わりはない。気にする必要は、全然ありません。

「日本文化からインスピレーションを受けた独自の服」で、「すべて職人がつくった日本製のブランド」をつくりたい。素晴らしい志だと思います。ただし、相談者以外にまったく同じようなことを考えている人は、現時点でおそらく三〇〇〇人くらいは日本にいるでしょう。

もちろん失敗する可能性は高い。どんなビジネスでもそれは同じです。仮にすごくいいプランだったとしても、失敗する確率のほうがはるかに高い。ただし、まずは動いて立ち上げなければ成功も失敗もありません。

実際に動いてみても、現実には立ち上げにまで至らないかもしれません。たとえば、カネがさっぱり集まらないとか、協力してくれる人が足りないとか、誰も買ってくれない、とか。

そうだとしても、そうした事態に直面するということは、このビジネスが成り立たないという現実をわからせてくれているのです。用意周到に開業資金を三億円貯めてから突っ込んでパーにするよりはよっぽどいい。立ち上げが実現しなかったら、そこから学び、実現可能なプランに考え直せばいいだけです。

「世界一」は「頑張ります」と同義

ここから先は余談です。「世界一のブランドをつくりたいという夢」ですが、もっと具体的な目標を持ったほうがいいと思います。世界一というのは、何をもって世界一と言っているのか。「世界一ってどういうことですか」と聞かれた時に、「これはこういうことですよ」と言えるようにしておいたほうがいいと思います。

アパレル会社の企業に限らず、仕事の目標は、キラキラした形容詞や副詞に頼らずに、もっとニュートラルな言葉でつづるべきだというのが僕の考えです。

「世界一になります」といって「それはよくないね」「やめとけよ」という人はいない。いたとしても、わりと変わりモノです。「世界一」というのはそれ自体があからさまに肯定的な価値を含んでいる。そういう言葉で夢を語るのは、「頑張ります」と言っているだけ。寝言と一緒です。「夢は寝て見ろ、寝言は寝て言え」が僕の信条です。現実の仕事である以上、「夢」ではなく地に足のついた「目標」であるべきです。

たとえば、スターバックス。創業者のハワード・シュルツさんが「世界で一番いいカフェをつくるぞ」だけで商売を始めていたら、ここまでの成功はなかったでしょう。「第三の場所(a third place)を提供する」。この目標というかコンセプトがあったからこそ、いまのスターバックスがある。

スターバックスの創業は一九八七年のアメリカでした。当時のアメリカはレーガン政権。一九六〇年代までの豊かでのんびりした古きよきアメリカは、遠い過去の話になっていました。小さな政府で、新自由主義。「ガンガン競争してちょうだい」という世の中です。だから「第二の場所」であるオフィスでは人々のテンションが高い。〝Competition!〟とガンガンやってい(るふりだけでもし)ないとクビになってしまう。

だからといって、アメリカの文化では、「第一の場所」である家に帰っても、配偶者の前でこそ一番素敵でなければいけない。「アイラブユー、ハニー」と言うふりだけでもしないと、愛想をつかされてクビになるおそれがある。帰ったら帰ったでわりとテンションが高い。

そのようなハイテンション社会に住む人々のために、ごく日常的に駆け込める第三の場所をつくる。「スターバックスは日常の中でテンションを下げてくつろぐ非難所(a safe harbor for people to go)です。お代は三〇分の第三の場所代として徴収します。そのための有効な手段としてコーヒーもついてきます」。これがスターバックスのコンセプト、すなわち「目標」でした。

「業界最高水準」とか「顧客満足ナンバーワン」「世界一」という類のかけ声は、ビジネスの目標ではありません。自分の勝手な願望を表明しているだけです。

それを表明したとたんに、それが「何ではないか」がはっきりとわかる。ここに優れたコンセプトとか目標、ビジョンの特徴があります。何ではないかを定義することによって、その価値の独自性が明らかになります。「世界一のブランド」といってしまうと、それが何ではないかがわかりません。わかるとしても、「世界四番目じゃないということだな」ぐらい。スターバックスの「第三の場所」は、それが「第二の場所」でも「第一の場所」でもないということを表明している。ここに目標なりコンセプトを定義することの最大の意味があるのです。以上、余談でした。

33

ことの順番

転職して「裏切り者」扱いだが、前職に「出戻り」たい

営業(二〇代・男性)

楠木先生、こんにちは。本日は「出戻り」について相談させていただきたいです。

私は前職で営業をしていたのですが、社内のモチベーションの低さなどを理由に転職しました。前職では業績がよかったという自覚があったので、会社の悪いところもプロとしてズバズバ指摘していましたが、これをよくないふうに思っていた人もいたようです。

外から見るとまさに「新進気鋭」のように見える会社に転職をしたものの、実際に入ってみると、社内の仕組みの不備から業務効率に支障が出ており、いまさらながら前職の環境のありがたさに気づいています。

そこで「出戻り」をしたいと思うようになったのですが、迎え入れられても、社内でのポジションが心配です。転職したことで、以前から自分を疎ましく思っていた人はさらに疎ましく思うようになる

ことは確実なので、思ったような働き方はなかなかできないだろうと感じます。
このような状況での「出戻り」は得策ですか？

仕事の構えが最高に最悪

好きなようにしてください。

最近、一度辞めた会社に再び入社する「出戻り」が話題になっているそうです。ある調査によれば、約七〇％の会社が出戻りを受け入れるとのこと。ここまで出戻り社員が一般的になると、そのうち「出戻ラー」とか呼ぶようになるかもしれません（「出戻リスト」かな？）。

ことほど左様に、出戻り、よくある話です。この相談者も出戻ろうが出戻るまいが、好きなようにしてもらいたいと思います。

一度辞めた会社に出戻るという行為そのものは、僕はいいことだと思います。

ゼロと一ではまるで違う。ゼロというのはまだ仕事をしたことがない状態です。でも一度でも仕事をすると、ゼロが一になる。この本をお読みの方の多くは社会人だと思うので、このことがどれだけ大きな違いかは、皆さん、経験でわかると思います。言うまでもないことですが、仕事をしたことがない時と比べて、世の中に出てみると格段に「仕事」とは何かについての理解が深まります。

仕事を変えてみると、一が二になります。ゼロと一の違いは大きいのですが、一と二の違いもわりと大きい。一つの会社や職種の経験しかない人に比べて、自分の仕事をより相対的にとらえられる。

その結果、自分の得意不得意が見えてきたり、新しいモチベーションを得て仕事に対して前向きになったりするでしょう。二と三の違いはそれほど大きくないにしても、一と二の間には意味のある差があると思います。そういう意味では出戻りも悪くない。

以上でご相談に対する回答の本編終了なのですが、僕が思い切り問題にしたいのは、出戻るべきかどうかよりも、あなたの仕事に対する「構え」です。

あなたの仕事に対する姿勢や思考様式は、イイ感じでイヤな感じがします。ここから先はハゲの小言として聞き流してもらっていっこうに差し支えないのですが、悪い意味で最高の質問をしてもらったので、この機会に余談を続けます。

「状況の損得」に敏感すぎる

読んでいて読者の皆さんも気づいたと思います。あなたの文章には、徹底して自分の置かれている「状況」のことしか書いてありません。特徴的な部分一つひとつをカギカッコで拾ってみましょう。

まず「社内のモチベーションの低さなどを理由に転職」。考えてみればけったいな話なのですが、相談者は自分ではなく、周囲の人々のモチベーションが低いことを転職の理由にしています。

「自分のモチベーションがどうも湧き上がってこない、ちょっと仕事を変えてみるか……」だったらわかるのですが、そもそもの転職の動機からして、自分ではなく「状況」から始まっている。

次に、会社のよくないところをズバズバ指摘すると「これをよく思わない人もいた」。これもまた自分自身のことではなく状況です。

で、「外から見るとまさに『新進気鋭』のように見える会社に転職をした」。これもまた状況にすぎません。そこでどういう仕事をしたいか、自分の意志なり意図がまるで見えない。

次に行きましょう。その新進気鋭に見えた会社に入ってみた。すると今度は「社内の仕組みの不備から業務効率に支障が出ており」「いまさらながら前職の『環境』のありがたさ」に気づいたという。これもまた状況論です。

それで出戻りしたいという話になる。で、今度は自分が一度転職したことによって、「以前から自分を疎ましく思っていた人はさらに疎ましく思うようになることは確実」だから「社内でのポジションが心配」だという。徹頭徹尾、状況論です。

最後の「得策ですか？」という一文。ここにあなたのものの考え方のイイ感じでイヤなところが象徴的に噴出しています。「得策」という言葉を二つに分解すると、「得」と「策」。この「得」に「策」という二文字にあなたの思考・行動様式が凝縮されている。

要するに、あなたはもうどうしようもなく自分のことが大切なんですね。とにかく自分のことで頭が一杯。いつでもどこでも何に際しても、自分にとって何が得で何が損かという視点でものを考える。で、転職というたった一つのアクション（＝策）によって、自分の損得が大きく左右されると思っている。そこで少しでも得をする「策」を考える。このご相談では、それが「出戻り」というわけです。

「まず誰かを儲けさせて、それから（そのことによって）自分が儲ける」。いつの時代も変わらない商売の原理原則です。あらゆる仕事は他人の役に立って初めて仕事と呼べるのであって、自分だけのためにやることは趣味でしかありません。

あなたは、仕事というものについて一八〇度間違った認識を持っている。自分を取り巻く「状況」なり「環境」を、ダイレクトな「得」の源泉としてしか考えていません。

職場にしてもそこで働いている周囲の人々にしても、自分に都合のいい何かを与えてくれる、もしくは、そこから自分が都合のいい何かを取ってこられるものだと勘違いしています。

幼稚園じゃあるまいし、いきなり「得」を与えてくれるような他者など仕事においては存在しません。当然ですけど。自分が他社に対して何かを与えることで初めて仕事になるのです。当たり前ですけど。

自分がとにかく大切で、自分の将来が心配で、自分の得ばかりを考えている。ところが面白いことに、一方で「自分」というものがまるで空疎なんですね。

普通、仕事について考える時は、自分の好きなことや得意なことが先にあるはずです。「こういうことをやりたいんだ」「こういうことなら自分は役に立てる」と自分から提供するものがあって、だとしたら具体的にどこでどういう仕事をするべきかと考えるのが真っ当なことの順番です。

ところが、あなたの話からはそれがまったく感じられない。自分の損得ばかり考えているのに、肝心の自分がない。考えてみればヘンな話で、これは最悪の組み合わせだと思います。

髪の毛と引き換えに知る原理原則

「上からハゲ目線」で、かなり厳しいことを言いました。しかし、このあなたが特別に自己中心的で欲深いのではありません。二〇代の若者であれば、誰でもだいたいそんなものです。

誰しも年を取るにつれ、髪の毛と引き換えにだんだんと世の中についての理解を得るわけで、僕のように髪を失ってから、「昔は自分の損得ばかり考えていて、どうしようもなかったな、俺……」と思い知らされるという成り行きです。現存しているハゲは、みんな過去の自分について、多かれ少なかれそう思っているので、どうぞご安心ください。

人間、髪の毛のあるうちはわからないことがある(女性や、男性でもなかなか髪がなくならない人も大勢いますが、ここでは象徴的な意味合いで言っています)。世の中の原理原則を知らないままであれば、出戻ったところで同じことの繰り返しです。出戻ろうが出戻るまいが、どっちにしろ状況や環境の良し悪しや損得評価に明け暮れて、そのうち「やっぱ、どこかいまよりいいところはないかな……」となるに決まっている。仕事についての構えを改めない限り、絶対に解決されない問題です。

「じゃあ、どうすればいいのか」になるかもしれませんが、まったく心配する必要はございません。この調子で五年、一〇年と働き続けるうちに、いつか根本的に行き詰まる時が到来しまくりやがってくださいます。僕の予想では、それは二〇一九年の九月あたりだと思うのですが、前後三年ぐらいずれるかもしれません。

いずれにせよ、にっちもさっちもどうにもブルドッグ!(四〇代までの人はスルー願います)とばかりに立ち往生する時が必ずやってきます。なぜか。仕事について根本的に間違った構えを許容しない程度に世の中がうまくできているからです。

その時はもうどうしようもなくなる。で、「ああ、俺は間違っていた。こんなことじゃだめだ……」とようやく悟り、自然と僕が言った仕事への当たり前の構えや、考えを持つに至るわけです。あなたはまだ二〇代。正常な成熟・進化・発展の過程にあるだけです。

客観的には、よどみなく行き詰まりまくりやがっているにもかかわらず、本人にはその自覚がまるでない人も中にはいます。それはもうタダの「完全無欠のダメなやつ」。これもまた一興です。こうなると、当の本人はブツブツ言いながらもわりと平気にやっていくものなので、どっちにしろ心配ありません。

あなたも数十年後に髪がなくなった頃、いまの僕と同じような上からハゲ目線の小言を過去の自分に言い聞かせたくなると思います。その時を楽しみに、しばらくは好きなように好きなだけ「得策」に思いをめぐらせていてください。チャオ！

34

そこに「入金」はあるか

友達に「はあちゅうビジネス」をやめさせたい

学生(二〇代・女性)

数カ月前、友達が自身の恋愛を赤裸々に語るブログを始めました。「都内」「女子大生」といったフック的要素が強いせいか、ちょくちょくネットでも話題になっている様子で、「ポストはあちゅう」などとも言われているようです。先日は「最近はツイッターで有名人アカウントとの絡みも増えてきた」と自慢されました。

本人は、これで「いろいろな人脈をつくるんだ」と息巻いているけれど、個人的にはこれが将来彼女にとってためになるとは到底思えません。何らかの上昇志向はある彼女ですが、どうもエネルギーを間違ったところに振り向けているように思います。

このまま注目を集めて炎上してしまったり、変な人に利用されたりなど、本人が危ない目に遭うことが心配です。辞めるよう、どう説得すべきでしょうか?

情報の豊かさは注意の貧困

「はあちゅう」という言葉を知らなかったので、最初にこの相談を読んだ時、森永製菓のソフトキャンディ「ハイチュウ」のことかと思ってしまいました。

僕もハイチュウは嫌いではありませんが、それにしても「いまどきハイチュウ(の販売?)を仕事にしたいなんてよほど好きなんだな。仕事に対する姿勢として素晴らしい!」と意気込んで相談文を読んだら、「ハイチュウ」では全然文意が通らない。僕の勘違いでした。

で、早速ネットで調べてみたら、「はあちゅう」でものすごい数のページがヒットしたのですぐにわかりました。「はあちゅう」とはすなわち伊藤春香氏という女性ブロガーのニックネームなのでありました(皆さん、ご存じでした? 知らないのはオレだけなのかな?)。

余談になりますが、僕は「情報の豊かさは注意の貧困をつくる」というハーバート・サイモン大先生の金言を固く信じておりまして、テレビ(これはまったく見ない)やインターネット・メディア(これはさすがに必要がある時には使うけれども、なるべく無目的には見ないようにしている)などの情報源には極力接触しないようにしています。

この二つのメディアは本や新聞に比べると流れ出てくる情報量が多すぎるので、NewsPicksは別にして(↑もみ手)、僕にとってはかえって思考や仕事や健全な個人的生活の邪魔になるのでありました。

ですから、世の中のほとんどの人が知っているということを知らないままでいるということが僕には多々あります。たとえば、僕にとって最新のアイドルは中森明菜。それ以降はまったくわからなくなっています。

テレビで流行の情報は、僕の場合、YouTubeを経由して入ってきたりこなかったりするので（ほとんどが入ってこないが）、五年とか、場合によっては一〇年ぐらいのタイムラグがあります。ごく最近になって「チャラ男」の「〇〇でぇーす」とか「キミ、かわうぃーね！」というフレーズを知りました。面白がって使ってみたのですが、当然のことながらドン引きされました。

一〇年以上前の話になりますが、いつも通っているジムでしばしばお目にかかる人がいまして、その人は若くてきれいな女性だったのですが、ごあいさつ程度の話をするようになると、どうも彼女は僕が彼女のことをよく知っているという前提で話してくるんですね。僕にとってはジム以外で会ったことがなかった人なので、不思議な感じがしました。

ところが、僕が知らなかっただけで、その人は当時大変な人気のある大女優だったということがあとで判明しました。事前の認識がない僕にとっては、ただの「きれいな女性」だったので、ありがたみが薄く、惜しいことをしました。この手の価値は「事前の認識がすべて」なんですね。

これほど心配ない話もない

話を戻します。「はあちゅう『ビジネス』」というのは彼女のようにインターネットの世界の有名人がインフルエンサーとなり、その人が発信する記事にスポンサーがついたり、対談やセミナーに呼ばれて活躍することを指すようです（これ、合っていますよね？）。僕の推測が正しいという前提で、この相談に対する僕の回答を申し上げます。

好きなようにさせてください。あなたはお友達のことが心配なようですが、それにはまったく及びません。どうぞ彼女の好きなようにさせてあげてください。

いまのところ、お友達は『いろいろな人脈をつくるんだ』と息巻いて」、「ネットでも話題」になり、「ツイッター上での有名人アカウントとの絡み」とやらも増えていて、「ポストはあちゅう」と言われている。それ自体は別に悪いことではございません。誰に迷惑をかけているわけでもない。

考えてみてください。このお友達の一連の活動は「ポストはあちゅう」かもしれませんが、現時点では「はあちゅうビジネス」にはなっていないというのが僕の推測です。つまり、幸か不幸か、彼女自身への「入金」はおそらく発生していないだろうということです。

それが「ビジネス」かどうか。基準はいたってシンプルです。入金があるかどうか。これがすべてです。入金まで至らなければビジネスとして完結しません。入金がないということは、ビジネスではないということです。

あらゆる仕事は、自分以外の誰かに価値を提供しようとするものですが、そこに対価の支払いが伴わなければ「仕事」とは言えません。誰かがそれを「タダだったら欲しいな」と言うだけでは、まだ仕事にはなっていないのです。

いくらネットの世界で人気があって話題になっていたとしても、誰も彼女におカネを払わなかったら、これはビジネスではありません。つまり、このお友達は「ポストはあちゅう」かもしれないけれど、「はあちゅうビジネス」をしているわけではありません。たまたま最近ネットで有名人との「絡み」があって、そこに「いいね」がガンガンついたとしても、それと仕事として入金が発生することの間には、稚内と沖永良部島ぐらいの距離があります。

卑近な例で説明しましょう。僕はツイッターをわりと長いことやっています。その時々に読んだ本や観た映画、聴いた音楽の備忘録をツイートしています。こうした文化系趣味のメモ以外にも、Webメディアで書いた文章やインタビューがリリースされた時に、その記事のURLをツイッターにメモするようにしています(紙のメディアと違い、あっちこっちに書いているとそのうちにいつどこで何を書いたのかが自分で把握できなくなる)。

これにしても僕の「趣味」で、「仕事」ではありません。それが証拠に、これまでツイッターのフォロワーから入金があったことはただの一度もありません。当然ですけど。

もとより僕のツイッターのフォロワーはたいした人数ではありません。一方のNewsPicks、フォロワーの人数が気づいたら十数万人にもなっています。これは声を大にして言いますが、これまでフォロワーの誰からも、一円も入金などありません。当たり前ですけど。

「ポストはあちゅう」は大勢いる

「NewsPicksで僕を知った人が僕の書いた本を買ってくださる」という間接的な効果はあるかもしれません。それにしても、フォロワーの○・一%にも満たないでしょう。これまで累積で売れたのは二五冊ぐらいだと推計します。万が一、買っていただいた人がいらしたら、深くお礼を申し上げます。今後とも一つご贔屓にお願いします(↑もみ手)。

もちろん、NewsPicksに寄稿するたびに、原稿料はいただいております。その意味では、僕がここで文章を書くという活動は「仕事」にはなっています。ただし、これにしても微々たる入金(←もみ手なし)。とてもじゃないが、それで食べていけるというほどのものではございません。ことほど左様に、お客さまからおカネをご入金いただくというのは、ヒジョーにキビしいものなのです。

インターネットのように極限的に参入障壁が低い世界では、ネットで「話題になり」「絡みも増えて」「人脈をつくる」ということと、それをビジネスにするということの間には、近いように見えて、ハバロフスクとノヴォシビルスクぐらいの距離があります。

「ポストはあちゅう」になりたいと思って「息巻いている」人は、今日現在の僕の推計値で、お友達の彼女以外にも一万七五〇〇人は確実にいます。参入障壁は低く、したがってプレイヤーの数は多い。

みんな本家の「はあちゅう」をモデルにして同じようなことを考え同じようなことをしまくりやがっているでしょう。差別化も難しい。非常に高い確率で、この先も「ビジネス」にはならないと思います。

ということは、それを仕事としては生きていけないということです。そのうちスパッと辞めるか、もしくは別の仕事をしながら、僕のバンド活動のように趣味として続けるだけになるでしょう。すなわち心配ご無用。

もしかしたらお友達の運がよいか、何らかのチャームがあって、短期的には仕事として成り立つかもしれません。もののはずみでおカネを払う人が出てこないとも限らない。

しかし、です。提供するものに実質的な価値がない限り、二年、三年、五年と経つうち、間違いなく入金はなくなるはずです。「はあちゅうビジネス」である以上、本人に価値がなければそのうちに入金がなくなってしまいます。つまり、「やっていけるか、いけないか」がよどみなくはっきりわかってしまいます。何の心配もございません。

「はあちゅうビジネス」で入金を得る。ハイチュウビジネスで利益を出すのと同程度の難易度だと思います。どんな商売でも始めるのは簡単。しかし、入金を得るのは難しい。特にネットものであれば、資金を調達して始めることよりも、客から入金を得ることのほうがよっぽど難しい。コストを差っ引いて利益を出すのはもっと難しい。長期にわたって利益を出し続けるのはさらに難しい。逆に言えば、「利益という成果が先にあって、それに資金調達がついてくる」、これが優れた経営です。僕が尊敬する、とある経営者は「利益を出すよりも資金調達が簡単であってはならない」を規律としています。これが本当のビジネスです。

それと比べれば、お友達の「ビジネス」はビジネスのはるか手前にあります。マラソンにたとえるならば、スタートしたスタジアムをようやく出るどころか、まだスタートもしていない。スタート前にウォームアップとストレッチをしているようなモノです。

「黒歴史」は最上の財産

あなたが心配しているのは、お友達が変な人に利用されたり炎上したりすることで彼女が傷つくことですが、そうした「痛い経験」も、長い目で見ればお友達にとってとてもいいことだと思います。

もちろん、誰かに呼び出されて殺されてしまうというような、本格的に危ない目に遭うというのは避けるべきです。しかし、それよりも程度の軽い、滑った転んだは必ずあるでしょう。そういう負の経験から学ぶ。これが若い時は最上の財産になります。僕の二〇代も「黒歴史」の連続でした。

僕は、大切なことの本当のところは、自分で経験しなければわからないと思っています。よく「経験から学べ」と言いますが、非凡な天才は別にして、僕やあなたやお友達のようなフツーの人間は、本当の本質は経験から「しか」学べない、というのが僕の見解です。失敗というネガティブな経験は、最高の学習機会になります。この意味でも、ぜひとも好きなようにさせておくべきです。

いまの「息巻いている」状態で、相談者がお友達に「こんなことしていたら、こんなひどいことになっちゃうよ」とか、「もっとこっちのほうにエネルギーを使ったほうがいいんじゃないの」などと忠告したところで、彼女は聞く耳を持たないでしょう。やはり本人が痛い思いをしないと、なかなか血となり肉とならない（だからといって、このお友達が失敗するような方向に誘導したり罠を用意したりする必要はありませんが）。

確率的には低いかもしれないけれど、大成功して、ガンガン入金がある状態になる可能性もある。まずはやってみるしかありません。五年にわたって入金が続けば、それは彼女バージョンの「はあちゅうビジネス」に価値を認める人がいて、仕事として成立しているということです。その時は「おめでとう！」と言えばいいだけです。

結局のところ、どちらに転んでもいいことしかありません。どうぞ好きなようにさせてあげてください。

35

視野拡張の二つの方法

地方にIターンすべきかで迷っています

エンジニア(二〇代・男性)

はじめまして、現在都内でエンジニアをやっている者です。最近、友人がUターン転職をしたことをきっかけに、地方にIターンすることを考えています。

都会での生活費の高さなどを考えると、地方のほうが豊かな暮らしができるのでは、と思ったことや、もともと満員電車での通勤など、都心特有の窮屈さが苦手なことがIターンしたい理由です。

周りの友人は賛成してくれていますが、両親は地方での出会いの少なさを心配し、「結婚ができなくなる」と止めようとします。

楠木先生はIターンについていかがお考えでしょうか?

時間的な奥行き

好きなようにしてください。Iターンにまったく異論はございません。こういう考え方はとても健全でイイと思います。

ただし、「Iターン」という言葉には異論があります。Iターン。考えてみるとヘンですね。都会から地方に出るだけ。一方向的動き。ただの都会脱出。ターンしていないのに「Iターン」とは、これいかに？ま、地方から都会に出てきた人が地方に戻る「Uターン」から派生したのでしょうが、不思議な言葉ですね。

それはそれとして、この方はまだ二〇代。視野を広げることがこれからのキャリアにとって意義深いことで、とても大切です。視野を広げるほど物事が相対化でき、自分の仕事についての理解を深めることができますので、本質をつかみやすくなります。視界に入る選択肢も増えます。その意味で、Iターン（ターンしてないけれど）は非常にイイことです。

視野を広げるには基本的に二つの方向があります。一つは時間軸での視野の拡張。「いまはこうかもしれないけれど、時間が経てばそのうちこう変わるかもしれない」「いい時もあれば、悪い時もある」「人生楽ありゃ苦もあるさ」というように、時間軸を長く持つ。自分のキャリアに向き合う時にとても大切な構えです。

そもそもキャリアというのは時間的に幅がある問題です。誰しも過去があって、現在がある。現在の延長上に未来がある。すべては一人の人間の中でつながっています。

ただし、仮に時間軸を長く持っても、未来のことはわかりません。タイムマシンに乗って確かめるわけにはいきません。ですから、時間軸で思考を拡張するためには、過去にさかのぼる、すなわち歴史を知る、これが古今東西の正攻法となります。歴史を知れば、自然と物事を長い目で見られるようになる。歴史を知るほど、未来を見る目も磨かれます。

若さの弱点は、思考の時間軸が短くなってしまうことにあります。自分の中に歴史がない。どうしても近視眼的になる。若い時ほどいまこの瞬間での良し悪しや満足・不満足で頭がいっぱいになってしまう。焦ったり空回りしたりしてしまいがちです。若さの一つの本質は、自分の中にある時間的な奥行きがあまりないということです。

僕が若い方におすすめしているのは、自分が興味関心を持っていたり、好きだったりする人物の自伝や評伝をじっくり読んでみることです。自分の中に歴史はなくても、疑似体験を通じて、自分の思考の中に歴史を取り込むことができる。視野を時間的に拡張する訓練になります。

空間的拡張

もう一つの視野拡張の基本戦略が空間軸での拡張です。

知っている方も多いと思いますが、大前研一さんの超名言に「自分を変える方法は三つしかない。時間の使い方を変える。付き合う相手を変える。住む場所を変える。一番意味がないのが『変わるぞ！』という決意だ」（語句がこの通りだったかどうか覚えていませんが、おおむねこういう趣旨）というのがあります。それにしても、これ、本当にうまいこと言いますね。

あなたはまさに地理的に空間を広げようとしている。視野を広げる正攻法です。自分が本当に何をやりたいのか、自分の向き不向きは何か、自分のどこに価値があるのか、キャリアに対する構えを地に足がついたものにするうえで、Iターン(ターンしてないけど)は間違いなく実践的かつ実効性の高い手段です。

空間軸での視野拡張の何がいいかというと、時間軸とは逆に、若い人ほど有利であるということ。体力がある。フットワークが軽い。養わなければならない家族もいない。しがらみもない。若い時に、何回か生活や仕事の場所を変えてみるのはとてもいいことだと思います。

僕は東京で仕事をし、神奈川県で暮らしていますが、子どもの頃にアフリカのド田舎で育った経験が、大人になってからもわりと役に立ちました。仕事を始めてからは一時期イタリアでも仕事をしました。これもまたいい経験でした。歴史がある成熟した都市で暮らしてみることによって、日常生活で無駄にバタバタしないようになりました。

あなたはまだ二〇代なので、職歴としては都内でエンジニアとして働いた経験しかないと推測します。東京は日本全体から見れば非常に特殊なところです。この方がIターンの先(ターンじゃないけれど)として考えている場所がどこなのかはわかりませんが、おそらくそこでの暮らしのほうが、人間にとっては普通の生活なのではないでしょうか。

たとえばロンドンはまったくイギリスを代表していませんし、ニューヨークやロサンジェルスもアメリカを代表しているわけではない。イギリスやアメリカの「普通の人々」とは、価値観や行動様式が相当に違うと思います。

東京を出るということは、特殊なところに行くわけではなく、むしろ普通のところに行こうという話です。僕には日本の地方都市で暮らした経験がないので、表面的な推測かもしれませんが、地方のほうが生活費は安いでしょうし、食べ物はおいしいでしょうし、人間の生活の在り方が精神的に豊かで、ストレスがないかもしれません。

特にあなたは「満員電車の窮屈さが苦手」と言っているので、それをせずに済むというだけでも意味があります。ご両親は地方での出会いの少なさを心配し、結婚できなくなると反対なさっているそうですが、それにしてもほとんど影響はないでしょう。むしろ若い人が相対的に少ない地方のほうが、競争戦略的には有利かもしれません。

ま、男女の出会いに限って言えば、東京でダメな人は地方でもダメ、逆に東京でイケてる人は地方でもイケてるというのが本当のところだと思います。

もし、Ｉターン（ターンじゃないが）してうまくいかなかったら……と心配になるかもしれませんが、その時はいよいよ本当にターン（逆Ｕターン）すればいいだけの話です。どうぞ好きなようにしてください。

36

仕事は中身で選ぶ

ウチの社長は無能では？
人を見極める力をつけたい

個人事務所勤務（二〇代・男性）

はじめまして、現在転職が決まっている会社員です。いまいる会社は小さな個人事務所（珍しい職種なので、どんな事務所なのか詳しくは言えないのですが……）のようなところです。学生時代に経営者に惚れ込み、インターンを経て入社しました。

しかし、仕事を続ける中で違和感が積もり始めました。経営者は五〇代半ばの人で、前職の有名企業ではそれなりの役職に就いていたのですが、前職と現職ではフィールドが違います。

経営者の身近で仕事をしていて、「この人、実はこのフィールドではプロではないんじゃないか」「前職でのポジションのために、いまやっている事業も過剰に周りに持ち上げられているのでは」などと思うようになったのです。

ブラックな就業環境のために転職しますが、私自身ベンチャー・中小企業志向があるので、今後も

「人を見極める力」が必要な場面が出てくると思います。あまり実力はないのに、なぜか社会的評価は高い人……。こういった人にだまされないようにするための心得をお聞きしたいです。

勝手に思い込んだだけ

にっちもさっちもどうにもわかりにくい相談ですね。「ブラックな就業環境のために転職する」とのことですが、どうやら本当の理由は、一度惚れ込んだ経営者が実は自分の見込み違いだったことのようです。

もしこれが見込み違いでなく自分の思った通りの人なら、いくら就業環境が厳しくても我慢できる。ところが、当初の惚れ込みが怪しくなってきて、気づくと「長時間労働で給料が安い」というような労働条件ばかりが目立ってきた。条件がよくないのは前々からわかっていたけれど、経営者に幻滅した途端、我慢できなくなった……。勝手にそういうことにして以下の話を進めます。

あなたが知りたいのは「だまされないようにするための心得」。ということは、あなたは基本的に自分を「被害者」の立場に置いています。そもそもここに最大の勘違いがあります。

あなたは「だまされた」のではありません。個人事務所の経営者にしても、あなたを「だました」わけではない。あなたが勝手に「この人は素晴らしい人だ」と思い込んだだけです。

ですから、いまあなたに必要なのは、「だまされないための心得」や「人を見極める力」ではありません。勘違いをしない、勝手な思い込みをしないための人間観察眼が必要なだけです。

それは経験の積み重ねの中で、徐々に徐々に磨かれてくるものだとしか言いようがない。ここでの苦い経験は、あなたの今後にとって大いにプラスになると思います。

実力なくして高評価はない

相談内容から話が逸れますが、いくつか気になったことをつけくわえておきます。

あなたはいまの事務所の社長のことを、「実力はないのに、なぜか社会的評価は高い人」だと言います。しかし、仕事に限って言えば、実力がないのに評価が高いなどということはありえません。仕事においては、評価の対象はその人の実力でしかありません。

もちろん、仕事の実力とは別の「社会的評価」というものは存在します。たとえば面倒見がよく親切なのでみんなに慕われているとか、温厚な性格なので誰からも悪く言われないとか。そういう意味でなら、仕事の実力はなくても社会的な評価が高い人はたくさんいます。それはそれで立派なことです。

逆に、仕事はすごくできるけれど人間としてどうかな、という人もヒジョーに多数いらっしゃいます。僕はそういう人を即座に二ダースほど挙げることができます。

しかし、これにしても、だますとかだまされるという話にはならないでしょう。そういう人たちは、あからさまに「この人、人間としていかがなものかな……」と思わせせまくりやがってくださるものです。

もしかしたらこの社長は、前職でのポジションのために過剰に持ち上げられていて、「昔の名前で出ています」（↑これ、当然わからないと思いますが、気にしないでください）みたいな状態なのかもしれません。そこがあなたからすると「実力もないくせに」とイライラするのかもしれない。そうだとしても、相談者の勘違い、早とちりであることに変わりはありません。はあちゅうをハイチュウと思い込むのと同じです。

ダメな人とは絡まない

ま、実際の事情がわからないところは多々ありますが、無理やりアドバイスを申し上げます。普通は仕事を選ぶ時は、仕事の中身で選ぶものです。その仕事が好きだとか、その事業をやりたいとか、自分が成長できるかもしれないとか。しかし場合によっては、あなたのように、一緒に働く人に惚れ込んで、その人と働ける仕事を選ぶということもある。

そういう場合は、その相手に幻滅してしまえば、もう即時、転職するのがいいと思います。なぜならそれ以外にその仕事をする理由がないからです。

あなたはすでに転職先を決めたとのことなので、ここでアドバイスをしてももう遅いと思いますが、もし次に仕事を探すなら、今度は誰か惚れ込める人を探すよりは、ごく普通に仕事の中身で選んでみることをおすすめします。

最後に補足的なアドバイスを。それほど深く知らない相手を見極めるのは確かにそう簡単ではありません。しかし、その人の明らかなマイナス面に気がつくのは比較的簡単です。さほどの鑑識眼がなくても、「こいつはダメだな」というマイナス面はそれほど場数を踏まなくても何となくわかる。

これは社会に出る前にキャリアを選択するにあたり、大人たちから「好きなことをやりなさい」と言われても何をやりたいかさっぱりわからないけれど、こういうことはやりたくないと結構わかっている、というのと似ています。その時の判断はのちに振り返っても案外と正しいものです。

人物評価についても同じことが言えると思います。自分がどういう人と働きたいかはわからなくても、「こういう人はイヤ」「こういうやつとは働きたくない」というように、消去法で考えるのは相対的に容易なはずです。

「人を見る目」というほどのものではありませんが、このことを意識していると、多少なりとも役に立つと思います。どうしても余儀なくされる場合を除き、僕は「こいつはダメだな」という人とは絶対に仕事で絡まないようにしています。

もっとも、こういう時は、ありがたいことに相手のほうも僕のことを「こいつはダメだな」と思ってくれる確率がわりと高いので、お互いに自然と離れていく。快適に仕事ができるという成り行きです。世の中、その程度にはうまくできています。

37

性《さが》は死ななきゃ治らない

オジさんは、なぜ威張る?

マスコミ勤務(二〇代・女性)

このたびは楠木先生にお聞きしたいことがあってメールしました。

私はいろいろな人に取材やインタビューをする仕事をしていますが、こちらが若い女性というだけで威張る人がいて、ほとほとイヤになることがあります。

こちらの質問にはおざなりな回答しかしないくせに、聞いてもいない自慢話が延々と続く。言葉のはしばしに命令口調や説教が混じっていて、部下でもないのに勝手に部下扱い。運悪くそんな相手にあたってしまった時は、取材が終わって外へ出た途端、どっと疲れが出てめまいがするほどです。

多くの場合、そういう相手は四〇代後半以上の男性。つまりオジさんです。不思議と女性や若い男性は威張ることがほとんどありません。

楠木先生、なぜオヤジという生き物は威張るのでしょう。傲慢な中高年男性を謙虚にさせる秘策をお授けください!

本能的宿痾

僕の大好きな系統のご相談をいただきました。ありがとうございます。結論から申し上げます。諦めてください。オヤジの威張り。これはかりはどうにも手の施しようがありません。

とは言うものの、あなたの気持ちはよーくわかります。僕は男性ではありますが、この半世紀ばかり、威張りに威張るオヤジ諸氏に何とも言えない生暖かい気持ちにさせられることがしばしばございました。

こういうことを言うと最近の論調に抵触するのかもしれませんが、やっぱり男には男固有の悪いところ、女性には女性固有の悪いところが(少なくとも傾向としては)あるように思います。

威張る。これはもう男性に埋め込まれた本能的な宿痾《しゅくあ》です。その筋の研究によれば、これは種の保存とか、序列をはっきりさせて集団生活の秩序を維持するといった目的で、男性に組み込まれている動物的な本能(マウンティング?)だそうです。

女性も自己の優位性の誇示をするでしょうが、威張りの程度はやはり男性よりはずっと少ないような気がします。人は人、自分は自分という人は男性よりも女性に多い。

「威張り」は、オスのDNAに組み込まれているものだとつくづく思わされる局面が多々あります。

脂ぎった働き盛りの男性同士が会食などで顔を合わせると、表面的には「どうもどうも」と社交的かつ紳士的に話をしているようでいて、よくよく聞いてみると、きわめて持って回った表現ながら、「オレはすごいぜ」「オレはでかいぜ」とお互いアピっているだけ、ということがしばしばあります。

面白いことに（現場に居合わせるとあまり面白くはないけれど）、この種の威張り大会はさほどの悪意があっての話でもないのです。威張り（＝優位性の誇示）は男の本性にして本能ですから、どんな人にも多かれ少なかれあるものです。

もちろん、僕にもあるでしょう。僕は威張る人が大嫌いなので、この醜い男の本性を自覚して、自戒しています。それでも、この本をお読みの皆さんからしてみれば、「こいつ、威張りやがって……」と感じる局面もあるのではないかと推測します。

言うまでもなく、威張りをあからさまに出してしまうオヤジは困ったものです。オヤジに限りません。若者も同じです。ＳＮＳなどで書き込まれるコメントを見ても、そこはかとなく威張っている人が結構いますね。こういう視点でコメントを読んでみると、それはそれでなかなかに味わい深いものがあります。

逆に言えば、威張りを表に出さない。これが真っ当な大人の条件です。僕が知る範囲で言えば、威張りの要素がきれいさっぱり見事に抜け落ちている偉人に、たとえばユナイテッドアローズ創業者の重松理さんがいます。ヌケ感大魔王。人間、こうありたいものです。

男の威張りについては、同僚の佐山展生さん（一橋大学大学院教授、インテグラル代表取締役）の見解が面白かった。僕が佐山さんに「やたらと威張る人がいるでしょ。アレ、嫌なものですね。偉い人ほど謙虚ですね」と言うと、「あーそれはね、別に謙虚というわけではないんですね。本当に立派な人は、

『自分はまだまだダメだ』と心底思っているんですよ。だからまるで威張らない。本人の中にそもそも威張る理由がないんですね」というお答えでした。僕が「なーるほど！」と膝を打ったことは言うまでもありません。

夜の銀座のバックトス

話は逸れますが、男性の本能を全開にしても許される場所があります。たとえば銀座のクラブです（赤坂でもいいけど）。あれだけ高いおカネを払って何をやっているかというと、きれいな女性を相手にして、ただひたすら威張っているだけという人が散見されます。

考えてみれば、銀座のクラブ（踊らないほうですよ。念のため）というのは、男の威張りを収益に転化する商売といってもよい。「威張られ」をマネタイズする。そのために練り上げられた仕組みが発達しています。

お客は「俺はこんなにすごいんだ」「こんなに偉いんだ」と威張り放題。相手をするホステスさんは海千山千のプロですから、即座に「すごいのね」「偉いわ」「素敵」「大きいのね」と相槌を打ってくれる。

そればかりではありません。スキなだけ威張れるように暗黙のうちに誘導してくれる。僕はそれをバレーボールのメタファーで、「トス上げ」と呼んでいます。

「はいっ」（↑トス）「おれは偉いんだ」（↑アタック）
「はいっ」（↑トス）「おれはでかいんだ」（↑アタック）

ホステスさんが絶妙なタイミングでトスを上げてくれるおかげで、スパーンと気持ちよくスパイクを決められるというわけです。やはりどの世界でもプロはすごい。腕っこきのお姉さんであれば、トス上げもひと通りではありません。Aクイック、Bクイック、オープン攻撃から一人時間差まで、さまざまなバリエーションのトスを絶妙な位置に繰り出してくださいます。「座っただけで五万円」も理由があります。顧客である富裕なオヤジにとっては本能直撃の「プライスレス」ですから、その程度の費用は安いものです。

銀座の高級クラブで、プロ中のプロのホステスさんの絶妙なバックトスを受けて、猛烈なバックアタックをキメている黒光りしたオジサマを目撃したことがあります。威張りもここまで道を究めると、かえって爽やかで清々しいものです。僕は、黒光りオジサマの人生に幸あれ、と静かに合掌しました。

女の「媚び」

話が逸れましたが、それくらい男性の威張りたいという本能は強い。しかし悪しき本能があるのは男性だけかというと、そうは問屋が卸しません。女性にも女性ならではの問題本能があります。それは「媚び」だというのが僕の見解です。

女性誌のタイトルなどに、「愛されオーラの出し方」などという受動態と能動態が複雑に入り混じった奇妙な表現がしばしば出てきます。実に面白いですね。それくらい「自分は愛されている」「愛すべき存在である」（ということを他人が認める）ことが、女性にとっては一大事なのでしょう。

いまどきこんなことを言うと叱られてしまいますが、これがいわゆる「女の性《さが》」「女の浅ましさ」だと僕は心得ております(あくまでも「傾向としての話」ですよ!)。

若い女性を見ていると、ふとした瞬間に(たとえば会話の中でちょっとした沈黙が続き、男性と目が合うような状況)無意識に首が小刻みかつ不安定に揺れる人がいますね(これ、表現が難しいのですが、本当にそういう人がいるんです)。思わず「首が座ってない赤ちゃんかよ」と突っ込みたくなります。極私的な専門用語で、これを「女子のブラウン運動」といいます。

なぜそんな仕草をするかというと、文字通り、赤ちゃんの(無意識な)模倣なのだそうですね。赤ちゃんは首が座っていないから首が揺れる。人間はそういう危なっかしいものを見ると、守らなければいけない気持ちになるという習性があるらしい。

もちろん当の女性はそんな知識も意図もなく、本能的に赤ちゃんを模倣しているだけ。つまり、「私を守ってください」「私に注意を向けてください」という媚びの本能の発現というわけです。

かみ合う需給

言うまでもないことですが、人間には素敵なところがあると同時に、浅ましいところもある。男性には「力を誇示したい」という浅ましさがあり、女性には「気を引きたい」という浅ましさがある。

しかも、幸か不幸か、ここで需給が絶妙にかみ合っている。男が威張る。それが強いものに媚びて気を引きたいという女性の本能にジャストミート。需給が溶け合って、絶妙のハーモニーを醸し出します。威張りと媚び相互強化の循環に突入。ますます男は威張り、女は媚びるという成り行きです(↑

僕の偏見かな?-)。

話は突然大げさになりますが、男の威張りと女の媚びとその結託、これが人間社会の不幸の淵源となっている、というのが僕の見解です。歴史的にみても、男の威張りがなければ戦争もなかったことでしょう。ただし、威張りと媚びの結託がなければ、人間社会が活力を持たないのもまた真実でありましょう。

ことほど左様に、威張りは男の本能なので、相談者の求める「傲慢な中高年男性を謙虚にさせる秘策」など残念ながら存在しません。諦めてください。

「怒るな、悲しめ」の原則

ではどうすればいいか。実践的なアドバイスを伝授いたします。黒光りオヤジに威張られた時、僕は嫌がったり怒ったりせず、ひたすら静かに悲しむようにしています。「こいつ……!」とか思わないで、「嗚呼、威張らずにはいられない。哀しいなあ、人間って……」という方向に気持ちを持っていく。これを私的専門用語で「怒るな、悲しめ原則」と言います。

だいたい威張る人は気持ちのどこかに寂しさがあるものです。いま一つ仕事にやりがいがないとか、仕事が思ったよりもうまくいかないとか、自分の野心が満たされないとか、好きな女に相手にされないとか、そういう寂しさを抱えている。

だから威張る。美空ひばり先生の歌声が聞こえます。「人は哀しい　哀しいものですね」「人生って不思議なものですね」(↑この部分、強めのエコーかけてください)。

この「怒るな、悲しめ原則」をひとたび自家薬籠中のものにすると、あらあら不思議、怒るどころか、威張る人と接するのが次第に面白くなってきます。楽しくなってくると言っても過言ではない。

不快なことがあっても怒らずに、「うわ、こんなに威張るんだ」「そうきたか」「この人、どれだけつらいことがあったのかな」と想像したりして、その人の寂しさに思いを馳せ、悲哀をかみ締めているうちに、人間という生き物が結構面白くなってくるものです。ある種のエンターテイメント。サマセット・モームの小説を原作にした映画を観ているような気分になれます（しかも実写版。というかライブ。もはや劇。すなわち人間劇場）。

僕はこの二〇年ほど「怒るな、悲しめ原則」を実践しているのですが、年に一、二回は、思わずおひねりを投げたくなるような、濃イイ（＝濃くてイイ）威張リスト＆威張ラーとの出逢いがあります。人生って、嬉しいものですね（↑エコー願います）。

「怒るな、悲しめ原則」、おすすめです。次に威張る相手に遭遇した時、ぜひ試してみてください。

38

引き算から足し算、そして掛け算へ

大企業のジョブローテーションに意味はあるのか？

インフラ系会社勤務（三六歳・男性）

インフラ系の会社に勤める三六歳男です。私は入社以来、次のような経歴をたどってきました。

営業→開発→事業開発→営業推進→人事→営業→人事

ここまでジョブローテーションを繰り返し、正直、会社のことはよくわかったと自負しております。会社がどの方向を目指しているのかもよくわかるし、社内人脈も豊富です。しかし、特段自分の専門性は何かと聞かれると、答えられない自分は、対外的に市場価値が低いなと感じてしまいます。

現在は、営業が自分の最も追求したい仕事かなと思っています。会社に人事異動を願い出るべきでしょうか？（会社にそういう制度はあります）

日米の共通点と相違点

好きなようにしてください。当然ですけど。「営業が自分の最も追求したい仕事かなと思ってい」るのであれば、営業への異動を希望すればよいと思います。当たり前ですけど。

大企業のジョブローテーションに意味はあるのか、というお尋ねです。意味はあります。あなたはこれまでいろいろな部署や職種を経験して、「営業が自分の最も追求したい仕事かな」という感触を得るに至った。会社が目指す方向性もわかった。社内人脈もできた。すなわち、「ジョブローテーションには意味がある」ということです。ご自身が身をもって証明しています。以上、僕の回答でした。

……と、これで終わってしまうのもちょっとアレですので、余談にはなりますが、このご相談にかぶせて、ジョブローテーションやビジネスパーソンの市場価値、専門性といった論点について、僕の考えをお話しさせてください。

人や組織に関する施策や制度について言えば、全面的に「いいこと」や全面的に「悪いこと」はほとんどありません。ジョブローテーションも例外ではありません。いいところも悪いところもあります。さらに言えば、ジョブローテーションの有効性はケースバイケースです。ジョブローテーションが効果を発揮する業界や会社もあれば、ローテーションなど無用の長物というところもあるでしょう。

というわけで、一般化はできませんが、プラスとマイナスをバランスした時に、ある条件の下では意味がある程度にプラスが大きいので、ジョブローテーションという制度が存在していることは間違いありません。

日本だけでなく、欧米でもジョブローテーションはおこなわれています。日本との違いがあるとすれば、欧米の企業ではより意識的に、わりと「力技」でジョブローテーションを導入している面があるということです。

アメリカでは会社レベルの転職が多い反面、個人の専門性や職能・職種が固定していく。（一昔前の）日本では会社が長期に固定される代わりに、会社の中で個人のファンクションを動かしていく。このように日米のシステムには対称性があります。

欧米の労働市場の在り方や採用や報酬のシステムの下では、人間の仕事を特定の職能で定義する色彩が強い。これはこれでもちろんいいところがあります。職能ごとに労働市場が発達するので、組織を超えた人的資源の効率的な配置が可能になるとか、個人を評価する仕組みがオープンで透明になるとか、競争的な労働市場で個人が揉まれるため専門的なスキル形成を促すとか、よく言われるようなプラス面が多々あります。「日本ももっと労働市場が流動的にならなければいけない」という主張をする人がわりと多くいますが、そういう人はこうした美点を見ているのでしょう。

ただし、その反面、欧米の会社組織では仕事が長期にわたって特定の職能に固定されてしまう。転職をしたとしても、会社が変わるだけで、「職」そのものは継続します。どうしてもキャリアの間口が狭くなりがちです。

ある一つの職能の仕事に飽きて成長感や達成感を感じられなくなったり、その職能でのスキルが時代の変化とともに陳腐化して行き詰まるという「ミッドキャリア・クライシス」は、アメリカでは昔から日本よりもはるかに人々の注目を集める問題です。アメリカ的な労働市場や組織の在り方の下では、マネジメントが意識的にジョブローテーションをおこない、社員の間口を広げる必要がより強く認識されるという面があります。

一方、日本におけるジョブローテーションは自然発生的に定着したフシがあります。高度成長期の日本では一つの会社で定年まで勤めあげるのが当たり前でした。会社を移ってキャリアをリフレッシュする機会は限られている。その時点で必要になる人材を機動的に労働市場から調達するのも難しい。現有の勢力でいろいろな仕事をこなさなければならない。当座の仕事に適性がないからといってすぐに切り捨てることはできない。どうせ長いことその会社で仕事をするのだから、一人ひとりに会社全体のことをよくわかってもらったほうがいい。こうした成り行きで、部署を異動するという制度が自然に生まれたのだと推察します。

日米に動機や意図の違いはあるにせよ、ジョブローテーションが個人のキャリアに変化を組み込もうとする仕組みであることには変わりありません。

三つのレベル

ジョブローテーションの効果なり意味合いは、いくつかのレベルに分けて考えるとわかりやすいと思います。

レベル1は「引き算」としてのジョブローテーションです。一つの会社にもいろいろな仕事があります。自分が何に向いているかを知ることは、同時に何に向いていないかを知ることでもあります。自分の適性を知るためには引き算が必要になります。いろいろな仕事を実際に経験して、成果が出たり失敗したりを重ねる中で、「あ、これは自分に向いてないな」「どうもこの手の仕事だと力を発揮できるな」とわかる。あなたは、営業→開発→事業開発→営業推進→人事→営業→人事と経験してきて、いまの時点では「これはどうも営業かな」と思うようになりました。めでたしめでたしです。レベル1のジョブローテーションの意義はきちんと達成されていると言えます。

レベル2は「足し算」。複数の職種を経験することで、自分のできることが増えていく。営業もできるし人事もできる、というように自分のスキルセットが横に広がっていく。これが足し算としてのジョブローテーションの意味です。

ここまではわりとすんなりと得られる効果ですが、ビジネスパーソンとしての分かれ目は、この先のレベル3、すなわち「掛け算」の段階に進めるかどうかにかかっています。

本書でも繰り返し主張していることですが、ビジネスとはあっさり言って「商売」です。あらゆるビジネスパーソンは「商売人」でなければなりません。商売である以上、「仕事ができる人」というのは要するに「稼げる人」。逆に言えば、「能力のない人」というのは、要するに商売の稼ぎに直接・間接に貢献できない人のことです。

「稼ぐ」とはどういうことか。きわめて単純です。それは、

① **売上げが上がる**
② **コストが下がる**
③ **もしくは①と②の両方**

この三つしかありません。仕事の成果もつまるところはこの三つのいずれかに集約されます。会社の浮沈を左右する意思決定を担う経営者や、売上げをつくる営業の最前線にいる人、コストダウンに取り組むオペレーションの現場にいる人だけではありません。本社の法務部や人事部にいようが、研究開発部門にいようが、会社のどの部門でどんな仕事をしているかにかかわらず、自分の日々の仕事の一挙手一投足が、右記の三つのどれかとしっかりつながっている。これが稼ぐ力の正体です。

逆に言えば、最先端のITとファイナンスの知識を有し、三種類の外国語がペラペラで、プレゼンテーションのスキルがバリバリでも、毎日の仕事が右の三つのいずれともまるでつながっていない人は、ビジネスの世界ではタダの無能力者です。

「お詫びスキルがひたすら向上する客室乗務員」問題

この意味での稼ぐ力は、自分の仕事の対象を特定の機能部門に限定してしまうとなかなか育ちません。本来の商売や経営には「担当」はありません。商売丸ごとをすべて動かして成果を出す。それがプロのビジネスパーソンに求められる仕事です。稼ぐためには職能を超えて、他人の土俵に土足で乗り込むことがしばしば必要になります。

ごくミクロな、僕の経験した例で説明しましょう。僕は自腹で出張する時は、飛行機は必ずエコノミーに乗ります(仕事先が旅費を負担してくれる時はありがたくビジネスクラスで行きますが)。私的な旅行はもちろんエコノミーです。エコノミー席ですと、機内食といっても選択肢が二つぐらいしかありません。たとえば、「照り焼きチキン丼」か「カレーライス」というのがよくあるパターン。

客室乗務員がエコノミーの前のほうの席の人から順番に注文を取っていきます。後ろのほうの席に座っている僕としては、カレーライスにしたいと思いつつ、彼女が注文をとりにくるのを待っていました。ところが、僕の何列か前のところでカレーライスが品切れになってしまいました。

「カレーはもうないのですか？」と聞くと、乗務員は「本当に申し訳ございません……」と、心の底から申し訳なさそうな表情と声のトーンでお詫びをしてくださいます。確かに優れた接客スキルではありますす。あまりに謝るのがうまいので、こちらとしても自然と「いや、照り焼きチキンで結構です」ということになります。


で、数カ月後。同じ路線の出張でエコノミーに座っていました。例によって照り焼きチキンかカレーライスかの選択。で、またしても僕の直前にカレーライスは品切れになってしまうのでした。で、客室乗務員が同じようにスキルを総動員した「プロのお詫び」をしてくださいます。

「え、あ、照り焼きチキンで結構です……」と答えつつも、僕は釈然としないものを感じました。僕の頭をよぎったのはこういうことです。このお詫びのスキルに優れた乗務員はこれまでに何回もカレーライスの欠品のお詫びをしてきたことだろう。繰り返すたびにお詫びのスキルが磨かれてきたに違いない。それにしても、何で同じ欠品を繰り返すのか。もう少し「商売人」の視点があれば、お詫びスキルを磨くよりも、「チキンとカレーの発注ミックスが悪い。明らかにカレーを選ぶ人が多いので、従来の五〇：五〇ではなく、三〇：七〇でカレーに傾斜した発注に変更するべきだ」という提案を機内食の調達部門に出して、発注ミックスの変更に動くべきではないか。そうすれば、上手に謝るよりも顧客の満足度が上がり、少しでもリピートが増えるのではないか……（つまり、売上げの増大）。

もっと踏み込むとこういう手も十分にアリです。そもそも機内食を二種類用意するのが間違っている。どうせエコノミー、顧客は美味しくもない食事にはそれほど期待していない。だとしたら、いっそのことカレーライスに一本化したほうがいいのではないか。オペレーションが簡素化する。食事の仕入れコストも多少なりとも下がるはずだ……(つまり、コストの削減)。しかも、そうすれば乗客の希望とのミスマッチがそもそもなくなるし、手際もよくなるので、かえって顧客の満足度は上がるかもしれない……(つまり、売上げの増大とコストの削減の同時追求)。

ことほど左様に、細分化された自分の担当の範囲に限定してしまうと、稼ぐための発想と行動は抑圧されてしまいます。こうした成り行きを僕は「お詫びスキルがひたすら向上する客室乗務員問題」と言っているのですが、これでは商売の戦力になりえません。ただの担当者、もっと言えば「作業者」でしかありません。

稼ぐ力は掛け算にあり

ジョブローテーションの経験を通じて、異なる複数の担当業務のつながりをリアルにイメージできるようになると、その時点での担当業務を超えて、日々の仕事への構えを商売全体へと拡張しやすくなります。これがレベル三の掛け算としてのジョブローテーションの効果です。

あなたはいま人事をやっている。掛け算ができない人は、人事部門の範囲だけで物事を最適化しようとします。たとえば上から、「こういうプロファイルでこういうスキルセットを持っている事業開発要員をいついつまでに一〇人雇いなさい」という指示がおりてきたとします。『はい、わかりました』と与えられた指示を忠実に達成しようとする。これが掛け算能力のない人です。

それに対して、相談者はジョブローテーションを通じて、営業推進と事業開発の経験も持っている。そこでの仕事も肌感覚でイメージできる。これまでの経験の掛け算で考えるなら、「一〇人雇いなさい」と言われても、「ちょっと待てよ。新しく事業開発に人を採れと言われているけれど、いまの営業推進には事業開発ができるやつがいっぱいいる。しかも仕事のわりには人が多くて遊んでいるやつが多い。だから新規に採用しないで、営業推進からの人の転換でまかなったほうがいいんじゃないか」というようなことが考えられるかもしれません(つまり、コストの削減)。

掛け算をすればするほど視点が経営者のそれに近づいていきます。繰り返しますが、担当がないのが経営です。要するに、あらゆることに手を突っ込み、あらゆる可能性をとらえて、売上げを上げるかコストを下げるか、もしくはその両方を一挙にやるしかありません。稼ぐ力、それは丸ごと全体を扱う総合芸術です。

アダム・スミスも言っているように、近代的組織や経営の基盤にある原理が「分業」です。原理として定着しているだけに、すでに話した通り、分業と専門化にはいいところがたくさんあります。しかし、その反面、本来の商売人に求められる「稼ぐ力」を阻害するというマイナス面があります。ジョブローテーションには、それを補う手段としての意味があります。ただし引き算や足し算にとどまっては不十分です。これを掛け算にできるかどうか、それは制度設計の巧拙よりも、本人の意識や資質の問題だと思います。

究極の市場価値

「特段自分の専門性は何かと聞かれると答えられない」とおっしゃいますが、あなたには二つある市場価値のうち、片方しか見えていません。

相談者のいう市場価値とは、ある特定の機能や専門性で定義された労働市場で値段がつくような伝統的な市場価値です。たとえば「何とかの言語ができるプログラマー募集」とか、「M&Aのデューデリジェンスができるスタッフ募集」など、求人広告の条件に書いてあるような標準的なスキルです。

世の中にすでにある「できあいの価値」といってもよい。

これはこれでもちろん価値があります。専門的なスキルを持っているに越したことはありません。ただし、それはせいぜい引き算、足し算の話。掛け算で稼ぐ力を持っている人の市場価値は、できあい の労働市場で取引される価値よりもはるかに大きいのです。

ここでいう価値とは、要するに「あいつは稼げるよ」「あいつは頼りになる」と思われるということです。別に営業のプロとか社長業でなくてもいい。財務のような間接部門に分類される仕事でも、「あいつは儲けの匂いがする……」と思わせる人がいるものです。

ビジネスの世界では、古今東西、これこそが誰もが一番カネを払って買いたくなる能力なのです。なぜかというと、みんな稼ぎたくてしょうがないから。前にも話しましたが、「自分がやればもっと稼げますよ」「売上げを伸ばします」「コストを下げます」、そう言われて「時期尚早だ」とか「頼むからやめてくれ」という人は絶対にいません。

周囲の人々にそう思わせるためにはもちろん実績が必要です。実績を積むには時間がかかります。あわてる必要はありません。じっくり行きましょう。目先の専門性や小手先のスキルに幻惑されて「お詫びがやたらに上手な客室乗務員」になってしまっては元も子もありません。十年後に稼ぐ力を持った人材になることを目標に、これまでの経験の掛け算を意識して次の営業の仕事をしてください。

39

不幸中の大幸運

子どもの非行。私生活のゴタゴタで仕事に集中できない

情報関連会社勤務(四四歳・女性)

一五歳の子どもがいる情報関連会社勤務の四四歳の営業ウーマンです。二九歳で子持ちになって以来、主人や両親、保育園、ベビーシッターさん、地域のファミリーサポートさんたちの協力を仰いで、ようやく子どもを中三まで育ててきました。正直、帰りが二三時を過ぎることもあり、夫の起業も重なって、放ったらかしのような時期もありました。

でも自分なりに壮絶とも言える両立生活を頑張ってきたつもりです。ところが、その息子が最近、塾帰りに補導されてしまいました。渋谷の某量販店で万引きしたというのです。何とか示談でおさめましたが、息子はこれ以来ますます勉強に身が入らず、この夏休みも無断でどこかに出かけていっては夜遅く帰る毎日。正直、このままでは非行に走るなと思うと、いてもたってもいられず、仕事にも身が入りません。私はいっそ仕事を辞めて、息子の教育に集中すべきなのでしょうか?

「犯人探し」に意味はない

息子さんの万引きは、お母さまにとって深刻な出来事です。深刻な状況を受け止めるために、その出来事が起きた理由を考え、まずは「犯人探し」をするものです。「なぜ息子は渋谷の某量販店で万引きをするような人間になってしまったんだろう」という思いで頭の中が一杯だと思います。

この犯人探しの問いに対するあなたの答えははっきりしています。「私が二三時まで働いて、育児を主人や両親や保育園、ベビーシッターにまかせてしまった。子どもをきちんと育てられなかった。だから子どもが非行に走り、万引きをするようになってしまった」です。

僕から申し上げたいことは三点です。順にお話しします。一つ目は「因果関係をあまりタイトに考えないほうがいい」ということ。

ご自分を責める気持ちはよくわかります。しかし、現実には母親の行動と子どもの行動の間にはそんなに強い因果関係はありません。タイトな因果関係を想定しないほうがいい。自分＝犯人という考え方に固まってしまうと、ドツボにはまります。

一五歳にもなれば、親と子どもはそれぞれ独立した人格を持っている別個の人間です。だいたい、一五歳という年頃でちょいと考えが足りないガキは、親が働いていようがいまいが、帰りが二三時だろうが一三時だろうが、夫が起業しようがしまいが、万引きするやつはするものです。

もちろん親子関係は無関係ではありません。ただ、その影響は程度問題だと考えたほうがいい。万引きや非行のような深刻な問題であったとしても、親の要因の説明力は全体の一〇%や一五%しかない。ことによっては二八%ぐらいかもしれませんが、いずれにせよマイナーな要因です。もちろん現実には測定できないのですが、そう思っていたほうがよろしい。

専業主婦でがっちり子どもと向き合っていたとしても、おそらく半分以上の確率で、この子は万引きをしたと思います。当たり前の話ですが、万引きしたのはお子さんです。問題は親ではなく子ども自身にある。要するに、現時点でのお子さんに、平均と比べればちょっと弱いところ、考えが足りないところ、未熟なところがあるわけです。

幸運なしくじり

二つ目に申し上げたいのは、この相談者の方は非常にラッキーだということです。ご本人は「ラッキーなんてとんでもない！　いまは最悪の状況です」と思うかもしれませんが、考えてもみてください。失敗や問題は早く小さくはっきりと起こすのに越したことはない。子どもが四五歳になってから強盗強姦連続殺人でもしでかした日には、もうどうしようもありません。お子さんの場合は、「万引きでよかった」「一五歳でよかった」のです。

子どもは生き物です。機械ではありません。自分が思い描いて設計した通りに育つなんてことは、もう絶対にありません。成長の過程で、子どもは間違いなく間違いを起こすものです。お子さんは万引きというわりと派手なしくじりでしたが、どうせこれからも大小さまざまな問題が起きます。

不謹慎に聞こえるかもしれませんが、万引きというのはあらゆる非行カテゴリーの中でも「最高」です。なぜかというと、「はっきりと悪いこと」だから。あっさり言えば犯罪。刑法に違反しています。万引きは、金額こそ小さくても、物を盗んではいけないという社会のルールに根本的に抵触する問題です。

これがもう少しふわふわしたこと、たとえばいきなり髪をモヒカン刈りにして七色に染めるという行動だったとしたらどうでしょうか。七色モヒカンはわりと好みの問題なので、なぜいけないかという説明が難しい。そもそも子どもに悪いことをしているという自覚がないので、何を言っても納得させるのは難しい。

もう少し善悪に立ち入る問題、たとえば、周囲の人々に対する思いやりに欠けるとか、弱い者をいじめて強い者にヘイコラするとかだったとしても、人格的には確かに問題ですが、別に刑法や条例に抵触するわけではない。子どもというのは自己正当化大魔王なので、何だかんだと手前勝手な理屈をつけて反省しないものです。反省がなければ改善もない。

その点、万引きは明々白々の犯罪です。お子さん自身も、さすがに万引きがいいことだとは思っていない。自分を正当化しようがない。間違いなく「今度ばかりはしくじった。大変なことになってしまった。これはまずいぞ……」とビビッている。本人に罪と反省の意識がある。すなわち、こちらにいくらでもやりようがあるということです。

語弊があるのを承知で再度強調しますが、万引きが「ベリーベスト」なのは、はっきりとした悪事であるだけでなく、子どもにわりとありがちな軽微な過ちだからです。

捕まったかどうかは別として、一〇代の頃万引きをしたことのある人は案外多いのではないでしょうか。もちろん、大人になったいまとなっては人に言えない黒歴史として封印されていますから、実際に公言する人は少ないでしょうが、万引きという過ちはそれほど珍しいことではありません。しかも、一五歳という早い時期に過ちを犯している。これが実にラッキーです。一五歳の決定的な弱点は何だと思いますか？自活できないということです。

しばらく前の話ですが、当時の同僚のアメリカ人女性が笑いながらこぼしていました。娘が反抗期の真っ最中で、毎日毎日口ゲンカばかり。いつものように娘と大ゲンカになり、ひとしきりバトルを繰り広げたあとで、その子がぼそっと言ったそうです。「ちょっとショッピングモールまで送ってよ！」ことほど左様に、子どもは無力なのです。

どんなに親の世話にならないと意地を張っても、腹は減る。食っていかなければなりません。「無断でどこかに出かけていっては夜遅く帰る毎日」ということですが、結局のところ毎日家に帰ってきているわけです。一五歳は大人である親に根本のところで依存し、従属しています。最後の最後は親の言うことを聞くしかありません。三五歳で曲がりなりにも自活している子に説教しなければいけないのと比べれば、親のパワーが断然に大きい。

言うまでもなく、相談者の方はいま親として試されています。お子さんも反省してきちんとした大人へと成長できるかどうか、試練の時を迎えています。申し上げたように子どもは機械ではありません。機械を修理するようなわけにはいきません。特効薬も飛び道具もありません。すぐに問題は解決しません。時間がかかります。ただし、お子さんの問題は「早い」「小さい」「はっきり」という点で、三拍子そろっているのです。その幸せをかみ締めつつ、真剣に粘り強く子どもに向き合っていく。やるべきことはそれに尽きます。

「仕事を辞める」は早計

三つめに申し上げたいのは、仕事を辞めるという決断はすぐに下さなくていいということです。

確かにお子さんとのコミュニケーションを増やす必要はある。しっかり向き合って話をするには時間もいる。人間の時間は総量が限られていますから、毎日二三時帰宅なら、それは子どもと向き合いにくいでしょう。しかし、だからといっていきなり仕事を辞めるというのは早計です。

子どもと向き合ってじっくりと話をするにしても、一日五時間毎日話をする必要はない。一時間で十分。ただしその一時間はできうる限り真剣に向き合うべきです。毎日でなくてもかまいません。二三時まで仕事をする日があってもいい。そうでない日は時間をとって、じっくり一時間は子どもと向き合うと決めればいいだけの話です。一足飛びに仕事を辞める必要はありません。

お子さんと話す時は、まず徹底的に向こうに好きなだけ好きなことをしゃべらせましょう。自分の子どもが相手だと、どうしても「何であなた、そんなことするの」と言いたくなる。その気持ちはよーくわかりますが、そこをぐっとこらえて、まずはお子さんにできるだけ話をさせることが大切です。毎日の生活の何が不満で、どういう問題を抱えているのか、こちらから「こうしなさい、ああしなさい」という前に、最初は徹底的に子どもの考えや意見を聞く。このことだけを気をつけて、あとはご自分が一番いいと思う方法でお子さんと話し合ってください。

「仕事にも身が入りません」。そうだと思います。しかし四四歳という立派な大人の方に僕がこんなことを言うのも僭越ですけれども、いまこそ人間としての総合力が試されている時です。

どんな仕事も、人間が人間に対してすることです。特にこの方が営業というお仕事をされていることを考えると、お子さんの出来事は「ピンチはチャンス」の典型です。ご自身の総合的な人間力を高めるチャンスだと思います。この試練を乗り越えることが、人間に対する理解や洞察を深め、結果としてこれからの仕事生活にもプラスになることは間違いありません。そんな絶好のチャンスが到来したと受け止めて、この試練に立ち向かってください。

お子さんは幸いにも早く小さくはっきりとしくじってくれた。親孝行といっても過言ではありません。できることはたくさんあります。それはすべて単純なことです。絶対に逃げてはいけません。必ず克服できます。

40

思い込んだらそれが適性

三〇代でいまだに仕事の適性がわからない

地銀勤務(三三歳・男性)

地銀勤務の三三歳です。先日当行で、「三三歳研修」なるものがおこなわれ、専門職として生きるか、それともラインの部課長を目指すゼネラリストを選ぶか、決める時期だと言われました。しかし、お恥ずかしい話、いまだに私はそのどちらに自分の適性があるか、判断できません。

仕事内容は本社の広報なので、ゼネラリストに近いとは思うのですが……(またいつ異動で別部署に行くかもわかりません)。どちらを選ぶかは、なるべく早めに決めるべきなのでしょうか?

キャリアに「プリフィクス・メニュー」はない

好きなようにしてください。

あなたは二つの選択肢の前で迷っています。ラインの部課長コースに行くのか、それとも専門職コースに行くのか。この二つの選択肢のうち、どちらが自分に「向いている」のか知りたい。そのうえで「向いている」ほうを取ろうじゃないの……というのが現時点でのあなたの構えです。しかしこの種の考え方は、いくつかの根本的な勘違いを含んでいると思います。

この選択肢はたまたま「三三歳研修」というタイミングで、会社から与えられたにすぎないということ、ここをまずは確認しておきたいと思います。選択肢はたった二つ。しかも会社が勝手に設定した選択肢です。タイミングにしても会社の都合で決まっている。

そもそも「ラインマネージャーか専門職か」という選択肢は、一人の人間のキャリア選択としては大ざっぱすぎます。本書でも繰り返し主張していることですが、キャリアはどこまで行っても優れて個人的なものです。自分の向き不向き、好き嫌いに忠実に考える。これが一番大切な基準です。会社が便宜的に与えた選択肢ではザルの目が粗すぎる。個人の本当の向き不向きや好き嫌いをきちんとすくい上げることはできません。

まだ三三歳、キャリアは始まったばかりです。他人が決めた雑な定食メニューの中から選ぶのではなく、自分自身で自分の好みに従ってメニューを組み立てるべきです。それはいま働いている地銀の中の仕事でもいいし、別にいまの会社に限定しなくてもいい。「向こう一〇年間くらい、こういうスタイルでこういう仕事をしていきたい」と、自分の意志で選択肢の設定から考えたほうがいい。

キャリアに限って言えば、プリフィクス・メニューは存在しません。アラカルトでいきましょう。プリフィクスだと二通りぐらいしか出てこないのですが、アラカルトで考えれば何十、何百という選択肢が拓けます。

適性は忘れた頃にやってくる

「どちらに自分の適性があるか判断できず悩んでいる」、これまた勘違いです。三三歳時点では、自分の適性など誰も客観的・定量的には判断できません。キャリアの第四コーナーを回りきってホームストレートに戻ってきた海千山千のおじちゃま（六三歳）に「あなたの向き不向きは？」と聞けば、それまでの経験で「人使いは下手だけど、俺は修羅場には強いよ！」とか即答してくれるでしょうが、第二コーナー手前あたりにいるあなたについては、ご自身を含めて誰にも正確なところはわかりません。

誰か適性を客観的・定量的に測定してくれる人がいて、「えー、あなたの場合は専門職は適性が七三ポイント、総合職は八二ポイント。よって九ポイントの差で総合職のほうが向いています」と決めてくれるわけではありません。

だとしたらどうすればいいのか。自分の「適性」を先に自分で決めてしまうことです。それ以外の方法はありえません。自分の直観的な好みに基づいた「思い込み」で十分。星飛雄馬さんは「思いこんだら試練の道を／行くが男のど根性」と言っていますが、思い込みもまた人それぞれです。好きなようにしてください。試練の道がイヤな、ど根性のない人（↑僕のこと）は、自分が直観的に好きで向いている気がする道を思い込めばよろしい。

「いままで働いてきた一〇年を考えると、感覚的にどうも自分はゼネラリストだな。じゃあこれからの一〇年はそちらの路線で行ってみるか」というくらいの軽い思い込みでその時点でのキャリアの方針を定めてみる（話をわかりやすくするために、ゼネラリストとスペシャリストという分類にしましたが、あくまでもカテゴリは自分で設定するべきです。念のため）。

その時の決定が正しいかどうかは事前にはわかりません。そのあと何をするか、どういう成果が出るか次第です。当たりか外れかは事後的にしかわからない（というか、事後的にはイヤというほどよくわかる）ので、事前にあれこれ心配する必要は皆無です。

「なるべく早めに決めるべきでしょうか」。その通り、なるべく早く決めるべきです。自分で「自分はこれが向いている」と思い込むのは早いほうがいい。なぜなら、どうせ思い込みにすぎないからです。

自分の思い込みが外れると、仕事をする中ですぐに「ああ、どうも違ったな」というイイ感じの違和感がよどみなく押し寄せまくりやがってきます。その時はその時で、また新しい思い込みを探せばいいだけです。

こうして滑った転んだを繰り返しているうちに、「いままで自分は仕事をスペシャリストとかゼネラリストとか単純な二分法で考えていたけれど、こういう切り口もあるんだな」というように、いろいろなアラカルト・メニューが見つかってくるはずです。思い込みとその修正を何回も繰り返していく中で、だんだん仕事と自分の適性についての理解が深まり、自分の土俵を正しくとらえられるようになります。適性は忘れた頃にやってくる、のです。

自分の仕事を自分の言葉で定義する

会社が時々持ちかけてくるキャリアの選択肢はプリフィクスであり、特定個人の向き不向きをきっちりとすくい上げるにはザルの目が粗すぎるという話をしました。このことに関してもう少し余談を続けます。

僕はあらゆるビジネスパーソンは、みんな自分の適性なり仕事の土俵を自分にとって最もしっくりくる言葉で定義しなおすべきだと思っています。そもそも自分は何に向いているのか。何が好きで、何が得意なのか。職種とかスキル領域とかの世間一般の標準的な定義とは別に、自分のオリジナルな言葉で定義することが肝要です。

言葉遊びと言ってしまえばそれまでですが、人間は言葉でしかものを考えることはできません。自分の得意技や自分が戦うべき土俵を自分自身が一番しっくり来る言葉で認識しているかどうか。これがキャリアにとって非常に重要な意味を持っているというのが僕の年来の考えです。

僕自身を例にして説明しましょう。僕の仕事を既存の分類で定義すると、大学で研究したり教えたりする教授職ということになります。さらに分類すると、自然科学や経済学ではなく経営学、もう一段サブカテゴリに降りると、経営学の中でも競争戦略論が自分の土俵ということになります。ただし、これはあくまでも世の中の「ありもの」の定義でしかありません。

僕にはそれとは別に、自分のオリジナルな定義があります。前にも話をしましたが、「自分は芸者である」、これが僕の自己定義です。

もちろん、これはあくまでもメタファー(比喩)です。実際の職種としての芸者ではありません。当然ですけど。ですから仮に「芸者募集」の募集広告をみて向島や祇園に行っても、相手にしてもらえません。当たり前ですけど。「何だお前、三味線弾けるのかよ⁉」といわれてしまいます(↑実際は多少は弾けるんですけど)。「踊れるのかよ⁉」ということになります(↑わりと踊れるんですけど)。「お前、日本髪に結えるのかよ⁉」と突っ込まれたら、それはさすがにちょっと難しいのですが、いずれにせよメタファーを使った定義として、僕は自分の仕事を芸者だと思い込んで、その思い込みの線で日々精進しております。三〇代からそういう意識を持つようになりました。

これは僕による僕のためだけの定義なので、他の学者や教授には当てはまりません。世間一般的なカテゴリーでは同じ仕事をしていたとしても、ここでいう仕事の自己定義は人によってまるで違ったものになってきます。逆に、客観的な分類ではまったく違う仕事をしていても、その人自身による定義の切り口では、きわめて似通った「仕事」をしているということも多々あるでしょう。

キャリア構築は「芸風探し」

いずれにせよ、キャリアをつくっていくという長い道のりで、自分の言葉で定義したキャリア・コンセプトは重要な意味を持っていると思います。なぜかというと、仕事の自己定義は自分の「芸風」の形成の基盤になるからです。このその人に固有の「芸風」としか言いようがないものが、キャリアを通じて最大にして最強のよりどころになる、というのが僕の信条です。営業でも人それぞれ違った芸風があるし、経営企画でも人によって全然違う芸風があるし、社長でも全然違った芸風がある。

孫正義さんと柳井正さんと永守重信さん、このお三方は日本を代表する経営者です。言うまでもなく、いずれ劣らぬ最高の方々です。柳井さんと永守さんは現在、ソフトバンクの社外取締役をなさっています。この三人が一堂に会するソフトバンクの取締役会はおそらく日本最強、最高濃度の取締役会でしょう。

ただし、ソフトバンクにとって、柳井さんと永守さんは社外取締役として意義があるわけで、仮にこの三巨人が「せーの」で経営する会社を入れ替わったらどうなるでしょうか(たとえば、柳井さんがソフトバンクの社長、孫さんが日本電産の社長、永守さんがファーストリテイリングの社長)。三社とも相当程度に業績は悪化するような気がします(永守さんが経営するファーストリテイリングはちょっと見てみたいような気もします。ユニクロのすべての服が明るいグリーン一色になるおそれあり)。このお三方では芸風がまるで違うからです。

自分の芸風は何なのか、誰も教えてくれません。経験と試行錯誤を重ねる中で、自分で決め、定め、練り上げていくしかありません。仕事の中でうまくいったり失敗したりしているうちに、だんだん自分の得手不得手がわかってきて、自分が納得できる表現に凝縮して芸風をつかめるようになる。

自分の芸風の認識に至るまでが、キャリアの前半戦です。第二コーナーを抜けてバックストレートに入ってくる頃までに、芸風の自己定義、自己認識ができていると、キャリアの後半戦がぐっと実り多くなる。

キャリアの前後半を分けるのが、仕事の自己定義であり芸風の自己認識です。芸風が確立した瞬間からキャリア後半の収穫期に入るわけです。それまでの試行錯誤が報われ、仕事がますます楽しく、やりがいがあるものになるでしょう。

あなたもご自分の芸風をじっくりと自問自答しながら第二コーナーを回ってみてください。「専門職と総合職、どちらにしますか」なんて、飛行機の機内食で肉にするか魚にするか聞かれた程度の話です。どっちでもいい。好きなほうにしてください。ファーストクラスならまだしも、われわれフツーの人が乗っているエコノミー席であれば、どっちにしろたいして美味しくありません。自分の好きな材料を自分の好みの味つけで、自分でじっくり料理をしたほうが美味しく食べられるに決まっています。

column 4 チヨときゃりーの類似と相違

はじめにお断りしておきます。この文章は僕と同年代(五〇代)もしくはその前後の読者に向けて書いたものですので、若い方にとっては意味不明のおそれがあります。この点、ご了承のうえお読みください。

僕はアフリカでメディアと隔絶された小学生時代を過ごしました。いまと違って、インターネットはもちろんありません。日本語の放送プログラムなどありません。それどころか、僕の住んでいた国にはテレビ放送そのものがありませんでした。そうした状況で、僕と日本をつなぐ大切なメディアは父が運転する車の中で流れてくるカセットテープの歌謡曲でした。

奥村チヨのカセット(B面はもちろん辺見マリ)がヘビーローテーションで、当時、父が運転していたフォード・カプリ3000GT(先行してアメリカで大ヒットしたマスタングのヨーロッパ向けモデル)の中ではチヨ&マリが連日ガンガン鳴っていました(同じ文脈で聴いたカセットの中に、七〇年代にラスベガスのショーで華々しく復活したエルヴィスの名盤『エルヴィス・オン・ステージ』があります。そのおかげで僕はエルヴィスと衝撃的な遭遇をするのですが、その話を始めるときりがないのでやめておきます)。

来る日も来る日もチヨとマリのコンビ攻撃を受けたので、僕の頭の中では日本文化＝チヨ&マりということになり、やたらに情熱的な国なのではないかと誤解したりしながら「恋の奴隷」や「嘘でもいいから」(↑これは名曲！)を口ずさんでいました。数少ない日本の歌のカセットテープには、他ににしきのあきら(現、錦野旦)、尾崎紀世彦などがありましたが、これにしてもやたらに情熱的なことには変わりがありません。

三〇代以下の若い読者はまったく話についてこられずにいると思いますが、気にせず続けます。しばらく前、大人になってから久しぶりに聴いてみようじゃないの、ということで奥村チヨのCDを買いました。で、感動したことがあります。

歴史は繰り返すと言うが、ジャケットで微笑している茶髪・マスカラばっちりのチヨはほとんどきゃりーぱみゅぱみゅでした(「きゃりーぱみゅぱみゅ」という人をよく知らずに書いているので、おそらく話が少しズレていると思いますが、この際、気にせずに続けます。テレビをまったく観ない僕にとって、最新の女性アイドルは中森明菜。そこで時間が止まっています。娘のコメントによると「きゃりーぱみゅぱみゅはこの文章の文脈では違うのではないか。再考を要する」とのことですが、それ以外思いつかないのでご勘弁ください)。少し、というか四〇年ほど早すぎたのですが、チヨはファッション・モンスターとしてもっと尊敬されていいと思います。

僕より一〇歳以上若い友人にスマートフォンをベースにしたマーケティング・サービスの会社を経営しているTさんという方がいます。話は逸れますが、僕がTさんをイイと思うのは、自分の業界や事業の価値を心の底から信じているというところです。先日雑談している時にある本の話題になり、さっそくTさんはその本をスマートフォンで購入しました。スマホで本を買う。いまとなってはごく普通の消費行動です。だいたい彼は九〇年代からインターネット・ビジネスの最前線にいて、いまもそうした事業をしているその道のプロです。それなのに、本の購入が済むと「いやー、インターネットってホントにイイですね！忘れないうちにすぐに本が買えるんですよ！インターネット、便利だなあ……」と、ものすごくイイ顔をして、しみじみと言うのです。自分が全面的にスキでイイと思っていることを仕事にしていることがよくわかります。経営者はこうありたいものです。

話を戻します。Tさんの会社を訪問する機会がありました。場所は東京の渋谷。新しい業界の若い会社ですから、オフィスで働いている社員もみな若い。平均年齢は二〇代半ばといったところでしょうか。僕と同世代のDCN（ド中年）は見る影もありません。

半分以上が女性で、ほぼ全員メイクはチヨです。マスカラしっかり。マツパ（睫毛パーマのこと。念のため）ばっちり。エクステ（睫毛の）標準装備。もちろんチヨといっても、彼女たちはチヨを知りません。「チヨを知らない子どもたち」です。「大人になっていつか始まる、きゃりーの歌を口ずさみながらー」というわけです（若い読者のために確認しておきますが、かつて「戦争を知らない子供たち」という曲がありました。それにかぶせて言っているわけですね）。チヨといってもせいぜい「辺見えみりのお母さんの昔の同僚」ぐらいの認識しかない世代です（辺見えみりも古すぎて知らないかな？僕は逆に新しすぎて辺見えみりという人を知らなかった。ママのマリをウィキペディアで調べていたら出てきました）。彼女たちのファッションはあくまでもきゃりーなのであってチヨなわけではない。

「みんな若いね！マツパだね！エクステだね！」と感心していたら、T氏は「え？これ普通でしょ……」とのこと。自分もかつて若い頃は、当時の年長のDCNが（彼ら自身も昔若かったにもかかわらず）なぜか若者からズレていくのを不思議に思っていたものですが、いざDCNになってみると、自分も確実にズレていくのが面白い。

Tさんは V ネックのセーターを、シャツなしで素肌の上に着て、その上にジャケットを羽織っていました。僕を含めて、DCNはこういう着方はまずしません。ジャケットの下に着るとなると自然とトックリ首(はさすがに古いか……。タートルネックのこと)のセーターを選びます。

そんな話をしていたら、一緒にいたRさん(共通の友人でTさんと同世代)は「え? V ネックのほうが普通じゃないの? 僕も普段はほとんどVネックにジャケットですよ」とのこと。こうしてDCNはDCNを自覚し、ますますDCNの道を邁進するのでありました。

話を戻します。Tさん傘下のきゃりー軍団はいたって元気に働いていました。茶髪を振り乱し、おしゃれなブーツを踏み鳴らし、睫毛をバサつかせつつ、バンバン仕事をしている。職場に活気があります。全員で前へ前へと進んでいるのが伝わってきます。

僕からみればファッションはチヨ(もしくはきゃりー)なのだが、メンタリティはチヨとは真逆。チヨと言えば「恋の奴隷」(それにしてもこれ、名曲ですね。だいたいチヨはナイトクラブたたき上げの玄人なので歌唱力が違います。大ヒットを連発してスターになってからも、ライブはナイトクラブが多かったそうで、ライブ・アルバム『ナイトクラブの奥村チヨ』は歴史的名盤といっても過言ではありません。京都のナイトクラブ「ベラミ」で収録されているのもたまらない魅力。バックバンドもノリに乗ってゴキゲンです。昭和の京都を代表するクラブだったベラミは、一九七八年七月一一日、山口組の田岡一雄組長がショーを楽しんでいる最中に、松田組系組員の鳴海清に突然狙撃された場所としてつとに有名。不謹慎な話ですが、田岡組長が狙撃される場所としてベラミほどぴったりくるところはありません)。

で、いま聴くと「恋の奴隷」の歌詞、これがスゴいんですね。「あなた好みの女になりたい」と「膝にからみつく(小犬のように)」。「右と言われりゃ右むいて」と何から何まで男の言いなり。それでいて「とても幸せ」という昭和の耐える女性像。「悪い時はどうぞぶってね」「好きなように私をかえて」「好きな時に思い出してね」と言うのだから、男からしたらもうやりたい放題です(ただし、のちに奥村氏ご本人の自伝を読んだら、ご本人はこういう歌を歌うのがイヤで仕方がなく、歌詞からくる自分のイメージに辟易していたらしい)。

見かけ上、きゃりきゃりしている(僕からみれば、チヨチヨしている)Tさんの部下の女性たちは、ファッションだけでなく、きっと内面もきゃりーなのでしょう。自分のやりたいことに挑戦する。それでいて、自分のスキなことに忠実で気負いがない(きゃりーさんの人となりをまったく知らないので、この辺、一〇〇%推測で書いているのですが、大丈夫かな?)。仕事を楽しんでいる様子がみてとれます。きっと彼女たちはイイ仕事経験を積んでいるのでしょう。こういう会社は人を育てます。

ところが、です。平成も四半世紀をとうに過ぎたいまでも、いざ就職や仕事となると行動様式が驚くほどチヨになってしまう若者も少なくありません。「あなた好みの女になりたい」とばかりに企業の採用担当者に「からみつく(小犬のように)」姿は就職の奴隷。

就職シーズンにビジネス街をフラフラしていると、いつものVネックのニット(当然素肌に着用)を脱ぎ捨てて、リクルート・スーツに身を固めたチヨを散見します。右手には面接の予定がぎっしりつまった手帳、左手にはスマホ(プリクラつき)。マツパもマスカラも通常の三〇%くらいの水準に抑えられています。

内定が本格的に出る頃になると、大学はチヨ熱のるつぼ。一見きゃりーな彼女たちは就職活動の直前までは内面も相当にきゃりーなのですが、いよいよ就職となると悲しくなるほど従属的で、

「右と言われりゃ右むいて」になってしまう。男子も同じです。一部の（わりと多くの）若者の仕事に対する姿勢はまだまだチヨにすぎると僕は思います。そんなに他律的に自分のキャリアを決めてしまって幸せなのでしょうか。

チヨは「くやしいけれど幸せよ」と暗い声で言うけれども、どうも信用できない。就職や仕事に対しても、普段通りもっと明るく楽しく自由闊達なきゃりーで臨んでほしいところです。就職だ、仕事だといっても、自分を殺す必要はまったくありません。Tさんの会社のように、いまはまだ小さくても、いまどきのきゃりーがグルーヴしている活きのイイ会社がたくさんあります。

考えてみると、このような若者の行動様式は、大人のそれを反映しているとも言えます。リアルタイムでチヨを経験した世代のDCNの中には、ただひたすらにチヨで生きてきて、いまなおチヨであることをやめず、加齢とともにますますチヨの度合いを高めている人も多い。チヨに年季が入って、ほとんど島倉千代子化している人もいるほどです。かたくなにチヨの大人は、活きのイイ若者からとっくに見限られている。その手のDCNには、この際「中途半端はやめて」と申し上げたい（↑何のことかわからない若者は、各自調べてください）。

いつの時代も若者は大人の鏡です。DCNのご同輩諸君、若者にとって魅力的な大人になろうではありませんか。

Part 5

41

手段の価値中立性

定年退職まで働きたい

専門商社勤務(三〇代・男性)

現在、中堅企業の経理として働いているのですが、定年退職まで働きたいと考えています。でもNewsPicksの有料会員となって毎日NewsPicksを見ると、コメントされる皆さんは、終身雇用や年功序列といった日本型組織に否定的で、「キャリアは自分でつくるもの、転職万歳」といった風潮を感じます。

先生、私は時代遅れなのでしょうか？ でも、私は「ずっと働けるからこそ、頑張って働く」という思想なのです。そういったマインドも、もはやぬるいのでしょうか？

転職自体に価値はない

終身雇用と転職を重ねるキャリアのどちらがいいか。絵に描いたような愚問です。そもそも問題として成り立っていません。

定年まで一つのところで働くか、それとも何回か転職するか。それは自分にとっての「よい仕事」という目的を達成するための手段にすぎません。「紙を切るのはハサミとカッター、どちらがいいか」というようなものです。

「カッターが絶対いい」と言う人がいます。それは新聞の切り抜きをやろうという人です。そうかと思うと、「何を言っているんだ。カッターなんて論外だ。俺はハサミに限る！」という人もいます。この人は寄席に出てくる紙切り師です。

どんな働き方がいいかは手段にすぎません。その良し悪しはその人がどういう仕事をしたいのか、何を達成しようとしているかに全面的に依存します。目的や意図と切り離して終身雇用がいいとか悪いとか言うのは、時代遅れというよりも、タダの見当違いです。

確かに最近の「進歩的なビジネスパーソン」の話を聞いていると、「転職万歳」というような匂いはします。これもまた理由がある話です。

一般論としてお話しします。終身雇用（や年功序列）は昭和時代には一定の経済的合理性を持っていました。現実はケースバイケースですが、ごく全体的な傾向で言えば、この成熟した時代にあって、終身雇用は昭和の有効性を喪失しつつあります。

以前にも書きましたが、終身雇用は、戦後の高度経済成長期に特に大企業において発達した雇用形態です。終身雇用と年功序列は「日本人の民族性や日本文化に根ざした日本的経営」などと言う人がいますが、これは明らかな誤解です。終身雇用と年功序列は経済成長期にある企業の経営にとって、たまたまベリーベストなやり方だったから定着したというだけです。「日本古来の伝統芸能」ではありません。二〇世紀初期で言えば、当時のアメリカの近代大企業と比べて、日本企業のほうがむしろ短期雇用でした。「やっぱり日本人は農耕民族だから……」とかいう輩がわりといるのですが、底の浅い話です。

その後の高度成長とバブル崩壊を経て、現在の日本は明らかに成熟期にあります(話は逸れますが、ほとんどの国や地域にとって高度成長期は一定期間しか享受できない特殊な「青春時代」であって、俗に言う「成熟期」のほうが経済活動にとってはむしろ定常的な状態。成熟期には確かに課題がたくさんありますが、それと同じかそれ以上にいいこともまたある、というのが僕の持論です)。いまの日本で終身雇用や年功序列の合理性が薄れてきているのは、一般的な傾向としては明らかです。しかし、だからといって切り絵師に「ハサミなんて古い道具は捨てろ」というのは見当違いです。

「平均」や「傾向」には意味がない

僕は常々思っているのですが、キャリアのように優れて個人的な問題を考えるうえで、「平均」や「一般的傾向」はほとんど意味を持たないはずです。

たとえば、野球部で頑張っている中学生がいたとします。で、この子が通っている学校で体力測定をしたところ、全校男子生徒の握力の平均値が四一キロでした。一〇年前の平均値と比べて一・五キロ低下していました。これは事実ですが、この事実は野球部の中学生にとって何の意味を持つでしょうか。

確かに握力は野球にとって大切な要素(他にもいくらでも大切な要素はあるが、そのうちの一つ)かもしれませんが、男子生徒の平均握力やその変化は、この野球部員の部活動とは直接的には何の関係もありません。そうしたどうでもいいことに目を向けるよりも、自分にとって最も効果的なやり方で毎日の練習に励むほうがいいに決まっています。

話を戻します。どんな分野にもマニアはいるものです。たまに「いやもうこのハサミを持った時の感触、たまらないよな」「毎日握り締めて寝てるんだけどさ……」というような、わりと奇矯な人がいます。

これと同じ話で、転職にもマニアがいます。「年に三べんは転職しないとどうもパリッとしないな」「いやもう今年は五回転職したよ！　自己記録更新！」という人もいる(いないかな?)。そういう人にとっては転職すること自体が面白く、価値あることなので、「転職万歳！」と言うのは自然な話です。好きなように、好きなだけ転職すればいい。

反対に、終身雇用そのものが理屈抜きに好きで、一つの会社で働きつづけ、そこに骨を埋めることを想像するだけで恍惚と陶酔の境地に達するという終身雇用マニアもいます(いないかな?)。

いずれもマニアなので相手にしないでください。決して参考にしてはいけません。その手のマニアは就業人口の〇・二%くらいしかいません。多くの人は自分が仕事をするうえでどうするか、自分で決めればいいことです。ぜひ好きなようにしてください。

自分の思想と体質に忠実に

「ずっと働けるからこそ、頑張って働く」という思想、イイじゃないですか。一つの会社にずっといるほうがしっくりくる。自分の力が発揮できる。毎日の仕事に達成感がある。そういう思想と体質の方であれば、いい仕事をし、いい仕事生活を送るという目的のための手段として、終身雇用の会社にいるほうがいいに決まっています。

「こういうマインドは、もはやぬるいのでしょうか」とのことですが、どっちにしろマインドの話です。個人的な好き嫌いの問題です。第三者がぬるいだの熱いだの、甘いだの辛いだの言うことではありません。

「いや、私は天丼が好きでしてね。お昼は天丼をいただきます」と言う人の横で、「いまの時代に天丼なんて、何を考えているんだ、キミは……！　時代はもはやカツ丼だよ！　カツ丼にしなさい」と説教するようなものです。スルーしてください。

「転職を重ねるのがよいキャリアだ」とか、「転職を繰り返すのが優れた人間だ」と思っている人は、仕事の何たるかをわかっていないだけです。世の中と人間と仕事がわかっていない未熟者ですので、そっとしておいてあげてください。

「男たるもの、一つの会社に骨を埋める覚悟がなきゃダメ」とか「転職なんて、チャラチャラした根なしめ……！」とか言う人もこれと同じ、ただの間抜けです。怒らずに悲しんでください。

大事なのは、結局その人がどういう仕事をして、どういう成果を出したかです。転職をすることによって自分のモチベーションが高まって、よりよい仕事をできると言う人もいるでしょうし、一つの会社で腰を据えて長いこと頑張ることで成果を出す人もいる。結果で評価すればいいだけです。

手段は価値中立的なものです。良し悪しは目的との兼ね合いでしか評価できません。そのずっと手前にある手段（のごく一つ）にすぎないハサミ、カッターそれ自体について良し悪しを言う人がいるとしたら、「頭を丸めて出なおせ」と申し上げたい。もっとも、頭を丸めるにはハサミもカッターも不向きなので、僕の愛用のバリカンを貸して差し上げます。

42

大人であるということ

社会人大学院通いの部下が、戦力にならない

メーカー勤務（四三歳・男性）

大手メーカーのマーケティング的な部署の課長です。部下は七名。そのうち一人が、最近社会人大学院に通い始めました（今年から）。そのせいか、残業はほぼしなくなり、（週何回かの授業にくわえ、予習復習、さらにクラスメイトとの飲み会などがあるそう）、ちょっと仕事を頼むと「すみません、大学院があるんで」と結構偉そうに断られてしまいます。

正直、彼は昔から仕事はできるとはいえない万年B評価人間。課長にさえなれるかどうか怪しいその彼がなぜマネジメントをわざわざ外に習いにいくのか？ そのこと自体もややイラッとするうえに戦力にならない事実が追い討ちをかけます。私はどのように対処したらいいでしょうか？

社会人大学院は「私生活」

好きなようにさせてください。部下が業務時間外の私生活で何をしようと、上司が何か言う筋合いのものではありません。もし働きながら大学院に行くことが会社のルールに抵触しているなら別ですが、文面からしてそうではないでしょう。

「なぜマネジメントをわざわざ外に習いに行くのか」というように、あなたは、部下の社会人大学院での勉強と仕事との間に何らかの関係があるという前提に立っています。ここに最大の勘違いがあります。

社会人大学院で学んでいるのがマネジメントなので、仕事と関係があるように思ったのかもしれませんが、これはただの「趣味」です。仕事とは何の関係もない。私生活の自由です。それについていちいち、いいだの悪いだの上司が評価すること自体、筋違いです。どうぞ放置してあげてください。

仕事の評価とその人の私生活は切り離して考えるべきです。仕事が終わったあと部下が社会人大学院に行こうと、ジムに行こうと、セパタクローをやろうと、お華を習おうと、パチンコに行こうと、キャバクラに行こうと、カラオケで辺見マリの「私生活」(↑名曲!)を歌おうと、その人の私生活です。社会人大学院での専攻がマネジメントだろうと教育学だろうと東洋思想史だろうと量子力学だろうと、それは直接的には仕事と関係ありません。

もちろん大学院で勉強したことが結果的に仕事で役立てば、悪いことではありません。しかしそれは「仕事が終わったあとセパタクローをやって足腰が鍛えられたので、営業の外回りの効率が上がった」「キャバクラで若い女性と話をする機会が増えたので、新しいマーケティングのアイデアを思いついた」というのと同じです。仕事の成果は仕事で評価するべきです。

部下の育成こそ上司の仕事

部下が「昔から仕事はできるとはいえない万年B評価人間」で戦力にならない、どう対処すべきか、とのことですが、やるべきことは一つだけです。この部下をあなたが育て、戦力にすることです。それこそが上司の仕事です。

この際、部下と正面から向き合うべきです。「こういうところが物足りない。いまのままでは仕事の成果が出ない」「自分はあなたにこういう期待をしているから、それに沿うよう努力してほしい」とはっきりと伝えるべきです。そして、彼の話もよく聞いてあげる。自分の得意不得意を彼自身に話をさせて、なぜいま期待通りの成果が出ていないのかを考えさせる。じっくりコミュニケーションをとったうえで、どこをどう直せばいいのか、どこに努力を集中させればいいのか、アドバイスをする。

要するに、部下を育てるということです。

部下を成長させる。部下を戦力にする。上司の仕事のコア中のコアです。ところが、あなたは「戦力にならない事実が追い打ちをかけます」なんて、人ごとのような言い方をしている。彼の趣味についてブツブツ言うより、上司としてやるべき仕事をもっときちんとやるべきです。

一定期間きちんと向き合って、それでもどうしようもないのであれば、この部下は無能ということです。それなりの評価をして、それに伴う報酬にするしかありません。

ただしそれは上司としてやるべきことをやった後の話です。部下と向き合って、お互いに問題をよく理解しあい、戦力にする努力をする。まずは上司が上司としての仕事をしなければ話になりません。短い文章を読んだだけなので、僕の邪推かもしれませんが、この調子ではあなたのマネージャーとしての将来には暗雲が立ち込めているように思います。上司としての仕事に腰が据わっていない。この機会に、この部下の方をきっちりと育てて戦力に仕立てることをご自分の最重要課題として、集中して取り組んでみたらいかがでしょうか。

この部下はいまのところ仕事の成果はパッとしないかもしれませんが、仕事のあとで勉強しに行くぐらいですから根は真面目な人物でしょう。少なくとも、仕事が終わるとパチンコ屋に直行、そのあとキャバクラ三昧、気づいたら借金で火の車、というタイプと比べればはるかにましです。どこかが空回りしているだけで、育成に取り組む価値はあると思います。

「イラッとする」のは幼児性の表れ

僕の回答は以上ですが、例によってしばし余談を。

相談の中に「イラッとする」という言葉があります。最近このフレーズをよく見かけますが、ビジネスメディアや職場の会話などでこの表現を使うようになったのは、そう昔のことではありません。昔は「ムカつく」でした。最近はマイルド化して「イラッとする」。僕はこの「イラッとする」が、いまの時代をヒジョーに悪い意味で象徴するキーワードではないかと思っています。

何を象徴しているかというと「大人の幼児化」です。僕の考える「大人」は、「イラッとする」というような言葉は使いません。多分に僕の偏見かもしれませんが、「イラッとする」という言葉には底抜けの幼児性を感じて、何かこう、イラッとするんですね（↑おっと失礼）。

僕が言う「幼児性」の中身には以下の三つがあります。

一つ目は世の中に対する基本的な認識というか構えの問題です。身の回りのことごとがすべて自分の思い通りになるものだという前提で生きている人を「子ども」と言います。物事は自分の思い通りになるべき。思い通りにならないことは「問題」であり、間違っている。これが子どもの世界認識です。

一方の大人は、「基本的に世の中のすべては自分の思い通りにならない」という前提を持っているものです。

これだけ多くの人間が、それぞれ違う好みとか目的を持って、利害のある中で生きている。世の中で自分の思い通りになることなど、ほとんどありません。そういう前提で生きていれば、思い通りにならなくてもいちいちイラッとすることもない。むしろ、たまに思い通りになることがあると、わりと嬉しくて思わず「ニコッとする」。大人はイラッとせず、ニコッとするものです。

本来は個々人の「好き嫌い」の問題を手前勝手に「良し悪し」にすり替えてわあわあ言う。これが幼児性の二つ目です。

前にも使った比喩ですが、誰かが「オレは天丼が好きだ」と言うのをカツ丼好きが聞いたとしても、あまりイラッとしない。イラッとする人がいるとすれば、その人は「カツ丼のほうが天丼よりいい」「カツ丼のほうが正しい」と思っているからです。でも本当は好き嫌いの話にすぎない。本当は世の中の九割は「好き嫌い」でできています。にもかかわらず、それを勝手に良し悪しの問題だととらえてしまうので、「大学院に通ったって意味がない」とか、評価したり意見を言いたくなったりする。最近の話題でいうと、悪い意味での「意識高い系」にもそうした手合いがしばしば見受けられます。口では「多様性が大切！」とか言いながら、自分とちょっと考えが合わない人に対してすぐにイラッとする。世の中は文字通り多種多様な考え方の人々が集まって構成されているのに、それをわかっていない。この種の人は意識は高いかもしれませんが、アタマが悪い。「意識の高い幼児（の大人）」ほど厄介なものはありません。

人はそれぞれ自分の好き嫌いで生きています。「人は人、自分は自分」です。自分と反対の考えの人がいても、イラッとはしません。「へー、そういう人もいるのか。世の中は面白いねえ……」と受け止めるのが大人です。前に「怒るな、悲しめ」の原則の話をしましたが、「怒るな、面白がれ」が大人の流儀です。

このことと関連しますが、幼児性の三つ目は、他人のことに関心を持ちすぎるということです。繰り返しますが、仕事の部下としてその人のことを気にかけるのは上司として当然のことですが、仕事を離れればみなそれぞれに独立した人間です。社会人大学に行くなどという私生活が気に入らないなんて、他人のことを気にしすぎている。

なぜそうなるかと言えば、本当にその人が気になるというよりも、自分の中に何かの不満や不足感があって、その埋め合わせという面が大きいのではないかと思います。自分の仕事や生活に何かさみしさや不満、鬱憤、鬱屈、屈託があって、いま一つ充実していない。そういう人は他人の欠点や問題、もっと言えば「不幸」を見て心の安らぎを得るというか、鬱憤晴らしをするところがあります。

これはいまに始まったことではなく、昔から人間なんてそんなものです。たとえば、『週刊新潮』。

長い歴史がある週刊誌ですが、電車のつり広告をみると底意地の悪い見出しのオンパレード。誌面の大半が妬み・嫉み・恨み・辛《つら》みで埋め尽くされている。これにしても需要があるからそうなっているのでしょう。

要するに「他人の不幸は蜜の味」、ここに幼児性の最たるものがあります。他人のさまつなことを気にするよりも、自分の仕事と生活にきちんと向き合う。それが大人というものです。

邪推に邪推を重ねて言えば、あなたが漂わせている幼児性は、自分の日々の生活がいま一つ充実していないからかもしれません。ご自身も社会人大学院に行ってみるというのはいかがでしょうか（↑『週刊新潮』バリの底意地の悪さ）。

43 「仕事」と「作業」

残業するな運動に違和感

広告会社勤務(二八歳・男性)

ご多分に漏れず、わが社もいよいよノー残業化が進んできました。できるなら朝早く来い、夜六時以降は仕事するな、持ち帰りも駄目(ログインできない)というアレです。

しかし、われわれ、営業企画グループ内ではログインしないで仕事をする裏技を編み出し、結局会社のそばのカフェなどで仕事をしています。

というのも、やってもやっても終わらないほどやることが多く、しかも私のような凡人には「長時間やればやるほど、いい仕事ができる(仕事の質がよくなる)」現象はやはり厳然としてあるからです。

先生は、仕事はやればやるほど、質がよくなるとは思いませんか? ノー残業に対する率直なご意見をお聞かせください。

原則論からすれば反対

僕はノー残業という制度について、原理原則からすれば反対です。

本来なら一人ひとりが自分の意志で自分が最も成果を出しやすいスタイルを選ぶのが一番いいと思います。ですから、筋論からすれば僕はノー残業の制度化には反対です。

最近のノー残業の一つの眼目は、「もっとメリハリをつけて決まった時間内に仕事を終わらせろ」ですが、これにしても一概にベストだとは言い切れない。人によっては長い時間をかけて仕事をするほうが、いい結果が出るということもあります。相談者の方は広告会社にお勤めということですが、たとえば広告の企画を練るような仕事だったら、調子がのってきたらいつまでも仕事をしていたいかもしれない。仕事の時間というかペースの在り方は、その人のタイプによっても仕事の種類によっても変わってくると思います。

例によって話はきわめて単純で、「仕事では成果がすべて」、これに尽きます。逆に言えば成果が出れば何でもいい。本人のやりやすい、一番成果が出やすいスタイルにまかせるべきだと思う。その代わり、成果が出なければスタイルにかかわらずアウト。原理原則的にはこれが一番のはずです。そういう意味では、ノー残業というのは一律に一定の時間で切ってしまうので、本来のあるべき姿とはちょっと違うのではないかなと思います。

現実論からすれば賛成

しかし現実論としては、ノー残業の制度化にも仕方がない面がある。あらゆる仕事にとって、時間というのは最も制約の厳しい資源です。これぱっかりはもうどうしようもない。誰にとっても一日二四時間は同じ速度で流れていく。時間をためておく、なんてことはできません。そういう時間という資源の性格を考えると、一律の基準でばっさり切ってしまうことには否定できない効果があると思います。

本来はその人に一番向いている、一番成果の出るやり方を選べればいいのですが、現実的にはやっぱり人間は弱いものなので、ほうっておくとズルズルと延ばしてしまう慣性がある。どこかでばっさりと切ってしまったほうが効率がよい。ノー残業には(それがない場合と比べて)現実的に効果があるので、多くの会社が導入しているのでしょう。

それにくわえて、会社のように組織でおこなう仕事には、仕事をしている人たちの間に相互依存性があるので、仕事をする時間を合わせておいたほうが何かと都合がいいということがあります。

僕は基本的に一人で仕事をすることが多いので、朝早く仕事場に入り、できたら午後三時、遅くとも四時には上がってしまいます。いろいろと試してみて、それが一番調子がいい。気づいたら定着していたルーティンです。

ところが、お互いに連携して組織的に働いている職場では、ある程度時間を横にそろえておく必要がある。そういう現実的なもろもろを考えると、やはりノー残業は効果があると思います。もちろん夜六時は早すぎるから場合によっては七時までにしてほしいとか、制度のチューニングは必要でしょう。ただそれにしてもしょせんは程度問題です。どこかでバサッと切ったほうが、会社という全体でみればロスよりもゲインのほうが多いと思います。

「仕事」と「作業」の峻別を

あなたのもう一つの質問として、「仕事はやればやるほど質がよくなると思いませんか」とのことですが、これは先ほどお話ししたように、人によると思います。僕自身について言えば、全然そんなことはありません。やればやるほど、少なくとも時間あたりの成果という意味での質は悪化します。僕のようなタイプが普通なのではないでしょうか。

あなたは「長時間やればやるほどいい仕事ができる現象は厳然としてある」とおっしゃいますが、二つの意味で間違っていると思います。一つは、この考え方にはコストが入っていません。仕事の質はあくまでも、コストに対するパフォーマンスで考えるべきです。コスト(この場合は時間)を投入すればするほど「いい仕事」になるというのは当たり前ですが、単位時間当たりの効率は低下します。

もう一つは、あなたは長時間やればやるほどいい仕事ができる「気分」になっているだけではないかという気がします。時間をかけてやればやるほど、こちらとしては投入している量が多いので、仕事の質がよくなったという気がします。

しかし、これは自己評価にすぎません。いつも言っていることですが、仕事である以上、その質や成果を自分で評価しても意味がありません。お客さんや社内の周囲の人々など、その仕事の受け手が評価するものです。

あなたはまだ二〇代なので、まだ仕事に対する構えが「趣味的」なのかもしれません。自分以外の誰かに価値を届けるためにやる。これが仕事の基本中の基本です。仕事の受け手が必要としていないことは、やっても意味がありません。

たとえばエクセルの罫線の太さに凝ってみたり、パワーポイントのデザインをあれこれ変えてみたり、どうでもいい仕事の段取りをああだこうだと考える人がいます。この種の作業はその人の趣味でやっているだけです。仕事ではありません。評価の対象にはなりえません。

「やってもやっても終わらない」というけれど、本当にそんなに「仕事」があるのかどうか。ノー残業が導入されたのを機会に、一度徹底的にチェックしてみることをおすすめします。お客さんが求めていない趣味の作業に力を入れていたり、誰も頼んでいないことに血道をあげているだけなのかもしれません。

本当の仕事と趣味的な作業を峻別してみると、実際のところ、やってもやっても終わらないほど仕事は多くはないのではないでしょうか。むしろ本当に「仕事」をしていたのは一日三時間ぐらいで、あとは全部「趣味の時間」だったということも大いにありうると思います。

だとしたら、「ログインしないで仕事をする裏技」「会社のそばのカフェなどで仕事」どころか、午前中で全部仕事が終わってしまい、午後はもうやることがなくて困ってしまうということになるかもしれません。

その時は退社の時間が来るまで、趣味の作業にいそしむのも一興です。

44

「働きやすさ」と「働きがい」の違い

「子なしハラスメント」を感じる

メーカー勤務（四〇歳・女性）

育休復帰率一〇〇％の「女性に手厚い会社」に勤める四〇歳課長です。私のチームには、育休復帰後の女性社員が三人いるのですが、彼女らはそろって時短社員。四時か五時にはさくっとあがっていきます。私の部署は営業ですので四時か五時までは営業、帰社後一〇時頃まで書類をつくる……といった働き方がメイン。

したがって育休復帰後の女性社員には、重要クライアントを預けることができず、営業企画的な仕事をやってもらうか、企画書づくりに専念してもらうなど中途半端な働き方をさせることになりがちです。私自身、それは気の毒だとは思っていたのですが、最近、そんな部下たちが私の悪口を言っていることを知りました。「私たちにこんなツマラナイ仕事をやらせる〇〇課長は独身、子なしだから私たちの気持ちがわからないんだ。オンナの敵は女」といったような内容です。

ずっしりきました。こたえました。私は彼女たちに不満な同僚(コスパが悪いなど)の口を何度も塞がせるほど彼女らの味方をしてきたというのに、陰ではそんなことを言っているのかと。こうしたいわれなき独身、子どもなしに対する中傷に、どのように対峙するべきか?そして彼女たちをどうやって、より部署内の戦力としていくべきでしょうか?

匿名の陰口は気にしない

とりあえず、部下の陰口は真に受けないことです。女性の部下が子どもを育てながら働いているにしても、「課長は独身子なしだから、私たちの気持ちがわからない、女の敵は女だ」と言うのは明らかな筋違いの難癖です。昭和時代に「子どもがいるのに外に出て働く女性はけしからん」と言っていたオジサンとまったく同じレベルで間違っている。どうぞ無視してください。反撃・反論の値打ちもありません。

この手の難癖はしょせん陰口にすぎません。僕は陰口や匿名の悪口はすべて無条件にスルーするべきだと思います(僕もそうしています)。女性部下もさすがに本人に面と向かっては言ってこない。理由は単純、「言えない」からです。自分たちでもそうした言い分が間違っているのは重々わかっている。だから、言えない。要するに、ただの鬱憤晴らし。いちいち受け止めたところで意味がない。

子どもがいようがいまいが、仕事は大変なものです。部下たちもいろいろと大変でついつい「イラッとして」理不尽な悪口を言ってしまう。それはもう人間の弱さなので、しょうがない。こういう時は「ま、世の中そういうもんじゃないの……」(渥美清)もしくは「人間だもの」(相田みつを)、いずれかお好きなほうのフレーズを脳内でエコーをかけて鳴らしながら、静かに微笑みつつスルーするに限ります(僕は相田みつをがスキでないので、渥美フレーズを愛用しています)。

真の問題解決は何か

もっと生産的でストレートな問題解決を考えましょう。この会社は「女性に手厚い」。復帰後の女性社員三人がそろって時短社員で、四時五時にさくっとあがる。これ自体は悪いことではありません。それぞれの生活に合わせて、それぞれの能力を発揮できるような会社を目指している。

ところが、この会社は「それぞれの生活に合わせる」ところまででとどまっていて、「能力を発揮する」ところまで行っていない。表面的な問題解決にとどまっています。「帰っていいですよ」とは言うけれど、「時短なら時短でいい仕事をする」ができていない。ここに問題があります。この問題を根本的に解決すること、それをご自身の仕事のテーマにしてはいかがでしょうか。

部下の彼女たちが「イラッとしている」最大の理由は、時短ゆえに「ツマラナイ仕事」に明け暮れていることにある。重要クライアントをまかせてもらえない。企画書づくりに専念するなど中途半端な仕事をさせられる。これについては、あなた自身も気の毒だと思っています。これは明らかにおかしい。上司として、部下の彼女たちが「ツマラナイ仕事」だとは思わないような仕事をさせればいい。これに尽きます。

この会社では「五時まで営業して、帰社後さらに一〇時頃まで書類をつくるという働き方がメインになっている」といいます。こういう働き方になってしまう理由があるのだとは思いますが、これがメインというのは間違いなく間違っている。こんな働き方が定常状態であれば、時短で働くことはできても、力を十分に発揮することはできるわけがありません。

リーダーシップ発揮の絶好の機会

せっかく課長という権限と責任がある管理職のポストについているのですから、この際、相談者の課だけでも、丸ごと働き方を変えてみるのに挑戦すべきです。そこにこそ課長としての重要な仕事があると思います。

陰口を言っている部下たちも集めて、チームをつくるのがよいと思います。彼女たちの切実な利害に関わることなので、必ず乗ってきます。まずは、現状についての不満や希望を部下から直接によく聞くことから始めてみることをおすすめします。いまの「メインの働き方」のどこがどのように間違っているのか。子どもの有無にかかわらず、やりがいのある仕事をできるようにするにはどうすればいいのか。部下たちにどんどん提案させましょう。困った状況にある当事者だけに、妙案が出てくるはずです。

建設的な提案を引き出すには、問題の原因にさかのぼることが不可欠です。ＨｏｗよりもＷｈｙを優先して部下たちに問いかけてください。本当に毎晩一〇時まで書類をつくらないと重要クライアントを預けることができないのか。それは、預けることができない「気がする」だけなのではないか。だとしたら、何で預けることができない「気がする」のか。そもそも「重要クライアント」って何なのか。この際、ゼロベースで見直してみることが大切です。

僕の勝手な想像で言えば、「重要クライアント」から電話がきたら、何時だろうと飛んで行け、みたいな文化があるのかもしれない。しかし、すぐに飛んで行ったとして、クライアントに対して意味のある仕事ができるとは限らない。「すぐに飛んで行く」こと自体が目的化してしまっているのかもしれない。そもそもその「重要クライアント」というのはただの思い込みで、それほどのコストをかけるほど重要ではないかもしれない。クライアントの重要性の基準をはっきりさせ、クライアント対応の仕方（時間的な分業などなど）を工夫すれば、四時五時で帰る人にも重要クライアントを預けることはできるはずです。

いずれにせよ、従来の職場で当然のこととされ、みんなが疑問を持たなかったことに問題の核心があると思います。一〇時まで会社にいなければ仕事がまわらないという現状はどう考えてもおかしい。「お前のお気楽な仕事と一緒にしてくれるな！」というお怒りが返ってきそうですが、僕もいくつかの「重要クライアント」（↑ただ思い込みかな？）を抱えて仕事をしていますが、四時五時どころか三時半にはスカッと仕事場をあとにしています（↑もう少し働いたほうがイイかな？）。

課全体でいろいろ議論したり試したりしているうちに、もしかしたら、単純に人が足りないのが問題だということになるかもしれません。女性に手厚くします、四時五時にあがってくださいと言いながら、以前と同じ人数で前と同じ仕事を同じやり方でやれと言うのであれば、それはもうマネジメントの無責任、帝国陸軍の南部仏印進駐的な愚策です。もし、そうだとしたら、あなたが自分の上司とかけあって、人を増やしてもらうなり、まったく新しい仕事のやり方を承認してもらうのが筋です。

自分の課でせっかく三人も育休復帰後の女性社員がいるのです。あなたにとってはリーダーシップを発揮するまたとないチャンス到来です。裏を返せば、リーダーとしての力量が問われている局面の到来です。

会社は少なくとも口では「育休復帰率一〇〇％」「女性に手厚い会社」を標榜しているのですから、ご自身の課を全社的なワークスタイルの変革の基点にするくらいの気持ちでやってみてはどうでしょうか。たぶんこの「女性に手厚い会社」では、社内のあちこちでこの手の「働きやすいけれど働きがいがない」という問題が起きているはずです。先行的にご自身の課で働き方を大胆に変え、そういう問題を解決していく手本になれば、会社としても大いにありがたい。

正面から取り組めば、絶対に成果が出ます。そのうちに部下たちは、陰口を言うどころか、「課長のおかげで仕事が楽しくなりました」と感謝してくれるようになります。

その時は、もちろん面と向かって言ってくるはず。その瞬間を目標に、どうか腰を据えて取り組んでいただきたいと思います。

45

釜本監督症候群

やる気のない部下、どうやったら、仕事に本気になってもらえますか？

新聞社勤務（四五歳・男性）

老舗マスコミに勤める係長格のものです（デスクです）。部下は七人。うち五人は日々スクープを取ろう、あるいは自分の専門色を出そう、別の切り口を展開しようなどと、大変に仕事熱心ですが、残りの二人が会社の将来性を考えてか、あまり仕事に本腰が入らず、最低限の仕事のみをして、お茶を濁そうとしています。

先生、経営学の視点から、どうやったらこうした若手に組織に対する当事者意識、経営的な意識を持たせ、本気で仕事をしてもらうことができるでしょうか？

問題の不在

あなたに申し上げたいのは一言、「おめでとうございます!」。これに尽きます。

経営学の視点を持ち出すまでもありません。常識で考えて、これはあなたの思い違いです。そもそも問題がありません。問題が不在である以上、解決策もありません。

考えてみてください。部下が七人いて、そのうち五人が「日々スクープを取ろう、あるいは自分の専門色を出そう、別の切り口を展開しようなどと、大変に仕事熱心」。残りの二人も最低限の仕事はこなしている。上司として、こんなに楽なことはありません。こんなに上司として恵まれた職場は、世界でもトップ五%に入るでしょう。おめでとうございます。

新聞社ですから、けっこうまともな人が集まっているのは間違いない。世の中には、ちょっと目を離すと仕事中にパチンコ行っちゃうようなポンコツ社員が七人中五人を占める職場だってある。七人中七人がデフォルトでやる気満々というような職場は世の中にほとんどありません。いま一つのやつがパッと出てきた時に、それを何とか束ねて動かして成果を出すのが上司(デスク)の仕事です。

あなたが言っていることは、要するに「この二人はハズレ引いちゃったな」という状況論です。全然部下に向き合っていない。問題の認識が他人事になっている。それが証拠に、「会社の将来性を考えてかあまり仕事に本腰が入らず」などと、二人の部下にやる気がない原因を会社の将来性という、やたらに遠いところに求めている。そんなふわふわした話が本当の原因であるわけがありません。

この二人がなぜ最低限の仕事でお茶を濁そうとしているのか。もっと二人それぞれに固有の、もっと実体のある理由があるはずです。要するに、他の五人と比べて、この二人は「どうも毎日、仕事が面白くねえなあ……」と思っているわけです。そこに手を突っ込むべきです。二人の話をそれぞれよく聞いて、連中はどんな仕事がしたいのか、あなたは何を期待しているのか、どこにギャップやミスマッチがあるのか、膝を突き合わせて話し合うところから始めてください。何も「経営的な意識」というような大げさな話ではありません。日々の具体的な仕事の中に問題があります。

「期待に応える」は人間の本能

当事者意識を持たせるには、仕事を「まかせる」。これが基本原則です。まかされて期待されれば、それに応えようとする。これは人間の本能です。人間は一面では弱くてズルくて手前勝手なしょうもない生き物ですが、本能的な善も確かに備わっている。

だいたい厳しい入社テストをパスして「老舗マスコミ」に入ったような人は、ある程度ちゃんとした人に決まっている。すなわち、「まかされれば応えようとする」という本能的な善がもともと強く備わっているということです。それが証拠に、多数派の五人は放っておいても勝手に自分の仕事に意義を見出して張り切って仕事に取り組んでいる。残りの二人も、正面から向き合って話し合えばすぐに改善される確率は高いはずです。

繰り返しますが、そのためにはまず、なぜやる気が出ないのか、どうすればやる気が出るのか、きちんと向き合って彼らの気持ちを知ることです。もちろん仕事ですから、やりたいことを一〇〇％はさせられない。それでも、自分や会社が彼らにやらせたいことと彼らの希望をできる限りすり合わせて、元気にさせる。これは上司の仕事の最低限です。

比較的できのよくない二人の部下でさえも最低限の仕事をしていることを思えば、この課で最低限の仕事をしていないのはデスクであるあなたのほうではないでしょうか。デスクにいる場合じゃありません。すぐにデスクを離れて本来の上司の仕事をしていただきたいと思います。

「ズバッと行け！」

以下は余談です。あなたに限らず、一般的にいって「部下のできがいいとマネジメントが無能になる」傾向があります。古くは「兵隊一流、将校二流、司令部三流」といわれた日本帝国陸軍がその典型です。

老舗の一流企業では、放っておいても優れた人が集まりやすい。だから、マネジメントに必要性というか切迫感が希薄になる。挙句の果てに、僕が「釜本監督症候群」と呼んでいる現象に陥りがちです。

一九九〇年代の話ですが、ガンバ大阪に釜本邦茂監督という人がいました。現役時代はもう大変な名選手で、いまだに日本サッカー史上最高のフォワードといわれているそうです（←僕はサッカーには興味がなく、何も知らないのでウィキペディアからの引用情報）。いまに至るまで日本代表チームの最多得点記録保持者。一九六八年のメキシコオリンピックでは七得点を挙げ得点王になり、日本の銅メダル獲得の原動力となったことで知られています（←ウィキペディアによる）。

金ぴかのレコードとともに現役を引退した彼は、Ｊリーグの開幕当時はガンバ大阪の監督でありました。しかし、選手との確執でチームはバラバラ、期待された若手の有力選手も育てきれませんでした。チームの成績が低迷した挙句、事実上の解任という憂き目に合います。

人から聞いた話なのですが、釜本監督の指揮というのはやたらと擬態語が多かったそうです。監督として何を言っていたかというと、「バシッと行け」「ズバッと行け」「ガーンと行ってこい」。

その一つの理由は、彼自身がとんでもなく優秀な選手だったことにあると思います(↑僕の超素人談義なので、間違っていたらごめんなさい!)。監督の指示や指揮や作戦がどうあろうと、ひとたびフィールドに出れば自分の力量で点を取り、チームを勝たせてしまう。

釜本選手は上司(＝監督)がどうあろうと自分の力で何とかしてきた人なんです。だから、監督になっても選手に現役時代の自分と同じものを期待する。「俺は何とかしてきたぞ。今度はお前らが何とかする番だ!」という勢いです。

釜本監督が面白いのは、うまくいかないことがあると、問題解決の手を打たずにひたすら首をかしげている、というんですね(↑サッカーに詳しい友達がいる僕の知り合いから聞いた話)。自分は何とかしてきたのに、自分のチームの選手がなぜできないのか、わからない。選手時代にピカピカだった上司は往々にしてそういうものです。

監督が擬態語を連発しているだけでも、優秀な選手が集まるチームであれば、その中でやっぱり何とかしてくれる次の釜本選手が出てくる。それが実績に物を言わせて次の釜本監督になる。で、その監督の下で新たな釜本選手が出てくる。で、彼が監督になって……(以下、延々ループ)。

この悪循環が僕のいう「釜本監督症候群」です。放っておいても何とかしてくれる優秀な人材が集まる組織ほど、上に立つ人のマネジメント力が育たないという成り行きです。

相談者の会社もそうなっているのかもしれません。日本で言えば、メガバンクあたりでは釜本監督症候群が散見されそうです。高給が期待できるし、世間体もいい。日本中から最優秀の人材が自然と集まります。サッカーにたとえれば一一人中八人がマラドーナ、野球で言えば九人中七人がエースで四番、みたいな感じです。

この傾向は洋の東西を問わないというのが僕の見解です。外資系の金融機関や本場ウォールストリートの投資銀行でも、一見何やらすごく上等なマネジメントがあるように見えるのですが、実際に中身を知ると、マネジメントとしては実にいい加減というか、お粗末なところが多い（それでもメッシのような強力選手ぞろいなので、会社はまわっていく。これがホントのメッシ奉公）。

逆に言えば、「うちの会社にはロクなやつがいない」という前提で動いている組織では、嫌でもマネジメントが発達します。そういう職場では、「うまくやれ」「ビシッとやってこい」だけでは誰も動かない。「お前からこっちにパスを回して、こうやってこうやっていけば点がとれる」と、具体的な指示を明確に出して、全員で共有してやっていかなければ試合になりません。

もし相談者の方がこれから管理職として本当の意味でのマネジメント力をつけようと思うのであれば、会社の中で最もロクでもない連中が集まっているといわれている部署への移動を希望してみてはいかがでしょうか。もしくは、よその部署でお荷物扱いされている人たちを積極的に自分の部署で受け入れるというのも面白い。他の部署からもありがたがられますし、何よりも上司としての力が身につくこと請け合いです。

46

幸福との因果関係に忠実に資源を配分する

「わかっちゃいるけどやめられない」ものをやめ、幸せになりたい

会社員(二〇代・男性)

クレイトン・クリステンセン氏の著書『イノベーション・オブ・ライフ』を最近読みました。人生を企業活動でアナロジーすると、次にあげる三つが意図的かそうでないかにかかわらず、その組み合わせで人生は大方決まるといったことが書かれていました。その三つとは、優先事項の決定、資源配分の決定、実際の行動です。もし右記の通りだとすると、幸せな人は自分の幸福の因果関係を正確に見抜き、因果関係に忠実に資源を配分し、適切に実行できている人ということになります。

僕はどれも弱いんですが、特にふにゃふにゃなのが資源配分です。「わかっちゃいるけどやめられない」ものが多いのです。タバコ、過食、二度寝、ネットサーフィン、ゲーム……これらをやめて、朝早く起きて筋トレのあとに坐禅(ヨガでもいいですが)をし、リラックスしたところでハーブティー(アサイージュースでもいいですが)を飲みながら読書をして仕事へ、大いに働き、帰宅後は子どもと大いに

遊ぶ、仕事をしながらも健康的かつ家族を大事にする生活を何とかして送りたいのですがどうしたらいいでしょうか？

大きな人

実にいい質問です。どうぞ好きなようにしてください。

余談から話を始めます。相談者が著書を読んで影響を受けたクレイトン・クリステンセンさん。皆さんご存じの通り、偉大な経営学者です。

クリステンセンさんと僕とは学会デビューが同期です。いまから二四年前のことになります。「MIT-Japan Conference for Rising Scholars」という若手研究者のための国際会議がホノルルのハワイ大学でありまして、僕も呼んでいただきました。そこでお目にかかったのがクリステンセンさんです。彼も大学院を出たばかり。もちろん名著『イノベーションのジレンマ』を出版する前のことです。

多くの参加者が学者デビューしたてだったので、大学院時代の研究（自分の博士論文）の内容を発表していました。クリステンセンさんもその一人でした。のちに出版されて大ブレイクした『イノベーションのジレンマ』はこの博士論文をベースにした研究です。

はじめてクリステンセンさんとお目にかかった時、「ずいぶん大きな人だな……」（身長二メートルぐらい？）と思いました。そう言うと、彼は「これでも僕が家族の中で一番小さいんだけど……」と笑っていました。

会議では順番に自分の研究を発表していくのですが、クリステンセン先生(ここから敬意を表して「先生」をつけます)が発表を始めると、ただでさえ大きな先生がひときわ大きく見えたものです。何というか、もう「格」が違んですね。

僕はその時二八歳。一九五二年生まれのクリステンセン先生はすでに四〇代。彼はコンサルティングで実務のキャリアをばっちり積んだあとこの世界に入ってきた人ですから、当時の僕とは文字通りの大人と子どもで比較するのも僭越というか筋違いなのではありますが、クリステンセン先生の研究発表を聞いた僕は予感したものです。「将来この人と同じ年齢になっても、ここまでガツンとくる研究はできないだろう」。そして、その予感は十数年たってものの見事に的中しまくりやがりました。

研究が抜群なだけでなく、クリステンセン先生が大変な人格者であることは数日間一緒にいるだけですぐにわかりました。若手の研究者というのはわりと無意味に競争的で、「俺はちょっとはデキるぜ……」という雰囲気を漂わせがちです。その中にあってクリステンセン先生は温和にして謙虚、異常なぐらい落ち着いていました。僕が自分の拙い研究を発表した時も、すぐに笑顔でサムアップ(イイね！の親指上サイン)をしてくれました。僕にとって初めての国際会議での研究発表でしたので、それなりに緊張していたのですが、クリステンセン先生の笑顔に救われたことをいまでもよく覚えています。

要するに、クリステンセン先生は、研究者である以前に人としてものすごく真面目で立派な人であります。敬虔なモルモン教徒で(ま、あまり敬虔でないモルモン教徒はいないでしょうけど……)、きわめて自制的で禁欲的。自分の信じることのために行動する。世のため人のために仕事をして、社会の役に立ちたいという真摯で誠実な人柄です。

そういう人が自分の長い経験を凝縮して搾り出すように書いた本が『イノベーション・オブ・ライフ』。「幸せな人は自分の幸福の因果関係を正確に見抜き、因果関係に忠実に資源を配分し、適切に実行できる人である」という話になるのは当たり前です。クリステンセンさんご自身がまさにそういう人ですから。

あなた（相談者）は「僕はどれも弱いですが、特にふにゃふにゃなのは資源配分です」「わかっちゃいるけどやめられないものが多い」とおっしゃいますが、ご心配には及びません。それはあなただけではありません。僕も含めて、ほとんどの人が同じようなものです。あなたの悩みは、「俺はクリステンセンみたいに身長が二メートルないんだよ。いやになっちゃうな……」と言うようなものです。二メートルなくて当たり前。だとしたら、ことさら嘆いたり問題視する必要もありません。

主題は身長ではなく生活内容のほうなのですが、クリステンセンさんであれば、喫煙や飲酒はもちろん、ネットサーフィンとか二度寝とかゲームにうつつを抜かすなどということはしそうもありません。その理由はきわめて明確です。なぜなら、彼が「自分の幸福の因果関係を正確に見抜き、因果関係に忠実に資源を配分」しているからです。

すでに完璧に実行している

しかし、です。あなたもクリステンセンさんに負けず劣らず「自分の幸福の因果関係を正確に見抜き、因果関係に忠実に資源を配分」しているのです。すでにクリステンセンさんの教えをほぼ完璧に実行しているといってもよい。

結局人間が最終的に到達したい先が「幸せ」であるのには変わりがありません。クリステンセンさんが前提としている幸せとあなたの思い描く幸せとは同じではない。ここがポイントです。幸せは客観的には定義できません。すべての幸福は個別的・主観的なものです。

クリステンセンさんにとっての幸せを所与として「幸福感の因果関係を正確に見抜いた」ならば、彼のような生き方になるでしょう。それはもちろん幸せな人生です。しかし、僕に言わせれば、あなたや僕のような大多数のフツーの人にとってそれは幸せではなく、タバコとかネットサーフィンとか二度寝とかゲームとか○○などなど(好みは人によって変わりますが、お好みの「愚行」をここに入れてください)をしているほうがわりと幸せなのです。あなたにしても、「幸福感の因果関係を正確に見抜い」ているからこそ、その種の行動をしているわけです。

ご多分に漏れず、僕も自分の幸福感の因果関係をわりと正確に見抜いている一人です。その結果として、ベッドに寝そべってコーヒー牛乳を飲みつつ、柿ピーを食べ、ダラダラと好きな本を読んでいる。幸福感の因果関係をさらに正確に見抜けた時は、このメニューにくわえて九〇分の昼寝をすることもあります。わかっちゃいるけどやめられない。正確に言うと、それが自分にとっての幸せだと、わかっているからこそやめられない。それがフツーの人間だと僕は思います。

あなたは、朝早く起きて、筋トレのあとに座禅(もしくはヨガ)、リラックスしたところでハーブティー(もしくはアサイージュース)。読書して仕事、ガンガン働く。早く帰宅して子どもと大いに遊び、家族との時間を大事にする……、という幸せ像を描いています。僕は声を大にして聞きたい。「これが本当にあなたにとっての幸せですか」と。もしそれが本当に幸せだったら、とっくにそうしているはずです。人間も動物です。自己の幸せを追求することにおいては、実に貪欲な生き物です。

なぜ筋トレや座禅、ハーブティーもしくはアサイージュースをやらないのか。理由は単純明快。あなたが「自分の幸福の因果関係を正確に見抜き、因果関係に忠実に資源を配分」しているからです。だいたい、ハーブティーやアサイージュースなんてたいして美味しくありません（単に僕の好みかな？）。僕だったら、そんな辛気くさいものをすすっているよりも、腰に手を当ててコーヒー牛乳を一気飲みしたほうがよっぽどいい。

ベッドの上での柿ピーだけはやめておこうかなと思わなくもない。でも僕はどうしても自分の幸福との因果関係に忠実に資源を配分してしまうので、わりといつも、小袋六個入りの柿ピーが常備されているんです。特にピーナッツが好きですね。ピーナッツは味に少しムラがあって、時々塩味の強いのにあたることがある。それを引いた時はもう多幸感に包まれます。

「じゃあ、はじめからピーナッツだけ食べればイイじゃないか、なぜ柿ピーなんだ？」と言われそうですが、これもまた幸福との因果関係に忠実な選択です。ピーナッツだけだと味気ないんですね、これが。相対的にスキではない柿の種を早めに食べてしまい、そのあとで残った大スキなピーナッツを食べる幸せ！　ここまで来ると、もはや相当に深いレベルで自分の幸福との因果関係に忠実に資源を配分しているといっても過言ではありません。

人間の本能を信じる

クリステンセンさんには呆れられるかもしれませんが、フツーの人間はそんなものです。だからこそ、ストレスを解消してリラックスできて、日々の仕事に前向きに向かっていけるのだと思います。何事も陰と陽の両面から成り立っています。光があれば影がある。タバコや二度寝やネットサーフィンが好きなのに、朝早く起きて筋トレ云々を全部やったら、あなたの場合はストレスがたまって間違いなく不幸になります。

だからといって、好きなだけ刹那的な欲望を満たせばいい、という話ではもちろんありません。何事にも一定の限度があります。ただし、これにしても「自己規律！」とかいう話ではありません。先ほどの「自分の幸福との因果関係に忠実に資源を配分」の原則に従っていれば、自然とまずまずの範囲で収まります。

なぜならば、「健康を害する」とか「仕事でにっちもさっちもどうにもならない状態になる」（私的専門用語で言う「ブルドッグ状態」）というのは多くの人にとってあからさまな不幸だからです。「自分の幸福との因果関係に忠実に資源を配分」してさえいれば、ネットサーフィンがどんなにスキだとしても、仕事をサボって朝から晩までずーっと家でネットサーフィンしてしまう、ということにはなりません（ブルドッグ状態になってしまうから）。タバコがスキでも「一日二〇〇本吸っているから、もう目がくらくらして仕方ないよ。もう死にそう！」というわけではないでしょう（ホントに死んでしまうから）。適当なレベルにとどめているはずです。

これもまた人間が本能的に幸せを求め、不幸を回避しようとするからです。この意味でのタガが外れてしまう人もたまにいますが、それはもはや病気の範疇なので、僕ではなくお医者さまに相談してください。

僕は週三でジムに行き筋トレをしていますが、これにしてもあらゆるスポーツが嫌いで、普段は走るどころか歩くのもイヤなクチだから。一定の健康維持のためにやっているだけです。体に悪いのはわかっていますが、タバコは継続しています。あなたとちがって僕はもう五〇代、努力しなくても早寝早起きになります。飲酒は一切しません(単純に飲めないので)。ギャンブルも一切しません。無駄遣いをするような趣味もありません。テレビも観ません。これでタバコもやめてしまえば、あまりにもクリーンな生活になってしまい、かえってバランスが悪い気がするので、許される場所では喫煙を愉しんでいます。

唯一の例外は柿ピーです。これだけはさすがにやめようと思っています。理由は、デブというあからさまな不幸を回避するためです。ただ、いきなりやめると幸福も減衰するので、幸福との因果関係を見抜いた結果として、とりあえず柿ピーをアイスキャンデーにスイッチしてみました(カロリー半減)。

あなたにしても、気になるのだったら過食と二度寝のどちらかをやめるぐらいで十分です。これまで通り、ご自身の幸せについての自己理解を深め、自分の幸福との因果関係に忠実に、好きなようにしてください。

47 この人を見よ！

某一流国立大学の大学生、承認欲求が高すぎる自分を持て余しています

大学生（二〇代・男性）

某国立大学の四年生です。来年四月より、外資系投資銀行にて、アナリストとして、M&Aアドバイザリーの仕事をおこないます。自分の人生の歩み方を、変えたいと考えています。

小学生、中学生の頃、私はまったく目立たない存在でした。部活動でまったく活躍できず、学校では隅のほうにいてばかり。家庭内でも、スポーツ、勉強ともに万能であった弟の陰に隠れ、肩身の狭い思いをしておりました。それ以来、「なるべく多くの人から、自分という存在を認めてもらいたい」という強烈な欲求を持って、今日まで生きて参りました。いまの大学に入ったのも、外資系投資銀行にアプライしたのも、すべて、この欲求を満たすためです。外資系投資銀行から内定をいただいたその週には、MBA留学予備校の無料相談会に参加し、いま、学生生活最後の夏休みの時間の多くを、英語力強化やコーポレートファイナンスの勉強にあてようとしています。他人から、「〇〇くん、す

ごいね！」と言ってもらい、興奮を抑えつつ、「いや、そんなことないよ」と冷静を装って応答する瞬間が、残念ながら、生きていて最も幸福を感じることができます。自分でも身をもって理解しているのですが、「人から認められたい」という欲求に従って生きるのは、非常につらいです。実際、他人が私のことを気にかけてくれる時間なんて一瞬ですし、何より、自分が挫折や失敗をした際に感じる他人からの視線が、どうしようもないほどに苦しい。それでも、また人から認められるためには、その失敗を繰り返しながら挑戦しなくてはいけない。

一刻も早く、「人から認められたい」というコンプレックスの呪縛から解放されたいです。もっと自分の人生を生きたいです。どうすればよいでしょうか？ ちなみに、好きなこと、やりたいことはありません。親から、「内定をもらったんだし、人生最後の夏休み、旅行とか遊びにでも行ったらどう？」と言われるのですが、別に行きたい国や、やりたいこともなく、ただただ勉強をしています。

心配ご無用

あなたは最高です。どうぞこのまま、好きなようにしていてください。

「別に行きたい国や、やりたいこともなく、ただただ勉強をしています」。イイじゃないですか。他にやりたいことがなければ、スキなコーポレートファイナンスや英語の勉強をしているに越したことはありません（BGMは丸山圭子の「どうぞこのまま」がおすすめ。古すぎるかな？ でもイイ感じのボサノヴァで勉強がはかどること請け合い)。

承認欲求が強すぎて辛いとのことですが、これは誰でも若い時に罹患する病気です。特にあなたの場合は、まったく心配ございません。僕がそう断言するのは、二つの強力な理由があるからです。

第一の理由、それはあなたの場合、ごく近い将来にこの病気から解放される可能性がきわめて高いということです。

誰にでも、人から認められたいとか、褒められたいという欲があります。若い時分はしばしばこの欲が必要以上に肥大化してあなたのような病気に至るわけですが、あなたがフツーでないのは、異様に確かな自覚症状があるということです。自覚症状がありすぎるといっても過言ではございません。

相談の文章が実に味わい深い。特に「他人から、『○○くん、すごいね！』と言ってもらい、興奮を抑えつつ、『いや、そんなことないよ』と冷静を装って応答する瞬間が、残念ながら、生きていて最も幸福を感じることができます」と言うくだり。名文といっても過言ではございません。まだ大学生なのに、これだけ正確かつ客観的に自分を記述できる。まことにもって特筆すべき能力です。

あなたがご自分でイヤと言うほど気づきまくりやがっているように、人からすごいと言われることを目的として生きるのは、超弩級にバカバカしいことです。あまりに空疎でバカバカしいため、普通の人であればそんな生き方は続けられません。人によって治癒のタイミングはさまざまですが、遅かれ早かれ心底バカバカしくなってしまい、「ああ、俺はバカだったなあ……」と思って病気が治る。それが大人になるということです。

ことほど左様に、承認欲求病への対処は放置しておくに限ります。時間の経過こそが特効薬です。

もちろんたまには解脱せずに、ずっと承認欲求にとらわれたまま年を重ねる人もいます。それは本物のバカであって、本人はわりと幸せなのでどっちにしろ問題ありません。それはそれで「ビバ！人間」。味わい深いキャラクターなので、そっと見守りつつ放置しましょう（もちろん脳内ＢＧＭは丸山圭子「どうぞこのまま」）。

あなたの場合はこの真逆です。症状はわりと重いですが、慢性の承認欲求病患者ではありません。ホンモノの慢性承認欲求病にとらわれている人は、こんなに早い段階で、これほど自分を客観的に見つめることは絶対にできません。「実際、他人が私のことを気にかけてくれる時間なんて一瞬ですし、何より、自分が挫折や失敗をした際に感じる他人からの視線が、どうしようもないほどに苦しい。それでも、また人から認められるためには、その失敗を繰り返しながら挑戦しなくてはいけない」。この辺の文章は、フツーであれば解脱してから三〇年ぐらいたったハゲオヤジにしか書けない深みがあります。

すなわち、あなたは承認欲求の自己呪縛から解放される直前だということです。確実に近い将来、あまりのバカバカしさに「どうやったら承認欲求から解放されるか」なんて考えていたことすら忘れてしまう時がくるでしょう。苦しい時期はもうすぐ終わります。おめでとうございます。

さらに強力な理由

理由その二に移ります。こっちの理由はさらに強力です。

「『なるべく多くの人から、自分という存在を認めてもらいたい』という強烈な欲求を持って、今日まで生きて参りました」とのことですが、ご安心ください。あなたは実際のところはまだ誰からも認められていませんそもそも承認されていないのですから、承認欲求の呪縛に悩む必要も定義からしてありえません。

「一流国立大学の学生」「外資系投資銀行に就職」「M&Aアドバイザリー」、どうもあなたはこの辺に承認の対象を求めているようですが、これは単なる「状態」にすぎません。周囲の人々は口では「すごいね」と言うかもしれませんが、本当のところ心の中ではあなたのことなんか誰も何とも思っていません。

世の中で本当に承認されたりされなかったりする対象は、「状態」ではなく、「行動」です。行動の結果として達成される成果こそが承認されるのです。いつも言っている話ですが、自分以外の誰かのためになるのが仕事。ところが、あなたのこれまでの努力は徹頭徹尾自分(だけ)を向いている。それは仕事ではなくて趣味です。あなたが家でやっている「英語力強化やコーポレートファイナンスの勉強」、それこそ趣味の最たるものです。

あなたはまだ何も仕事をしていません。それが証拠に、あなたは学生という状態と引き換えに、大学に授業料を払っている。ま、優秀な人なので奨学金を得ているかもしれませんが、どっちにしろ現状では「お客さん」ということです。こちらがお金を払っているうちはすべてが趣味。お客さんにお金を払ってもらってこその仕事です。

確かにあなたの趣味的努力は「外資系投資銀行のM&Aアドバイザリー」という状態を手に入れるには役立ったわけですが、いまの時点では土俵に立っただけです。戦績は0戦0勝0敗0引き分け。何も勝負をしていない。承認もへったくれもありません。

「自分が挫折や失敗をした際に感じる他人からの視線が苦しい」と言いますが、あなたにとっての「成功」とか「失敗」とか「挫折」というのは、難関大学を受かったとか落ちたとか、外資系の投資銀行に採用されたとかされないとか、そういう話でしょう。それは失敗や挫折ではありません。失敗や挫折というのは行動を説明する言葉であって、状態を説明するものではないのです。

以上の話を一言で要約すると、「世の中はそんな甘いものじゃない」と言うことに尽きます。しかも、あなたはとっくにこの真実に気づいています。だからどうぞご安心ください。予言しておきますが、あなたはあと一年後、来年のゴールデンウイーク明けには解脱します。その時には、いまの自分を振り返って「バカだったなあ、俺……」とニヤリとすることでしょう。

小野光治さんという人

僕が尊敬する人に小野光治さんというグラフィックデザイナーがいます。小野さんはキャリアのスタート地点では、あなたのような「一流国立大学からの外資系投資銀行」というルートとは一八〇度違っていて、大学には行かず、高校を卒業してすぐに建設作業員になりました。建設現場で汗を流しながら、まあまあ楽しく毎日を過ごしていたそうです。

で、ある時友達から電話がかかってきた。「昼間は忙しいだろうけど、夜とか休みの日が空いていたら、ちょっとうちの会社で手伝ってくれない?」。そのお友達が勤めていたのは広告の会社でした。小野さんはそこで掃除や広告制作物を仕事先に届けるといった雑用のバイトをするようになりました。

広告会社なのでオフィスにはさまざまな広告のポスターが貼ってあったり、作品を集めた本などが置いてあります。そういうものに触れているうちに、小野さんはグラフィックデザインに興味を持ちました。チラシの制作の手伝いのようなところから始めて、やがて徐々に本格的なデザインの仕事に携わるようになります。

そこで一気に才能が爆発します。数年後には新進気鋭のグラフィックデザイナーとして国際的な賞をバンバンとるまでになりました。彼を見る世の中の目は一変しました。小野さんも当然のことながらイケイケで、今度はあの賞を取りたいとか、もっとカッコイイものをつくりたいとか、私生活でも舶来の高級スーツを着て高級なスポーツカーに乗りたいとか、もっと高いところに空に手を伸ばして、何かをつかもうとするような二〇代の後半だったそうです。

そんな小野さんが三〇歳くらいの時のことです。昔からつきあっている仲のいい友達の家に遊びに行くことがありました。その友達は小野さんと同じように高校を出たあとすぐ社会に出て、その時は小学校で給食をつくる仕事に就いていたそうです。

彼の部屋の壁には子どもたちからの手紙がたくさん飾ってありました。そこには「いつもおいしい給食をありがとう」とか、感謝のメッセージが書かれています。「俺はこういう仕事をしているんだよ」と言う友達が小野さんにはものすごくカッコよく見えたそうです。これこそが本物の仕事だ、小野さんは直感しました。それに比べて自分は賞をもらって上等なスーツを着ているけれど、これまでいったい何をやっていたのか……。目から鱗が落ちる思いがしたといいます。

友達の家から帰ってきた小野さんは、それまでにデザインの賞で獲得したトロフィーや賞状などを全部捨てたそうです。そして、デザインとは何かを改めて考え直しました。デザインというのはカッコいい作品をつくることではない。デザインとは社会的な問題解決に他ならない、というのが小野さんの考えです。つまり、空の高いところに手を伸ばしてつかみ取るようなものではなく、みんなが見過ごしている、道端に落ちている何かを拾い取る、そこにデザインの役割があるというのです。

これは「仕事とは何か」、その本質をまざまざと教えてくれるエピソードです。それまでの小野さんは、自分が認められたくてカッコいいデザインに明け暮れていた。それで確かに世の中から「承認」されていた。でも、そんな自分を向いたやり方では仕事は続かない。本当の仕事とは、人に何かを与える、その内実にしかないわけです。

小野さんはいま五〇代ですが、「余計なことを考えなくていいサラリーマンが性に合っている」と言ってあえて独立せず、ダイヤモンドヘッズという広告会社に所属しています。もちろんグラフィックデザイナーとしてデザインもしているのですが、それよりもさまざまなブランドやプロジェクトのコンセプトづくりの相談を受けるというのが仕事の中心になっています。

この話を僕にしてくれた時、小野さんは「若い頃の自分をいまになって振り返ると、何てバカだったんだろうって、もう笑うしかないですよね……」と、実際に声に出して笑っていました。「三〇歳にもなってようやく気づくなんて、もうホントにバカでしょう」と小野さんは言うのですが、僕は三〇歳というタイミングは相当に早かったと思います。正直に告白すると、僕自身は三五歳ぐらいまで、自分の仕事では自分以外の誰かよりも自分を向いている割合が大きかったように思います(つい見栄を張ってしまいましたが、本当は三七歳まででだったかも)。

あなたは小野さんに似た人物かもしれません。早すぎるぐらい早く自分の愚かさに気づいている。しかも自己認識が正鵠を射ていて正直。あなたの内省的な思考能力には素晴らしいものがあります。病気が治ったあと、一〇年ぐらい経ってみれば、あなたはきっとひとかどの人物になっているでしょう。

自由な時代の自由意志

仕事が辛すぎて辞めたいが踏ん切りがつかない

ＩＴ系ベンチャー勤務（二四歳・男性）

楠木先生、はじめまして。ＩＴ系ベンチャーで働いて二年目になる二四歳です。悩みは端的に言って、「仕事が辛すぎて辞めたいが踏ん切りがつかない」です。いまいる会社は、業界でも有名な「社員の成長」にコミットする会社です。社長も「若いうちはワークライフバランスとか言わず死ぬ気で働け」と公言して憚らず、現に社内もかなりのハードワーク。自分にも一年目から相当な重さの仕事が降って来ており、終電帰りは当たり前、週に一〜二回は徹夜をします。大学時代まで徹夜なんてしたことなかったのに。

この会社に入社した理由としては、「ここで何年か働けば潰しが利きそうだな……」くらいの考えで、やりたいことも特になかったこともあり、何となく入社してしまいました。ただ入社してみて気づいたのですが、自分は「ストイックに自分を鍛える」といったことが性に合わないのです。「死ぬ気で」みたいなワードを聞いただけでウンザリするし、いままでの人生でも「何かを努力してやり遂げた！」という経験はないように思います。

そんな性分もあり、現在の会社からの転職を考えています。ですが、「一年そこらの社会経験で転職だなんてうまくいくだろうか」「自分は甘えているのだろうか」「次にやりたいことも特にないし……」といった思いが邪魔をして、踏み出すこともできません。他の相談者の皆様のような「ベンチャーで挑戦したい」という立派な相談とは逆行する質問で恐縮です。楠木先生、僕は甘えているのでしょうか。

同類を代表して一言

甘えてなんかいません。好きなようにしてください。辞めたければ、どうぞ辞めてください。

僕にはあなたの気持ちがよくわかります。「大学時代まで徹夜なんてしたことなかったのに」とのことですが、僕は五一歳のいまに至るまで徹夜はしたことがありません（正確に言うと、学生時代は何回か麻雀で徹夜をしたことがあったような気もする）。

「『ストイックに自分を鍛える』といったことが性に合わない」とのことですが、僕もまるで性に合いません。「『死ぬ気で』みたいなワードを聞いただけでウンザリする」とのことですが、僕もウンザリします。「いままでの人生でも『何かを努力してやり遂げた！』という経験はないように思います」とのことですが、僕にしてもそういう経験はありません。

要するに、僕はあなたと同類です。あなたや僕以外にもそういう「性分」の人はたくさんいます。だからといって、僕は「若いうちはワークライフバランスとか言わず死ぬ気で働け」と公言する社長を否定したり批判する気も毛頭ございません。この社長にしても、そういう仕事のスタイルが好きで、そういう会社が好きでそうしているのですから、何の問題もありません。

「他の相談者の皆様のような『ベンチャーで挑戦したい』という立派な相談とは逆行する質問で恐縮」とのことですが、何も恐縮する必要はありません。ベンチャーで挑戦する人が立派なわけではありません。そういう人はそれが好きでやっているだけです。あなたや僕もまた、自分の好みでユルユルとしているわけです。どちらが正しいとか偉いとか立派だという話ではありません。

二種類の「自由」

言うまでもないことですが、われわれは自由主義の社会に生きています。ローマ帝国の時代に生まれていれば、僕は今頃、ガレー船の船底でひたすら櫓をこいでいたかもしれません。自由主義の世の中に生まれたという幸福。つくづくありがたいことだと思います。

仕事というのはみずからの自由意志に基づいてするものです。誰からも強制されていません。誰からか頼まれてやるものではないのです。社長や上司の人はいろいろと言ってくるでしょうが、本当のところは誰も頼んでいません。辞めるも辞めないもあなたの自由です。

自由意志(free will)というのはどういうことか。「自由」を二つに分けて理解することが大切です。一つが手段の自由。ある目的を達成するためにどの手段をとるか、これが自由裁量に委ねられているということです。あなたが働いているITベンチャー企業はきっと現場への権限委譲に積極的でしょうから、この意味での自由を日常の仕事の局面で普通に感じていることでしょう。

もう一つが目的そのものの自由です。自由主義とか自由意志という時に、一義的に問題になるのは、こちらのほうの自由です。手段を自分で選べるだけでなく、目的を選べる。ここに自由の本質があります。要するに、自分が何をなすべきか、自分にとって何がいいことなのか、それがあなたの自由意志に委ねられているということです。

ローマの奴隷は今風に言えば「従業員」。奴隷といっても生身の人間ですから、主人がうまく使いこなすためにはアメとムチが必要でした。賃金はもちろん、日常生活での扱いについても、主人はわれわれが想像する以上に奴隷に気を使っていたそうです。

ですから、ローマの奴隷にも手段(たとえば自分の時間の使い方や仕事のやり方についての工夫)については一定の自由がありました。しかし、目的については自由がない。それは上司であるご主人さまの専権事項でした。目的において、奴隷は文字通り主人に隷属している。ここが現代の従業員との違いです。さすがに当時は全員に目的の自由を与えると世の中が回っていかなかったのですね。

自由意志といっても、何をやっていてもいい、自由勝手にやっていればそれですべてが許される、という話ではありません。本書でも繰り返し強調しているように、人の役に立ち、人に対価を支払ってもらわなければ商売にはなりません。しかし、そうして仕事として世の中と折り合いがつくかどうかは、あくまでも結果です。サーブ権は常にこちら側にあるのです。自由意志で選んで始めた仕事が価値をつくれず、折り合いがつかなかった時は、はじめに戻ってサーブをやり直せばいい。「職業選択の自由」とはそういうことです。

いまのあなたが勤めているハードワークな会社は、「こういうことが自分はやりたいんだ」と言う人にとっては、素晴らしい会社です。若いうちはストイックに自分を鍛えよう、死ぬ気で働いて成長しようと言う人にしてみれば、自分の自由意志が会社とジャストミート。大喜びで徹夜するでしょう。つまりは「努力の娯楽化」です。あなたからすれば相当な重さの仕事が降ってこようが、終電帰りだろうが徹夜だろうが、本人にとっては全然つらくない。それはその人の目的といまの会社がマッチしているからです。あなたが「異様に努力しているなあ！」と驚くようなことであっても、本人からしてみればそれほどつらいわけではない。

自由であるということ、それは人によって何が「よい」のかが異なるということです。それをわれわれは「好き嫌い」と呼んでいるのです。あなたが暗黙のうちに自分の中に持っている「自分はこういうことをやりたい」という意志と、いまの会社は明らかにミスマッチを起こしている。そうである以上、この会社で頑張ったところで、あなたにとってあまりいいことはないでしょう。「一年やそこらの社会経験で」などと思わずに、一刻も早く辞めたほうがいい。

こういう文章を書いていると、時々「お前自身には悩みはないのか？」という質問を受けます。僕の場合、仕事に限って言えば悩みはありません。何も万事うまくいっているわけではありません。それどころか、ほとんどのことが思い通りにいきません。この年になるまでずーっとその調子なので、もう諦めました。自分に課すものもないので、悩みようがありません。娯楽的努力でできることしかしないようになりました。

「自分は甘えているのでしょうか」と言いますが、甘えているというのは、「人からこれをやれと課題を与えられたけれどそれができないでいるのを、自分で勝手によしとしているという状態」を指します。それなら甘えていると言えるでしょうが、あなたは本当のところ誰からも頼まれていないのです。「社員の成長にコミットする」といいますが、成長は自動詞です。他動詞ではありません。成長はあくまでも自分でするものです。

とはいうものの、「成長」はそう簡単ではありません。これは人によって意見が分かれるところですが、成長というのはいまと違う「優れた人間」になることだとは僕には思えません。自分がもともと持っている、しかしまだ埋もれている何かを徐々に自分の中から引き出してくるプロセスだと考えたほうがしっくりきます。もっと言えば、自分は自分が勝手に期待するほど「優れた人間」ではないという元も子もない事実を素直に受け入れていくプロセス、これが成長の正体ではないかという気がしています。

僕も若い頃は五〇歳も過ぎれば、相当に成長してだいぶ違う人間になれるかな……とたまに思ったこともありました。しかし、(薄々気づいていたのですが)まったくもってそんなうまい話はありませんでした。僕が唯一成長したのは、成長しない自分をそのまま受け入れて、そういう自分とつき合っていく能力においてです。この点ではよどみなく成長しまくりやがりました。成長しすぎたといっても過言ではございません。

あなたの現状は「一人SM」をやっているようなものです。誰も頼んでないのに、勝手に自分にとって辛い状態に身を置き、勝手に苦しんでいる。その手のプレイが大好きというマニアなら別ですが、あなたの場合は早いこと止めないと、体を壊してしまいます。

「次にやりたいことも特にない」。そんなのいたって普通です。本当にやりたいことが何かなんて、すぐには見つかりません。ただし、やりたいことがなくても、やりたくないことをやる必要はありません。いまの会社に勤め続けることが、あなたのやりたくないことであるのはもはやはっきりしています。

最初のサーブを外したことはいまのあなたにとって苦い経験でしょう。しかし、その反面で、自分についてのより深い理解を手に入れることができたわけです。決して無駄ではありません。自分の自由意志で生きていく。この世の中の基本について改めて考えるよい機会を手にしたと思って、次のサーブを打ってみる。いまやるべきことは、これに尽きます。一つつけくわえるとしたら、次はもっと肩の力を抜いて打つことです。二回目なので、きっと前よりもうまく打てるでしょう。それでもフォルトだったら三回目があります。テニスと違って、ダブルフォルトはありません。何回でも打てます。若いというのはそういうことです。

せっかく自由な時代に生まれたのですから、その恩恵をもっと積極的に享受しましょう。そうでないと、ローマ時代の奴隷の方々に申し訳が立ちません。

49

好き嫌いのツボ

読書をしても、映画を観ても、感想が思いつかない私は感受性不足？

ＩＴ企業勤務（二〇代・男性）

彼女と映画を観に行ったり、美術鑑賞に行ったりすることがあります。すると、その後、必ずお茶などをしながら、「あれについてどう思った？」「これはどう？」と、矢継ぎ早に彼女に聞かれるのですが、これがとても苦痛です。

実は、私は本を読んでも、映画を観ても、ありそうな話だなとか、得られた知識はこれだなと思う以外、特段感想らしき感想が持てません。泣ける映画や小説などには、そもそも興味がありません。興味があるのは事実だけです。

好き嫌いは変えられない

悩む必要はありません。あなたに好き嫌いがあるだけです。ご自身の好き嫌いに忠実に、どうぞ好きなようにしていってください。

全方位的に感受性が高い人など存在しません。あなたの場合は、映画や小説といった好きではない方面に感受性がないだけです。好きな分野については、あなたも十分に感受性豊かなはず。無理に彼女の好き嫌いに自分を合わせるのはかえって逆効果です。

前にもお話ししましたが、僕は「本性主義」の立場に立って物事を考えるようにしています。ビジネスはもとより、世の中を動かしているのは詰まるところ人間の本性です。仕事や商売では人間の本性を軸足にしてものを考えることが大切だと僕は思っています。

「好き嫌い」は人間の本性の最たるものです。嫌いなことはどうやってもうまくなりませんしうまくいきません。あなたは「泣ける映画や小説には興味がなく、事実に興味がある」。これはかなり根源的な好き嫌いの自己認識だと思います。

人の好き嫌いはそうそう変わるものではありません。あなたはいま二〇代ですが、僕の年(五〇代)になってもこの好き嫌いは変わらないと思います。僕自身を振り返っても、あなたの年の頃に好きだったものはいまでもわりと好きですし、嫌いだったものはいまでもだいたい嫌いなままです。

あなたと違って僕は映画がわりと好きですが、好きな映画の種目は何といってもギャング・やくざモノ。これは一〇代のころから変わりません。音楽は軽音楽が好きで、クラッシックはどうにもダメ。軽音楽でも、ジャズよりもロックやソウルミュージックが好き。ロックでも、ザ・ローリング・ストーンズはダメで、AC／DCにぐっとくる。食べ物でいえば、魚よりも肉が好き（お鮨は大好きだけど）。おでんよりも焼鳥が好き（それにしても、焼鳥って安価なのに実に美味しいですね。素晴らしい食品！）。色は黒や白や紺が好きで、緑や茶色が嫌い。この辺の好き嫌いはこの数十年まったく変わっていません。変わったことといえば、昔ほどフライドポテトが好きでなくなったことぐらい（でも、いまでも嫌いじゃない。でも、いまではLサイズを一度に三つ食べるということはしなくなった）。

ま、こういうのはどうでもイイ話なのですが、言いたいことは、あなたと彼女とのギャップが根源的な好き嫌い（本性）に立ち入る問題である以上、それは今後とも変わらず続くわけで、基本的に手の施しようがないということです。

単に映画の趣味が合わない（こっちはギャング映画が好きなのに彼女はラブロマンスを観たがる）とか、絵画芸術の趣味が違う（彼女はアンディ・ウォーホルが好きなのだがこっちの好みはあくまでも円山応挙）という類の話ではありません。要するに、あなたは映画、小説、美術という形式での表現そのものに興味がない。あくまで事実に興味がある。映画や美術鑑賞という種目に関する限り、彼女との折り合いをつけるのは難しそうです。表面的に彼女に話を合わせるのはムダです。ますますストレスがたまり会話が進まなくなってしまう。

僕がこの際あなたにおすすめしたいのは、自分の好き嫌いそれ自体を彼女との会話のテーマにすることです。相手に合わせるのではなく、自分が知識や事実を知ることが好きで、映画や美術などの情緒的な表現は好きでないということをいろいろな角度から彼女に説明し、彼女に自分の好き嫌いを理解してもらう。逆に、彼女にも自分の好き嫌いをたっぷりと語ってもらう。そうすればお互いについての理解が本性のレベルで深まり、ますます濃密な関係を築くことになります。これはボーイフレンド・ガールフレンドの間柄ではもっとも楽しいというか意義深い会話だと思います(その結果、相手の本質的にイヤなところが露見し、コンビ別れをすることになるかもしれませんが、それはそれで仕方ない)。

抽象化でツボをつかむ

ただし、好き嫌いについて話をする時はちょっとしたコツがいります。あなたと彼女がそうであるように、好き嫌いは人によって異なります。自分の好き嫌いの具体的な詳細をまくし立てても、相手がそうしたことを好きでなければ有意義な会話は成立しません。僕の経験でも、その人は大好きでもこっちがまるで興味関心がないこと(たとえばワインとかゴルフとか人工知能とかクラウドファンディングとか)について、具体的な詳細を延々と話してくださりまくりやがる人が時々いるのですが、こちらとしては文字通り閉口するしかありません。

自分の好き嫌いをむき出しの具体で語るのではなく、自分の「好き嫌いのツボ」を知り、それを軸にして話をするのが大切です。言い換えれば、一段階抽象化して相手に説明する、ということです。

あなたは映画や美術といった具体だけを見て、「どうも彼女と趣味が合わない。合わせなきゃいけないのかな……」と思っている。これは早計です。まず抽象化して、自分の好き嫌いのツボを知る。漠然と思いをめぐらせるのではなく、できる限りそのツボを言語化してみる。

抽象化というと何やら大げさに聞こえますが、何のことはありません。自分の具体的な好き嫌いの背後にある「なぜ」を自問自答する。これが抽象化の基本です。「何で彼女はこういう映画が楽しめるのに、自分は楽しめないのか？」「何で自分は小説に興味がないのか？」。すでにあなたはこの問いに対する答えを得ています。それは、こうした種目が「事実ではない」から。あなたは「事実」に関心がある。すでに自分の好き嫌いを一段階抽象化して理解しているわけです。

だとしたらなぜ「事実」に関心があり、「虚構」に興味がないのか。その奥にある「なぜ」を自問自答することによって、さらに抽象化を深めることができます。この繰り返しの中でだんだんとその向こうにこうやって抽象化して考えていくと、自分の好き嫌いのツボ、すなわちあなたに固有の価値観が見えてきます。

同じように彼女にも単に自分の好き嫌いの断片を話してもらうだけでなく、その抽象化に取り組んでもらい、奥底にあるツボを探してもらってみてください。映画や美術鑑賞が好きとのことですが、そこにもさらに好き嫌いがあるでしょう。「この映画は面白かった」とか「あの映画はどうも好きになれない」というようなことがある。そこで「なぜ」を尋ねてみる。逆に、あなたとしては興味津々のことでも、彼女にはまったく面白くないということもある。そういうときに、なぜ興味が持てないのかを聞いてみてください。

つき合っていく中で、二人の日常の生活シーンの中で出てくる好き嫌いのピースを集める。ピースの数は多ければ多いほどよろしい。で、そのピースを組み合わせた時に表れる絵をじっくり眺めて、なぜそれが好きなのか、それが嫌いなのか、抽象化でツボをつかむ。それぞれの価値観が浮かび上がり、相互に理解が深まります。

お互いの好き嫌いのツボをわかり合っていれば、具体的なレベルでの興味関心が違っていても、十分にかみ合った話ができるようになります。お互いフラストレーションを抱えることもない。何よりも、彼女があなたという人間をより深く理解できるようになります。あなたも彼女の価値観を知ることができる。はじめから具体的なレベルで好き嫌いがバッチリ合うよりも、ずっと深みのある関係が築けるのではないでしょうか。

50

好きなようにしてはいけません

起業準備中に突如、何もかもが面倒くさくなった

元コンサルタント(三〇代・男性)

起業準備中の元コンサルタントです。ある事業で起業したくなり、九月に退職しました。起業資金のために所有するマンションを売却(幸い、独身です)、オフィス探しに人材採用、什器購入、改装、事業プランを持っての見込み客営業などを、現在しております。

しかし、テナントへの賃料をすでに払い、採用したい人材にも声かけしてしまったのにもかかわらず、「俺は果たして本当に起業すべきか」「やっぱり、リスクが大きすぎないか」などのモヤモヤが、夢に出てくるほどになりました。そして、実際、起業準備にワクワクするどころか憂鬱なのです。そんな私がこのまま起業に突き進むべきでしょうか。

論理的な確信

好きなようにしてはいけません。ま、起業するもしないも本来はあなたの自由なのですが、それを曲げて今回ばかりは「好きなようにしないでください」と申し上げます。いまのまま起業したら、あなたはまず間違いなく失敗します。ここできれいさっぱりあきらめて、いったん起業は忘れてください。「やっぱりリスクが大きすぎないか」、そんなことはいまの時点ではわかりません。商売の成功失敗はやってみなければわかりません。事前に成功の保証を得ることはできません。成功の確率やリスクの大きさを正確に計算することもできません。

だとしたら事前に起業のよりどころとなるものは何か。それは「論理的な確信」にしかない、というのが僕の考えです。あなたは「果たして本当に起業すべきか」とモヤモヤしている。これはすなわち、あなたの中に論理的な確信がないということです。起業の時点での唯一絶対のよりどころとなるものがあなたにはない。少なくとも今の時点では起業すべきではないのは明らかです。

やや抽象的な話になります。「論理」とは何でしょうか。それは二つ以上の物事の「つながり」を意味しています。論理とは「こうすればこうなる」「そうなるためにはこれが必要になる」という因果です。あっさり表現すれば、「X→Y」の「→」の部分にあたるのが論理です。

ビジネスは自分以外のさまざまなステークホルダーの関与なしには実現できません。あなただけでなく、顧客はもちろん、あなたの会社の従業員やあなたの事業に投資や融資をする人々、必要なものいと商売にはなりません。

を供給してくれるサプライヤー、こうした多種多様なステークホルダーがあなたの事業に乗ってこないと商売にはなりません。

ここに確信が「論理的」である必要があります。利害や立場が違う人でもわかり合える共通言語、それが論理です。論理でなければあなた以外の他者は理解できません。あなたが一人でどんなに情熱を持っていたとしても、そこに論理がなければ他者には伝わりません。

さまざまな打ち手が自分なりに確信でき、人にも自然と説明できる論理でつながり、そのつながりの先に商売の成功(顧客満足や長期利益。ちなみにこの二つはほとんど同じことです。普通の競争さえあれば、もっとも正直で正確な顧客満足の物差しは長期利益になります)がはっきりイメージできる、僕の言葉でいう「戦略のストーリー」が生まれた時、人は自分のやろうとすることについて論理的確信を持つのです。

商売の構成要素(個別のアクションやディシジョン)につながりがあるということは、裏を返せば、特定一つのアクションやディシジョンそれ自体では論理的確信にはなりえないということです。あなたはいま「起業資金獲得のためのマンションを売却」「オフィス探し」「人材採用」「什器購入」「改装」「見込み客営業」をしている。しかし、こうした個別の要素だけでは戦略ストーリーになりません。

「ワクワク」の正体

もっとも大切なポイントは、あなたを取り巻くステークホルダーだけでなく、当のあなたの情熱にとっても、論理で紡がれた戦略ストーリーが不可欠だということです。あなたの現在の心境がこのことを身をもって証明しまくりやがっています。

起業家はしばしば「ワクワクする」「ワクワクしたから起業した」という表現をします。この「ワクワク」の正体にしても、自分の戦略ストーリーについての論理的な確信に他なりません。論理的な確信があるからこそ「この事業は面白いことになりそうだぞ……!」というワクワク感が生まれるのです。趣味や遊びではありません。そこに論理的な確信がなければ、よっぽど特殊な人は別にして、普通の人間はやろうとする商売についてワクワクできないものです。

あなたがワクワクするどころか憂鬱になるのは、あなたにとっての現実が資金やオフィスや人材や什器や見込み客といった要素にしかなく、それらがストーリーでつながった商売になっていないからです。だから自分のやろうとしていることにリアリティを感じられない。

すでにテナントに賃料を払い、什器を購入しているとのことですが、その時はさぞかし憂鬱だったと想像します。お金が出るのはリアルな現実。それに対して、その支出が他のアクションとつながって、巡り巡って商売の入金になるというイメージがわかない。テナント賃料や什器購入ですらそうなのです。ましてや、人を雇って給料を払うとか、とりあえず手元資金ではじめるにせよ、近い将来誰かに投資や融資を依頼にいく時は、これ以上ないほどどんよりとした気分になるのは必定です。

言うまでもありませんが、自分の戦略ストーリーに論理的な確信があったとしても、起業に成功するとは限りません。どんなに強固な論理的確信があっても、現実は一勝九敗ぐらいの成功確率でしょう。ことほど左様に成功は不確実なものです。ただし、このままではあなたの商売は失敗する。これだけはほぼ確実です。あなたが起業に突き進んで成功する確率は宝くじの一等賞を引き当てる確率と同じ程度です。だったらはじめから宝くじを買ったほうがいい。

この際、本件についてはきれいさっぱり忘れてください。そうすれば、ワクワクはないにしても、少なくともモヤモヤした憂鬱からは解放されます。

ことここに及んで辞めてしまうと、テナントに払った賃料や購入した什器が無駄になる、もったいないという気がするかもしれません。しかし、あなたが起業に突き進んだ時の不幸や損失と比較すれば、そんなことはどうでもいい。幸いにもあなたは独身です。契約が残っている間は、そのテナントに住めばいい。買った什器も家具に使いましょう。さぞかし気分はすぐれないでしょうが、そういう時は布団をかぶって寝てしまうに限ります。

反社会的犯罪

「好きなようにしてください」主義の僕がなぜそこまで「やめろ」と言うのか。その最大の理由は、あなたの商売が失敗しそうだとか、ここでやめておかないとさらにあなたの経済的損失が大きくなるということではありません。このまま突っ走ると、人や世の中に迷惑がかかる。だから、やめたほうがいいと言っているのです。

この仕事をしていますと、いろいろな会社の方の事業計画や戦略のプレゼンテーションを受けて、「こういう戦略でいこうと思うんだけど、どうよ?」と意見を求められることがしばしばあります。

こういう場面で、実につまらない話をする人がいるんですね、これが。僕が注意して見ているのは、プレゼンテーションの中身もそうですが、それ以前に戦略をプレゼンテーションしている人の表情、特に目です。自分で自分の戦略を面白がっているかどうか、そこにストーリーがあるか、ストーリーに論理的確信を持っているかどうか、その人の目をじっくり見ていると、一目瞭然です。

中には、自分がしている話を、自分では明らかに面白いと思っていない人がいます。そういう時僕は決まって尋ねるようにしています。「ところで、いまご説明いただいた戦略、ご自身では面白いですか?」。そうすると、こういう答えが返ってきます。「いや、面白いかといわれても……。私は中計(中期経営計画)担当の執行役員でして……」

聞いているほうが面白くなくても、それはそれでいい。好みの問題ですから。ただ、自分でも面白くないと思っている。率直に言って、これは最悪です。まず間違いなく失敗する。自分でも面白くない話に人がついてくるわけがありません。ましてや、お客がついてくるわけがない。自分でも面白くないことを実行して、会社を動かし、いろいろなステークホルダーを巻き込んで失敗する……。これを大人の世界では「犯罪」といいます。自分だけでなく、世の中に迷惑がかかります。

僕は冗談半分に提案したことがあります。「自分でさえ面白くない、ワクワクしないことで会社を動かしたら、その時点で特別背任罪。その線で会社法を改正したらどうか」。法律の専門家に言わせれば、「そんなことは外形的基準がないので、法律にできないよ!」とのことですが、少なくとも迷惑防止条例ぐらいには入れておいてもらいたいところです。

みなさんもこういう人を見かけたら「犯罪者!」と声をかけてあげましょう(ただし、心の中で。面と向かって口に出すと、わりと厄介なことになるおそれあり)。

原点にして頂点

最後に、僕が経験の範囲で、これとは真逆の例をお話しします。僕の年来の友人に村田育生さんという面白い人がいます。昔々のことですが、ひょんなきっかけで聞いた村田さんの戦略のプレゼンテーション、これが抜群に面白かった。それは(その時点では僕がまったく知らなかった)ガリバーインターナショナルの戦略ストーリーでした。

ご存じの方も多いと思いますが、ガリバーは中古車の流通に「買い取り専門」というまったく新しい戦略を持ち込み、成功した会社です。僕が彼の話をはじめて聞いた時、村田さんはガリバーの戦略立案を担う役員でした。その時点では、僕は中古車流通業には何の知識も関心も持ち合わせていませんでした。たいした期待もせずに村田さんの話を聞き始めたのですが、これが三分聞いただけでとにかく面白い。「え、それでどうなるの？ 次にどういうことが起こるの？」と、ぐいぐい引き込まれました。

なぜそれほど面白かったのか。その理由は実に単純で、話している村田さんご本人が、自分が話している戦略を心の底から面白がっているからです。村田さんの話は、これはいける！という論理的な確信に満ちあふれていました。

この時ばかりではないでしょう。当時の村田さんはあっちこっちに行っては、「ちょっと面白い話あるんだけどさ、聞く？」とばかりに、ガリバーの戦略ストーリーをさまざまな場で、さまざまな人に対して語っていたはずです。これを繰り返すうちに、ガリバーの戦略がステークホルダーに浸透して実行されていったわけです。これこそ真っ当な起業と商売の成り行きだと思います。

人に話したくてたまらない話をする。戦略の原点にして頂点です。

終わりに代えて

蛇《じゃ》の道は蛇《へび》

楠木先生はどうやって、文章がうまくなったのですか

システム会社勤務（二〇代・男性）

私は営業職ですが、最近担当業務が拡大し、人前で話すことが増えてきました。講演やセミナー講師などです。このような業務は、かねてより希望しており、できれば人前で話をするスキルをもっと高めていきたいと考えております。ところが私は、すんなり相手に伝わるような話し方ができない、という課題意識があります。

文章構成、抑揚、リズム。何もかもに苦手意識があります。スムーズに頭に入ってくる文章……と考えたところ、いつも読むのが苦手な私も、楽しくスラスラと読ませていただいている、楠木先生のキャリア相談が思い浮かびました。そこで、試しに先生の文章を音読してみたところ、読み手としても聞き手としても心地よかったのです。音読を繰り返すうち、文章の強弱など何となくコツがつかめてきたような気がしております。

舌先三寸、気楽な仕事

文章というのは嗜好品ですから、僕の文章が優れているというよりは、単にあなたの好みに合っていたということでしょう。いずれにせよ、僕にとって嬉しいことです。毎度ご贔屓にありがとうございます。

自分のことなので口はばったい物言いになりますが、もし僕の文章が「心地よい」としたら、その理由は「蛇の道は蛇」ということだと思います。

書いたり話したりして自分の考えを人に伝える。それが僕の仕事です。僕はそうした道を選んで、ユルユルとではありますが、これまで歩んできました。

ものすごくふわふわした仕事です。この本のもとになった文章を連載している時も、「実務経験のない大学教授はこれだから困る」「机上の空論」「お前に何ができるんだ!?」という類のお叱りをしばしばいただきました。仕事にさしたる「実体」がないので、そう思う人がいるのは自然なことです。

日々の講義、講演、ウェブメディアや雑誌の記事、書籍、企業での助言やセミナー……。方法や場はさまざまですが、それはチャネルの違いであって、僕がやっていることは本質的には同じです。自分の考えをお客さまに届け、理解してもらい、何かの足しにしてもらう。僕の仕事はそこにしかありません。

とかくふわふわした仕事ですから、端から見ていると、すごくラクそうに見える。で、実態はどうかと言うと、白状しておきますが、これが本当にラクなんです。ついでに白状すると、僕がこの仕事を選んだのも、このラクさ加減に最大の理由の一つがあります。

僕が身を置いているビジネススクール（経営大学院）では、学術的な研究のバックグラウンドの人だけでなく、経営なりビジネスの実務経験を持った人が教授として仕事をしています。

それまで経営者や実務家として業績を挙げた方の中には「転業」、すなわちビジネスを辞めて大学教授の仕事にスイッチするというケースもよくあります。

ビジネスの世界で功成り名を遂げて一定の年齢に達すると、キャリア終盤の仕事として大学教授への転業を考える人が世の中にはわりと多いようです。大学にいますと、「これまでの自分の経験を活かして、大学で教えてみたいんだけど……」という実務家の方々からの相談をしょっちゅう受けます。

お話を聞いていると、「年齢も年齢だし、切った張ったのビジネスの実践はもうキツい。それに比べて大学教授の仕事はキレイでラクそうだから……」というのが、転業を希望する本音として垣間見えることがままあります。

そういう時に僕から必ず申し上げることがあります。「この仕事、舌先三寸でラクそうに見えるでしょう。実際にラクなんです。ただし、この仕事は本当に舌先三寸しかない仕事です。その覚悟はありますか？」

ビジネスの実践であれば、資本があり、商品やサービスがあり、お店があったり従業員がいたりしてヒト・モノ・カネが動きます。「実体がある」というのはそういうことです。それはそれでもちろん大変なのですが、徹底的に実体がない仕事にもそれゆえのキツさがあります。提供する商品には「考え」というふわふわしたものしかありません。

そこにお客さまに多少なりとも価値を見出してもらえなければ、仕事にならないわけです。「資本も商品も部下もない、本当に口先だけでやっていく仕事でもいいんですか？」「どんな考えを売るおつもりですか？」と念を押すと、「うーん、やっぱりやめておこうかな……」と言う方がけっこういます。

話し言葉にせよ書き言葉にせよ、受け手にとって「わかりやすい」。これはサッカー選手にとっての足の速さ、野球選手にとっての肩の強さ、相撲取りにとっての突き押しの強さと同様に、僕の仕事にとって決定的に重要な生命線です。この仕事をしている以上、僕は二十数年にわたり、毎日呼吸をするように、「なるべくわかりやすく、自分の考えが伝わるように……」という意識で書いたりしゃべったりするという作業を繰り返しているわけです。これが「蛇の道は蛇」ということです。

仕事は「コロシ」

そういうと何か特別のノウハウや技術があるように聞こえますが、実はそんなものはありません。「蛇の道は蛇」の正体は、結局のところ「そのことを長く続けてやっている」、これに尽きると僕は思っています。

いつものネタで恐縮ですが、僕のハゲ頭について、「イイ感じでハゲてますねぇ」と、褒めているのだかケンカを売っているのだかわからないコメントをしてくださる方がいらっしゃいます。これにしても、一朝一夕にできあがったものではありません。僕は三〇代前半からハゲをやっています。毎朝毎夕、自分のハゲ頭と向き合って生きてきました。要するに、「ハゲの道はハゲ」なのです。

若い方は知らないかもしれませんが、『刑事コロンボ』という、僕が大好きなテレビ映画があります。

いわゆる「倒叙形式」のミステリーの傑作シリーズです。毎回犯人が人を殺すシーンから始まります。観ている側は最初から犯人が誰かわかっています。熟達の刑事コロンボが犯人を追い詰めていくプロセスを楽しむという筋書きです。

犯人はたいてい上流階級のインテリと決まっています。ハンサムでお金持ちで頭もよく才能にあふれている。それに対峙する刑事コロンボは一見風采が上がらない、小柄な中年のイタリア移民。犯人は一見してコロンボを見くびります。

ところが、この「見くびらせ上手」なところがコロンボの凄みでありまして、その正体は見た目と裏腹に実はとんでもない凄腕刑事。このギャップがストーリーの面白さになっています（この辺、「水戸黄門」や「遠山の金さん」とも一脈通じるエンターテイメントの古典的な図式。ただし、黄門さまや金さんの隠された力が当時の政治的な権力にあるのに対して、コロンボのそれは個人の能力にある）。

『刑事コロンボ』シリーズのある作品にこういう場面があるんです。天が二物どころか三物も四物も与えたような犯人が超優秀な頭脳を駆使して完全犯罪の計画を立て、殺人を犯す。で、コロンボが徐々に犯人を追いつめる。山場のシーンでコロンボはこういう決めぜりふをつぶやきます。

「確かにあなたは、生まれも育ちも、才能も頭のよさも私とは比べものにならない。そういう完璧なあなたが全知全能を絞ってアリバイ工作をした。それを崩すのは確かに難しい仕事ですよ。ただね、そんなすごいあなたでも、さすがに殺人は初めてでしょう？ 私はね、殺人課の刑事なんですよ。何十年も毎日毎日、殺人事件ばかり追いかけている。これまで犯人を何人挙げたかわからない。それが私の仕事なんですよ、コロシがね……」

この言葉にさすがの犯人もシビれるという名場面です。コロンボは来る日も来る日も殺人事件を追っている。「蛇の道は蛇」なのです。長く続けていることの強みというのはそういうことだと思います。どんな分野でもそうですが、プロとアマチュアの違いは持続性なり頻度にあります。アマチュアでもツボにはまると一回や二回はうまくいくことがある。プロを凌駕することも珍しくありません。ただし、調子がいい時も悪い時も、状況がフォローでもアゲインストでも、一定のレベルの仕事を維持できるかどうか。ここにプロとアマの決定的な差異があります。野球のピッチャーなどがゲーム後のインタビューで「悪い時は悪いなりに……」とか言いますが、これはプロの言葉です。

長く続けることの意味合いにはいろいろとありますが、その最大のものはフィードバックを受ける回数や量が多いということです。仕事である以上、必ず受け手がいます。受け手はあなたの仕事に対して、必ず何らかの評価をします。

僕の仕事で言えば、雑誌の記事なら読者、講義なら学生、講演なら聴衆から毎回毎回評価を受けているわけです。試験のように明示的に採点されるわけではありませんが(大学院の講義については、期末に定量的・定性的な評価を学生から受けますが)、書いたものについてはしばしば感想をいただきますし(コメントがつけられるウェブ・メディアの場合は特にそう)、講義やセミナーでは受け手のリアクションにじかにさらされています。聞いてくださっている方々の顔をみていれば、僕の仕事の質についての評価が手に取るようにわかります。

当たり前の話ですが、高評価ばかりではありません。悪評紛々のこともあります。それを受けとめて、考える。必ずしも「お客のニーズに合わせる」ということではありません。その時のお客さまの大勢のニーズとずれていたとしても、そこに自分の仕事の価値があり、特定少数の誰かに強烈に刺さっているということもあります。いずれにせよ、こうしたお客とのコール・アンド・レスポンスを繰り返して自分なりに芸を磨いていくわけです。

Write like talking

あなたは「人前で話をするスキルをもっと高めていきたい」とのことですが、「スキル」という切り口で考えているうちはまだまだだと思います。僕の理解では、スキルと言うのは「マイナスをゼロのレベルまで持っていく」ためのものです。その仕事をするのであれば、みんなが持っていて当然のもの、それがスキルです。みんなが持っている。プロの世界では、それは極論すればゼロ、何もないのと同じです。

その先のゼロからプラスを創るのは何か。「この人に頼もうかな」とか、「こいつはいいな」と思わせるのは何か。それはその人に固有のセンスとしか言いようがないものです。「フォーム」といってもよい。プロにとってはこのフォームこそが己の仕事のよりどころです。

どんな分野でも、その道のプロが一番大切に懐に抱えているのは、誰もが使えるスキルやツールではなく、フォームなのです。このフォームばかりは「蛇の道は蛇」の最たるもので、長いこと時間をかけないと練り上げられません。フォームは千差万別ですから、人のを借りるわけにもいきません。借り物のフォームはいつか必ず破綻します。蛇の道を長いこと這いずりまわっているうちに、「こういうのが自分のフォームだな……」ということが見えてくる。それを後生大事に育てていくのがプロというものです。

文章を書くということについて言えば、僕が自分のフォームに気づいたのは、仕事を始めて一〇年めくらいの時のことです。同業の淺羽茂さん（現在は早稲田大学教授）と学会で立ち話をしている時にこんなことを言われました。「楠木さんは書いた文章で読むよりも、話を聞いたほうがずっとわかりやすくて面白いね」

若い頃書いた論文の文章をいま読み返すと、確かにずいぶん硬質で、もってまわった言い方をしている。それなら話すように書いてみたらどうだろう。SING LIKE TALKINGという音楽ユニットがありますが、僕はWrite like talking、つまり話すように書くスタイルで行こうと思いました。

たとえば『ストーリーとしての競争戦略』という本では、デスクの目の前に僕が知っている経営者の写真をおいて、終始その人たちに語りかけるつもりで文章を書きました。文体も最初から最後まで「です・ます調」の話し言葉になっています。自分の言いたいことがうまく文章にまとまらない時は、キーボードを離れて、目の前の写真にまず語りかけてみる（↑傍から見ると不気味な光景）、ということをしていました。

何よりも一番大切なこと

ということで、ここまでの話をまとめると、「経験の積み重ねが大切、以上！」ということになってしまいます。いくら何でもこれでは不親切なので（この本は全編そうかな？）、いますぐに実行可能で、しかも僕が何よりも大切だと思っていることを最後にお話ししましょう。

それは、自分が面白くて重要でどうしても人に伝えたい、わかってもらいたいということを書く（話す）ということです。もっと言うと、自分でそう思えることしか書かないということです。

どう書くかより、何を書くかのほうが断然重要です。大事なのは、「文章構成、抑揚、リズム」などのテクニックではありません。HｏｗはWｈａｔについてくるもの。どうやったらうまく書けるのか、どういうしゃべり方がいいのかを考えるのは、二の次三の次です。

自分が面白いと思っていることであれば、自然と文章にリズムが出てきます。人にどうしても伝えたいことであれば、自然とうまい文章構成になるものです。

自分が面白いと思ったものを周囲の人に伝えて、「ほんとだ、面白いね」と言ってもらうと嬉しい。これは人間の本性です。自分が観て面白かった映画であれば、誰かに「これ面白いぜ、見なよ」とすすめたくなりますね。僕だったら、もう一回一緒に観てもいいぐらいです。自分が面白かったところで相手も面白がってくれると、「ね？　ここ最高でしょ？」と嬉しくなります。さっきのコロンボのシーンなど、その典型です。

先ほど「Write like talkingが僕のスタイル」という話をしましたが、これにしても文体それ自体に意味があるわけではありません。このスタイルが僕にとってよかったのは、「話すように書く」ことで、自分が面白くて人に伝えたいと思ったこと（だけ）を書くという、文章にとって最も大切なことに意識を集中できたからです。

僕は、原稿用紙五〇〇枚だろうが一〇〇〇枚だろうが、自分で本当に意味があって伝えたいと思うことを書くのであれば、何ら痛痒を感じません。一二時間はぶっ通しで書き続けられます。問題は文章技術ではありません。それだけの量のどうしても伝えたいことが自分の中にあるかどうかが問題なのです。「どうしてもわかってもらいたいことをつくり出す力」、これが世に言う「文章力」の正体だと思います。

このアドバイスは何やら実行困難のように聞こえるかもしれませんが、そんなことはありません。もし自分の中にどうしても伝えたいことがなければどうするか。その時は、強力なオプションがあります。それは「黙っている」ということです。

よい文章を書く要諦は実に簡単。自分で面白い、どうしても伝えたいと思うこと以外は書かない、ということです。話し言葉でも同じです。「何をどのように話すか」よりも「何を話さないか」、こちらに集中すれば、ご自身の講演やセミナー講師の仕事の質は格段に向上すると思います。

好きなことを好きなように書いてきたこの本も、この辺でおしまいです。最後までおつき合いいただき、ありがとうございました。読者の皆さんにとって、この本が何らかの足しになっていたら、すなわち僕にとって「仕事」となっていたとしたら、それに勝る喜びはありません。

僕はこれからも好きなことを好きなようにやっていきます。

皆さんも、どうぞ好きなようにしてください。

［著者］
楠木 建（Kusunoki Ken）
一橋大学大学院国際企業戦略研究科教授。
1964年東京生まれ。92年一橋大学大学院商学研究科博士課程修了。専攻は競争戦略。著書に『ストーリーとしての競争戦略』『「好き嫌い」と経営』（ともに東洋経済新報社）、『戦略読書日記』（プレジデント社）、『経営センスの論理』（新潮新書）などがある。

好きなようにしてください

たった一つの「仕事」の原則

2016年2月4日　第1刷発行

著　者――楠木 建
発行所――ダイヤモンド社
〒150-8409　東京都渋谷区神宮前6-12-17
http://www.diamond.co.jp/
電話／03･5778･7228（編集）　03･5778･7240（販売）
装丁・本文デザイン―竹内 雄二
ＤＴＰ―――桜井 淳
校正――――加藤 義廣
製作進行――ダイヤモンド・グラフィック社
印刷――――信毎書籍印刷（本文）・共栄メディア（カバー）
製本――――宮本製本所
編集担当――肱岡 彩

©2016 Ken Kusunoki
ISBN 978-4-478-06887-8
落丁・乱丁本はお手数ですが小社営業局宛にお送りください。送料小社負担にてお取替えいたします。但し、古書店で購入されたものについてはお取替えできません。
無断転載・複製を禁ず
Printed in Japan
JASRAC 出 1600268-601

◆ダイヤモンド社の本◆

イノベーションを志向する
すべてのプロフェッショナルたちへ

あの名著論文「イノベーションのジレンマ」から、「破壊的イノベーションの時代を生き抜く」まで、『ハーバード・ビジネス・レビュー』誌に寄稿されたクリステンセン論文を収録したアンソロジー完全版。

C. クリステンセン経営論

クレイトン M クリステンセン［著］
DIAMOND ハーバード・ビジネス・レビュー編集部［編訳］

●四六判上製●定価（本体 2800 円＋税）

http://www.diamond.co.jp/

◆ダイヤモンド社の本◆

10年ぶりの新版で、実践へのアプローチが示された！

血みどろの戦いが繰り広げられる既存の市場を抜け出し、競争自体を無意味なものにする未開拓の市場をいかに生み出すか――。その方策を体系化し明らかにする。

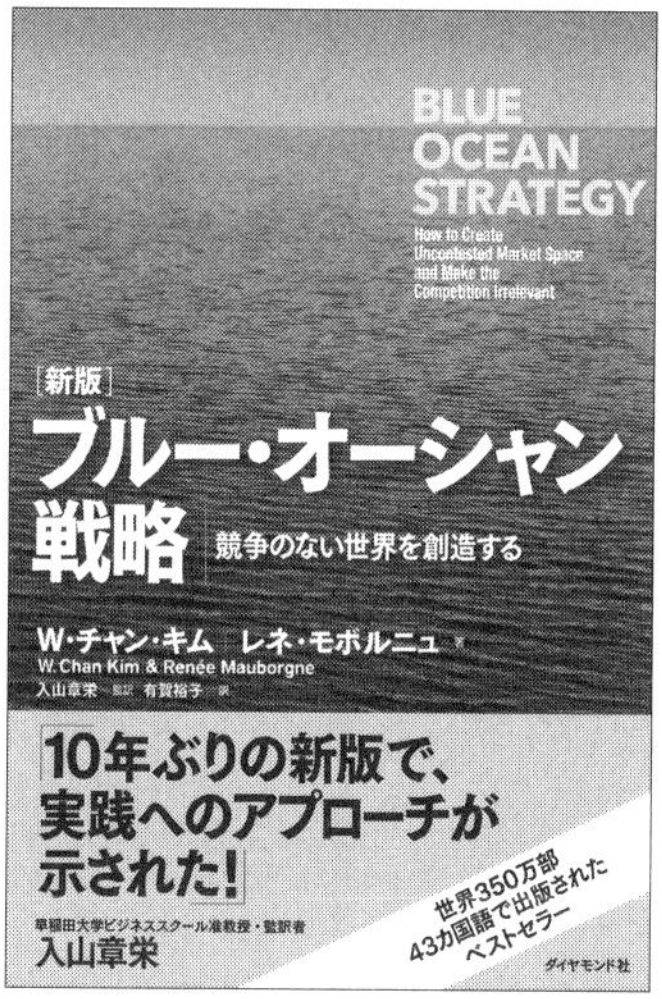

［新版］ブルー・オーシャン戦略

W・チャン・キム＋レネ・モボルニュ［著］
入山 章栄［監訳］
有賀 裕子［訳］

●四六判上製●定価（本体2000円＋税）

http://www.diamond.co.jp/

Harvard Business Review

DIAMOND ハーバード・ビジネス・レビュー

［世界60万人の
グローバル・リーダーが
読んでいる］

世界最高峰のビジネススクール、ハーバード・ビジネススクールが
発行する『Harvard Business Review』と全面提携。
「最新の経営戦略」や「実践的なケーススタディ」など
グローバル時代の知識と知恵を提供する総合マネジメント誌です

毎月10日発売／定価2060円（本体1907円）

バックナンバー・予約購読等の詳しい情報は

http://www.dhbr.net

本誌ならではの豪華執筆陣
最新論考がいち早く読める

◎マネジャー必読の大家

"競争戦略"から"シェアード・バリュー"へ
マイケル E. ポーター

"イノベーションのジレンマ"の
クレイトン M. クリステンセン

"ブルー・オーシャン戦略"の
W. チャン・キム＋レネ・モボルニュ

"リーダーシップ論"の
ジョン P. コッター

"コア・コンピタンス経営"の
ゲイリー・ハメル

"戦略的マーケティング"の
フィリップ・コトラー

"マーケティングの父"
セオドア・レビット

"プロフェッショナル・マネジャー"の行動原理
ピーター F. ドラッカー

◎いま注目される論者

"リバース・イノベーション"の
ビジャイ・ゴビンダラジャン

"ビジネスで一番、大切なこと"
ヤンミ・ムン

日本独自のコンテンツも注目！